# 北アメリカ社会を眺めて

## ―女性軸とエスニシティ軸の交差点から―

田中きく代　高木（北山）眞理子［編著］
北米エスニシティ研究会

関西学院大学出版会

# *Making of North America :*
# *New Perspectives on Gender and Ethnicity*

Edited by

Kikuyo Tanaka and Mariko Takagi-Kitayama

# 北アメリカ社会を眺めて

## ――女性軸とエスニシティ軸の交差点から

北米エスニシティ研究会　田中きく代・高木（北山）眞理子　編著

# はじめに

移民という人口移動の歴史は、世界的規模の全体史を描きうる可能性を秘めている。国境を越えて移動していく人々が織りなす「動」の歴史の領域に分け入った移民史家たちは、その対象とする空間と時間を最大限に拡大し続けながら、その時空の全体を描こうとしてきた。古くは北大西洋を総体として捉えたM・ハンセン（Marcus Lee Hansen）やF・シスルスウェイト（Frank Thistlethwaite）、最近ではW・ヌージェント（Walter Nugent）と、移動空間が拡大するにつれて、そのグローバルな視角は多様性を包括し成長を遂げてきた。しかし、地球的規模の移動空間を射程におかざるをえなくなった現在、歴史家たちは、先達の方法論を踏まえながらも、それらを越えるいかなる新たなフレームワークを構築しうるのか(1)。

本書『北アメリカ社会を眺め ―― 女性軸とエスニシティ軸の交差点から』は、北米エスニシティ研究会に所属する、歴史学・文学・社会学・教育学・文化人類学の女性研究者たちが、それぞれ女性軸とエスニック軸の交差点に立ち、北アメリカにおけるジェンダー、人種・民族、階級、世帯の交錯する諸相を学際的に捉えようとするものである。当面、北アメリカに限定しているという意味で、地球規模の移動に直接的に取り組んだものではないが、移民の受け入れ先であった北アメリカ大陸を一つとして描くことで、全体へ向かう方向性を示そうとしている。

こうした視角は、『アメリカン・エスニック・ヒストリー誌』の二〇〇一年の特集で、D・R・ガバッチア

(Donna R. Gabaccia)が、アメリカ合衆国、カナダ、メキシコという各国別の移民史・エスニック関係史ではなく、一つの大陸の歴史の文脈で捉えるべきだと指摘しているように、北アメリカを舞台とする相互に交錯する多様で複層的なエスニック社会を掴み取ろうとするものである(2)。本書の「北アメリカの「二つの国境」――移民史・エスニック関係史の課題」と題する序章は、それに続く各章における共通の視座を提示するものであるが、題目に冠した「二つの国境」は、具体的にカナダとメキシコとの国境地域を扱うというよりも、北アメリカ大陸をひとつの有機的な総体として捉えようとする、国境を設けることに批判的な姿勢を示している。すなわち、国境というボーダーランドを、線から面へと可能な限り広げて、その空間に開花するハイブリッドな文化の諸相を、女性軸とエスニック軸から切り込み、北アメリカ全体の中に位置づけようとするものである。

## 移民史・エスニック関係史の文化的次元

さて、ここ二〇年から三〇年の移民史やエスニック関係史の諸研究は、全体史に至るグローバルなフレームワークを構築するために、J・ボドナー(John Bodnar)の『移植された人々』(一九八五年)やV・ヤンマクラフリン(Virginia Yans-McLaughlin)編の『移民研究を再考する』(一九九〇年)が指摘したように、社会史の成果を世界システム論や国際労働力移動の研究に結合させようとしてきた(3)。人々の移動を通して、世界的視点に立つ資本主義の構造面の諸研究に、移民の日常的な生の足跡をたどる文化・認知的側面の研究を位置づけていく方法が模索されてきた。

移民史・エスニック関係史におけるこうした研鑽は、社会史の研究者でもあった移民史家たちが、「普通の人々」の歴史、すなわち下から九五パーセントの人の歴史をクローズアップし、下から上への歴史を描こうとしたこととも合致しているが(4)、このことはなおいっそう、文化的次元に我々を誘うことになった。移民は資本主義の圧力によって移動を余儀なくされるという意味で、本来経済的な理由によるものである。しかし、約束の地を求める移民の中には、時には押し流されながらも、時にはそれに反発し抵抗した生き様がある。だから、こうした側面をくみ上げていく歴史は、家族の絆、共同体の儀礼、民族的な結合などに見られる多様な文化的次元を掘り下げていくことになった。本書もエスニシティの持つ構造的側面との統合を試みながら、こうした文化的次元に光を当て、特に、北アメリカにおける「周辺」あるいは「周辺」を形成したマイノリティの集団にまなざしを向け、そこに見られたエスニック・アイデンティティの発露の「場」を注視するものである。

かくして、移民史・エスニック関係史の手法は、きわめて学際的であるという特徴を持つ。経済学や国際関係論のみならず、社会学や文化人類学を主体とする近隣の諸科学の学者たちが共同作業をしてきたし、一人の学者が複数の専門領域を持つことも多いほどである。本書もこうした学際的な研究成果を問うものであるが、『北アメリカ社会を眺めて ―― 女性軸とエスニシティ軸の交差点から』が示しているように、ジェンダー学の領域とも交差している。「普通の人々」の半分は女性であったし、マイノリティの少なくとも半分は女性であったことを中心に見据え、移民史・エスニック関係史の学際的研究がジェンダー・ラインといかに交錯するかを重視している。本書の執筆に関わった女性研究者たちは、女性史やフェミニズムに対する姿勢も、急進的な立場から比較的穏健な立場まで温度差があるが、女性軸を導入することでより複層的な理解を得て、歴史の中で女性を解放させようとする思いでは共通している。これらは、女性の連帯とか、家族の問題に多くの関心が向けられていることからも理解される。

さらに、こうした移民史・エスニック関係史研究における文化領域への重心移動には、文化的多元主義、そして多文化主義的な社会背景があったことも確認しておかなければならない(5)。直線的なホスト社会への同化を研究の前提とすることをやめ、多元的な民族的アイデンティティの存在を認め、国境を越えて移動した文化が新しい社会で変容する過程を総合的に複線的に見る問題意識である。それゆえ、本書では、多文化主義の軌跡をアメリカ合衆国の周辺部のみならず、カナダやメキシコさらにはニカラグアなどの中央アメリカにも広げている。

## 本書の構成

本書の構成について述べると、序章では、全体へ向かうこうした方向性を探り、上記のような問題意識を具体化するために、移民史・エスニック関係史における従来の研究を批判的に検証している。世界史的射程の課題として、プッシュ・プル理論を越えるネットワーク論、帝国的視点から見た第三世界の従属的構造、国際的な比較の視点と方法について、それぞれ従来の研究を検証しながら、問題点を提示している。北アメリカの場合の課題としては、インター・エスニックな視点と、政治史への回帰という課題に論及する。複数の集団の相互の関係への関心は、構造的にも文化的・認知的にも極めて多元的なアメリカ社会の再認識であり、「エスニシティの創出」や「ホワイトネス」の問題への関心をも生んでいる。また、北アメリカ社会をひとつのものとして捉える視点と一見矛盾するように見えるが、社会史自体が政治史に回帰する傾向を見せる現在、移民史・エスニック関係史も一旦、政治史への回帰という過程を踏むことになる。

第一部から第三部は、上記のような問題意識から生まれた個別研究である。第一部「多文化主義を模索する周辺のエスニシティ」では、北アメリカのハワイやカナダという周辺地域での多文化主義の有り様を検証することで、それらの運動がアメリカ社会へ投げかける問題を明確にする。第一章の心のホームを探して、高木（北山）眞理子「ローカル・アイデンティティの生成と課題 —— ハワイ住民のためのハワイを模索して」と、第二章の絆のネットワーク、浦田葉子「ニュースレター「もしもし（Moshi Moshi）」によるカナダのエスニック・コミュニティ形成」が、それである。

さらに第一部では、周辺化されてきたカリフォルニアのメキシコ人が、いかにアメリカ社会に根付いていったかを、第三章の教育による前進、牛田千鶴「多文化社会における言語と教育——カリフォルニア州の例を中心に」で取り上げている。また、第四章の償いの歴史を超えてでは、竹内裕子「アメリカ合衆国におけるアファーマティブ・アクションをめぐって」が、マイノリティの優遇政策の功罪を論じ、「アファーマティブ・アクション」の歴史を批判的に振り返ることで、償いの歴史からの脱却を試みている。

コラムでは、周辺地域での事例を補完するためにニカラグアの場合のバイリンガル教育を取り上げている。また、一九世紀アメリカの中国人に関する市民権の問題についても論じられる。さらに、ニューヨークの移民居住地域であったファイヴ・ポインツにおける多様性と統合のメカニズムについての論稿と、日本に残る移民先駆者の記念樹とネットワークに関する論稿も添えられている。

第二部「女性軸に表れたエスニシティ」では、移民史・エスニック関係史の課題が、どのように女性軸に表れたかを問うことで、ジェンダー・ラインとの交錯の諸相を捉える。第五章の教職の女性化では、久田由佳子「学校教師と女工——一九世紀前半ニューイングランドの場合」が、一九世紀のアングロ・サクソン系の農村女性が多く教師になったことの意味を問う。第六章の二重の偏見では、柳澤幾美「「写真花嫁」イメージに隠された日本人女性移民の実像」が、「写真花嫁」の哀れなイメージというラベルをはぎ取り、そこに隠されてきた日系女性の実像を把握しようとしている。

第七章の家からの解放では、徳永由紀子「移民の娘の自立物語——アンジア・イェゼルスカの『大黒柱《ブレッド・ギヴァーズ》』」が、文学作品を通じて、ユダヤ系少女の家からの自立、エスニシティとしての自覚の過程を考察している。第八章のマイノリティ女性の連帯では、山本恵里子「日系アメリカ女性史にみる多文化主義とコミュニティ活動——

デンティティの形成に、どのような役割を果たしたのかを検証し、女性の主体的な生を捉えている。

コラムでは、社会主義フェミニズムの起源をたどる論稿と、文学作品に見られた先住民と白人との混血の女性「ラモーナ」による複雑な自己アイデンティティを解き明かす論稿がある。また、ニューディール期に黒人局の部局長として、黒人の救済と自立に尽力した女性教育者や、ハワイで弱者の側に立った白人女性弁護士のエピソードも載せられている。女性の公共圏が男性のものよりも、歴史的にマイノリティの公共圏に近しい存在であったから、女性が「親しみ」によるマイノリティとの共生に道を切り開いてきた事例である。

第三部「記憶し記録されるエスニシティ」は、エスニシティにまつわる記憶の表象空間についてである。過去を映し出す記憶の空間は、過去と対話する空間として、時間の経緯とともに、新たな記憶の創出を繰り返してきたが、エスニシティを通して、この歴史学の記憶と象徴という問題関心に迫る。ことに、この記憶の「場」で、公的記憶がいかに紡がれ、どのように記録されてきたのか。第九章の場所をめぐる記憶では、内田綾子「アメリカ先住民と記憶の景観 —— リトルビッグホーン戦場とサンドクリーク虐殺地」が、近年のアメリカ先住民と国立史跡の関係を論じながら、記憶をめぐるポリティクスを考察している。第十章の諸階層のシンボルでは、川田玲子「メキシコのグアダルーペの聖母崇拝」がある。独立期のクリオーリョ（クリオージョ）の聖母から現在のメキシコの聖母になる過程で、褐色のマリア像に象徴化された、クリオーリョ、メスティーソ、先住民のエスニックなアイデンティティが、それぞれいかなる記憶をとどめてきたのか、図像を分析することで検証している。

コラムでは、まず現代における記憶の表象空間としてエスニック博物館を取り上げ、現在の博物館の役割が具体的に示される。また、祝祭も記憶の表象空間であるが、アメリカ合衆国の感謝祭が創出され続けてきたことに、記憶とアメリカ・ナショナリズムとの関わりが見出される。また、エスニックな背景を持つセントパトリックス・デーの祝祭も例示されているが、その国家的役割とエスニック集団の紐帯の問題が示される。さらに、テレビ・ドラマの中で語られ創出された「西部の家族」像についても論じられる。

なお、本書において、エスニシティの持つ実体としての意味合いである民族集団についてはエスニック集団、認知的な帰属意識を表す場合はエスニック・アイデンティティという用語を、統一的に使用している。また、論文やコラムにはそれぞれの最後に、邦文を主体に関連の文献を、推奨関連文献として示している。

【注】

(1) Marcus Lee Hansen, *The Atlantic Migration, 1607–1860* (Harvard UP, 1940); Frank Thistlethwaite, "Migration from Europe Overseas in the Nineteenth Centuries," in Herbert Moller (ed.), *Population Movements in Modern European History* (NY, 1964), pp. 73–92; Walter Nugent, *Crossings: The Great Transatlantic Migration, 1870–1914* (Bloomington, 1992).

(2) Donna. R. Gabaccia, "Migration and the Making of North America," *Journal of American Ethnic History*, vol. 20 (2001), pp. 3–8.

(3) John Bodnar, *The Transplanted: A History of Immigrants in Urban America* (Bloomington, Ind., 1985); Virginia Yans-McLaughlin (ed.), *Immigration Reconsidered: History, Sociology, and Politics* (Oxford UP, 1990).

(4) Theodore C. Blegen, *Grass Roots History* (Minneapolis, 1947); David A. Gerber, "The Immigrant Letter Between Positivism and Populism: The Uses of Immigrant Personal Correspondence in the Twentieth Century American Scholarship," *Journal of American Ethnic History*, vol. 16 (1997), pp. 3–34; James R. Barrett, "Americanization from the Bottom Up: Immigration and Remaking of the Working Class in the United States, 1880–1930," *Journal of American History,* vol. 79 (1992),

pp. 996–1020; Rudolph J. Vecoli, "Contadini in Chicago: A Critique of the Uprooted," *Journal of American History*, vol. 51 (1964), pp. 404–417.

（5） Stephan Thernstrom (ed.), *Harvard Encyclopedia of American Ethnic Groups* (MA, 1980); Ronald Takaki, *Different Mirror: A History of Multicultural America* (NY, 1993). 拙稿「歴史学におけるアメリカン・エスニシティ研究の動向と展望——多元主義的学説を中心に」『人文論究』関西学院大学、四四巻三号、一九九四年、四三—五五頁。

田中きく代

# 目次

エドモントン
カナダ
ヴァンクーヴァー
シアトル
ウィニペグ
アメリカ合衆国
オタワ
モントリオール
サンフランシスコ
シカゴ
ボストン
ニューヨーク
セントルイス
ロスアンゼルス
アルバカーキ
フィラデルフィア
サンディエゴ
メンフィス
ワシントン
フェニックス
ダラス
バーミンガム
モンゴメリー
ヒューストン
ジャクソンヴィル
ニューオーリンズ
モンテレイ
メキシコ
メキシコシティ
アカプルコ
ニカラグア


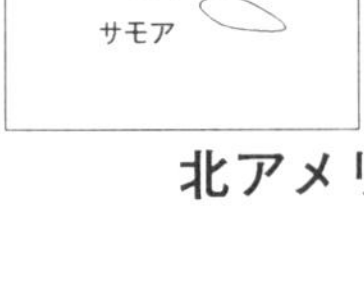

サモア

グアム島

ホノルル


北アメリカ略図

# 序章　北アメリカの「二つの国境」
## ――移民史・エスニック関係史の現状と展望

田中きく代

「はじめに」で述べたように、ここ二〇年から三〇年の移民史・エスニック関係史の研究は、移民の社会経済的要因に、文化的要因を重ね合わせようとしてきたが、これは一九八〇年代の初頭に歴史家J・ハイアム（John Higham）によって、アメリカ合衆国におけるエスニシティ研究を振り返る論稿の中でも強調されている。彼は、移民史・エスニック関係史の課題は、エスニシティの構造的側面と文化的・認知的側面を、互いの関係に注目しながら統合させることにあると指摘しているが、このハイアムの主張は移民史家たちの見解の集約であったし、彼に続く移民史家に影響を与えてきた。一九八〇年代以降、いっそう多くの移民史家たちが、統合に向かう試みをし、その歴史観を洗練させてきたが、例えば、E・モラウスカ（Ewa Morawska）は「構造の中で遊ぶ」（playing within structures）という概念を提示している。これは、構造の側面を重視するものであるが、その構造的制約の中で揺れ動きながらも、独自の強靭な個性を発揮する文化的・認知的なものの有り様に強い関心を寄せている。また、K・A・ミラー（Kerry A. Miller）は、構造とイデオロギーの単なる寄せ集めでは歴史的リアリティにはならないと主張し、文化的ヘゲモニーの概念を駆使して、それらが融合する「場」を強調している。これらを踏まえて、私たちは今、より多元的な空間における統合のフレームワークを構築しなければならないが、それは国際的な移動のエコロジーを描くことであり、人種・民族、階級、ジェンダー、そして世帯の交錯する「場」における持続の問題を、世界史的視点から捉えなおすことである(1)。

さて、それでは、移民史・エスニック関係史における、空間と時間を最大限に拡大し続けながら、その時空の全体を描こうとするフレームワークの構築には、そこに至るまでにいかなる課題が横たわっているのか。本章では、一方で女性軸を見据えながら、他方で移民史・エスニック関係史に課されたこうした課題のいくつかを提示することにする。まず第一に、ネットワーク論、第三世界の従属的構造、新たな比較の視点という三点に絞って、文化的次元の有用性を考えたい。そのうえで、文化的・認知的側面と構造的側面を融合させる方法論上での問題点を明示したいが、女性軸ということでは、そもそも文化的次元の発見こそが、女性の移民史・エスニック関係史における重要性を喚起し、ジェンダーの視点がそこに埋め込まれる契機であったのである。

また、第二に、特定のエスニシティのみを注視するのではなく、R・ヴェコリ（Rudolf J. Vecoli）が主張するように、複数のエスニシティの相互の関係を捉えることも提示したい。これは構造的にも文化的・認知的にも極めて多元的なアメリカ社会の再認識を歴史学にも投影しようとする試みであり、「エスニシティの創出」や「ホワイトネス」の問題への関心が生まれている。さらに第三として、政治史への回帰という点にも論及したい。社会史自体が統合をめざして、政治史に接近する傾向を見せる現在、移民史・エスニック関係史もまた政治史への回帰という過程を踏まなければならない。国境を明確に線引きする作業を考えると、世界史的視点あるいは北アメリカを丸ごと捉える視点と一見矛盾するかに見えるが、各国におけるナショナリズムの洗礼を受け直し、それを潜り抜けて、再度トランスナショナルなフレームワークにたどり着く作業が求められる(2)。

## 一　ネットワーク論に関して

### 移出ネットワークと移入ネットワーク

世界史的課題として、まず、ネットワーク論に文化的次元を組み込んだトータルなフレームワークの構築がある。従来から、移民の移住ネットワークについては、移出ネットワークと移入ネットワークがプッシュ・プル理論を発展させたものとして取り上げられてきたが、それらには政治的なもの、社会経済的な見方のものが多かった。最近は、社会的・文化的な研究も多く生み出されるようになってきているが、政治的なもの、社会経済的なものと、文化的なものを統合させた複合的なネットワークの研究は数少ない。移出地にしろ、移入先にしろ、トータルな社会を射程に置いたネットワークの研究は難しかったからである。また、アメリカ合衆国における移民史研究に限れば、特に移出地の研究に限界があったことから、移出から移入までネットワークの全貌を示すものは少なかったこともある。ある特定の地域からの移民の考察は、言語の制約もあって、同じ民族性を持つ研究者による研究に限られる傾向にあった。それゆえ、概して出身地の社会的結合関係を重視しがちで、移出から移入までのネットワークの全貌を示すものは生まれにくかったのである。

今後はまず、全ネットワークの一部として、出身地のネットワークの研究が進められなければならないが、そこでの社会経済的な側面は、文化的な側面と密接に関係しあっている。例えば、経済的な資本の移動をひとつ取り上げても、出身地における移民を送り出すための募金活動が、出身地の祭りや儀礼の一環として行なわれることが注目される。また、移住先からの送金が故郷の社会資本として投下される場合には、それに付随して文化的儀礼が出身地のコミュニティで実施される。そうした儀礼はネットワークを強化し新たな移出を促す装置の役割を果たすのである(3)。

## 船の上で

移出のネットワークと移入のネットワークの他に、それらを繋げる中間の連結ネットワークが存在する。ネットワーク論を最初に論じたひとりは、おそらくC・ティリー（Charles Tilly）であろうが、早くはW・H・マクニール（William H. McNeill）や、最近ではM・ワイマン（Mark Wyman）の研究も連結ネットワークを示唆する点で注目される。移民には行き先の選択肢があったが、移動のネットワークに組み込まれるや、「出身地の村を言うだけでパスポート無しに目的地に到達できた」といわれるほどに、ネットワークに依存した。それゆえに、情報の入手段階から始まって、移民先に到着するまで、さらには家族への送金や呼び寄せに至るまで、一切を丸抱えする連結ネットワーク、すなわち船会社など移民貿易業界の経済的なネットワーク自体がさらに検証されなければならない(4)。

また、連結ネットワークの文化的側面に注目すると、移民船の中の生活がある。それは出身地から移民先に至るネットワークの中で、時間がもっとも長いものであり、しかも故郷と決別し新たな生活を受け入れる通過儀礼の役割を果たすとされる。もっとも、船の中の生活は通過儀礼であると同時に、母国の文化を再生産させ移民先に拡大する「場」でもあり、移民とともにその文化を移動させるネットワークでもある。ことに、女性は、この文化の移動において、象徴的な意味においても、実際のコミュニティの形成においても重要な役割を演じたから、文化の移動が始まる船という連結ネットワークの中で、例えば、下層の他者からブルジョワ女性のリスペクタビリティ（尊敬すべきふるまいや慣習）がどのように見られ、移民後の社会にどのように移植されたのか。また、一般の女性は船の中でこのリスペクタビリティに触れて、どのように祖国の記憶を記録しようとしたのかなどが、検証されなければならない(5)。

祖国との関係を知りうる移民のナラティブな語りの史料としては、男性も女性も、先に移民したものが故郷に書き送ったアメリカレターがある。こうした移民の「声」は、文化的側面を含めた総合的なネットワーク論の構築に欠かせないものである。

## ファミリー・ネットワークと女性

ところで、全体を結ぶネットワークのひとつとして、最近ファミリー・ネットワークが注目されているが、それは人だけでなく家そのものを移動させるからである。家族の絆によるネットワークは一旦築かれると、移動の危険度が極めて低減され、最も信用できるものになる。また、それは定着地で生きるために協力し合う家族という最小の集団を形成するし、時には同郷の者が集まるエスニック・コミュニティに発展することもある(6)。

さらに、ファミリー・ネットワークは、その家族にとって極めて戦略的なものでもある。家全体の財を富ますために、一人一人その構成員を順番に移動させるプロセスにおいて、女性も移動の運命を避けることができない。むしろ当時は女性の方が社会的流動性が低かったために、家のためには安定していたことを強調する見解もある。こうした場合の、移動における家と女性の関係は、家父長制を基軸にした家という人間関係の移動と変容を説明しうる可能性を秘めている(7)。家あるいはファミリー・ネットワークに「閉じ込められていた」女性の多様なアイデンティティに関しては、ユダヤ人女性が著した文学作品や、彼女たちの日記などのナラティブな記述を通して窺い知ることができる。

移民の移動には大別して、移住が鎖を繋いで行くような定住的な連鎖型移動と、帰国を主眼とした一時滞在的な、あるいは移動を繰り返す還流型移動があるが、ネットワークはそれぞれ異なる対応をする。ネットワーク論に基づく新たなフレームワークは、こうした移動の対比に対して、どのように応えうるのか。例えば、ネットワークに危険を軽減し安定を与える機能を見出すとすると、移民個人において、移民集団において、あるいは男女の性差において、いかなる差異を生み出すのか。つまり、人の移動の基本的な結合度を示すソリダリティや、文化の維持、資本の蓄積や移動などに関する差異を説明しうるのか。また、移民の帰国率は、時期にもよるが二五パーセントから六〇パーセントと、エスニック集団によって隔たりがあり、ファミリー・ネットワークの論議を含めて、帰国を促す要因あるいは定着を促す要因を総合的に説明しうるのかといった課題がある(8)。

最後に国際移動のみではなく、域内移動についても触れておかなければならない。資本主義化の波に飲み込まれて都市部で女工になる農村部の女性の移動は、移動距離が短いとはいえ、国際移動と同じくネットワークに乗ったものである。ファミリー・ネットワークに制約される女性の移動は、国際的な移動のみに限定されることではない。若い時期に女工や教師を経験したアングロ・サクソン系の農村女性が、その後歴史の表舞台から消えてしまう理由は不明であるが、ファミリー・ネットワーク論から示唆される点がある。

## 二　第三世界の従属的構造に関して

### 「国内植民地」としてのエスニック集団

北アメリカ、特にアメリカ合衆国におけるエスニック集団は、歴史的に従属的な特徴を呈しているが、それは多くのエスニック集団が、民族的エンクレーブ（飛び地）として国内に形成され、「国内植民地」としての位置に置かれてきたからである。一九世紀の終わり、ハワイを合併した米西戦争のころまで、アメリカは帝国主義的な植民地を国外に持つことはなかったが、国内に、アフリカ系アメリカ人や先住アメリカ人という異人種の集団や外国系のエスニック集団という「国内植民地」を作り上げていた。それは、南北戦争の再建期以降の黒人の処遇に見られるし、リトルビッグ・ホーンの戦いは、合衆国側が敗退したとはいえ、先住アメリカ人を従属させ、「国内植民地」構造の中に取り組む最大の出来事であった。移民の場合は、ヨーロッパ世界の拡大による他地域を従属化する帝国主義的な構造が、ユダヤ人のゲットーやアジア系の近隣居住区などに代表される、周辺化されたエスニック集団をアメリカ合衆国内に形成したのである(9)。

こうしたアメリカを帝国として読む見方は、アメリカ合衆国史では重要なテーマであったが、従来の移民史・エスニック関係史においては、それが研究方法と結びつくことは少なかった。しかし、最近の移民史が新移民の研究に重点を移してきたこともあって、ヒスパニックやアジア系移民の研究には、世界的な支配と従属の関係を中心に据えた見方が増え、帝国主義、植民地主義、新植民地主義の視点から、移民史・エスニック関係史を捉えなおす研究が多くなっている(10)。

研究対象の時代に関しては、新植民地主義による構造が世界中に広がるという現実を反映し、一般に第二次世界大戦後の第三世界からの移民の研究を中心に進められている。しかし、同時に、第三世界とアメリカ合衆国との関係、すなわち移民を通して「国内植民地」構造が世界中に広げられるプロセスは、第二次世界大戦以前から始まっているという見解に立つ研究も現れてきている。大戦以前に遡って、例えば二〇世紀前半におけるフィリピン統治やラテンアメリカ政策を研究するものがある(11)。

## 移民集団間の不平等

支配と従属の関係という視点は、後に述べる比較の視点とも関連するが、歴史的には、例えば移民の出身地が、ある宗主国の従属国であった場合、宗主国からの移民よりも「強制的移民」となり、また集団的なものになる傾向があったことが、しばしば指摘される。またこのことが、移民先での移民集団間の格差を生み、個人のヒューマン・キャピタルが正当に評価されない、不平等の構造を作り出していたことも指摘される。ラテンアメリカと合衆国のこうした構造的関係に関しては、S・サッセン＝クーブ（Saskia Sassen-Koob）やA・ポルテ（Alejandro Portes）などの研究が刺激となって、多くの研究が生み出されている。中国と合衆国の関係に関しては、現在なお脱却できたとはいえない不平等に関する、S・チャン（Sucheng Chan）の中国系移民に関する先行研究がある(12)。

植民地からの移民、旧植民地からの移民への関心には、ヨーロッパにおける移民史研究の影響がある。イギリスやフランスで、人種、移民、植民地主義のぶつかり合いの中で国民意識が形成されている現実を反映して、帝国主義的植民地主義に左右されながら旧宗主国へやってくる移民のアイデンティティへの関心が高まっている。G・J・サンチェス（George J. Sanchez）が主張するように、こうした外国の研究は、合衆国の植民地からアメリカへやって来た移民のアイデンティティへの関心を生み出している。例えば、プエルトリコからの移民は、母国にいる間にアメリカ化を経験しており、アメリカに来るときには既にアメリカ人的価値観を保持している場合がある。これは、文化的ヘゲモニーの文脈で把握でき、アイルランドの場合にK・A・ミラーが指摘する、アイルランド人労働者が、アメリカに来る以前に、対立しながらも支配者の価値観を体得していた場合と合致している(13)。

このように、従属的構造の中に組み込まれた地域からの移民は、その従属性をも移動させるが、それはその地域からの女性の移動にどのように作用するのか。こうした視点からの研究はまだ数少ないが、宗主国からと従属国からの女性移民の比較、あるいは同一の宗主国を持つ「従属国」間での女性移民の比較によって、特定のエスニック集団における性差の歴史研究を超えて、帝国主義的な研究にも有意義な成果を挙げうると期待できる。例えば、朝鮮半島からの「写真花嫁」と、日本からの「写真花嫁」との比較は有益である。

## 三　比較の視点

ここで、比較の方法についての課題に移ろう。従来の移民史・エスニック関係史は、特定の移出国から特定の受入国に焦点を当てたものが多かった。また、受入国では、アメリカ合衆国を特殊化するものが多かった。アメリカ合衆国が、他の国々よりも多くの移民を受け入れてきたことは事実であるが、先に述べてきたように、世界史的視点から見れば、アメリカ合衆国も特別な存在ではない。

### 比較のスペクトラム

そこで、世界史的視点に立つ移民史・エスニック関係史は、まず、受入国がアメリカ合衆国だけではなく、多様であることを認識するものでなければならない。受入国側における相違点と共通点を明示する比較の方法も洗練されなければならない。S・ベイリー（Samuel Baily）は、イタリアの同一地域からの同時期の移民を、行き先毎に比較するために、一つの指標において、そのスペクトラムで両端に来る事例を設定し、その間にその他の様々な事例を位置付ける方法を提示している。例えば、ニューヨークとブエノスアイレスの間に、同化の程度とか、どのような職業に就いたかとか、どれほどネットワークに乗っていたかとか、エスニシティの境界が開放的か閉鎖的かなどを指標に、それぞれ位置づけている(14)。

イタリア系に関しては、D・R・ガバッチア（Donna R. Gabaccia）は、"Is Everywhere Nowhere?" で、世界

の各国と移民史学がイタリア系移民をどのように扱ってきたかを比較し、アメリカ合衆国が移民先として特別の地ではなかったことを論証している。また、E・モラウスカが指摘するように、ユダヤ人がカナダやブラジルなど農業国に行く場合と、アメリカ合衆国のような工業国にいく場合との社会上昇における相違、あるいは同じアメリカ合衆国内への場合でも都会、小都市、農村地域と受入地が異なる場合の社会上昇の相違とかも考察されている。さらに、N・L・グリーン（Nancy L. Green）のように、パリとニューヨークといった移民先としての大都会の比較に関心が持たれる。これは、大津留厚のように、ウィーンとニューヨークという大都会へのユダヤ人移民の比較にもいえる(15)。

もっとも、移民の受入側のみならず、移出側の比較もなされなければならない。その際、既に述べたように、社会経済的状況は当然ながら、例えば相続制度や結婚制度の共通点や相違など社会的・文化的背景も考察の対象である。S・チャンはノルウェー系の出身地を山岳部と海岸部に分け、産業の相違のみでなく、長子相続と均分相続の相違など家族関係からも、それぞれの移出の特徴を描き出そうとしている。同様の方法は、北川暁夫のイタリアからのブラジルへの移民においても提示されている(16)。

## カナダとの国境・メキシコとの国境

「はじめに」で述べたように、D・R・ガバッチアは、北アメリカを各国別に捉えるのではなく、カナダ、アメリカ合衆国、メキシコを一つの大陸として捉えようとしている。送出側のヨーロッパが大陸として括られがちなのに対し、主として受入側であった北アメリカの方は各国史の枠を抜け切れていないという批判からである。この北アメリカ全体の人口の移動の総体を見る視点は、従来のプッシュ・プル的見方の限界を超えて、複層的な次元の相違点と共通点を総合化し、大陸を有機的に捉える点で有益であるが、逆説的にまずは、北と南の二つの国境を比較しなければならない。

カナダはイギリス植民地としての歴史的背景を持つが、経済的に、社会的に、あるいは文化的にもアメリカ合衆国との相互の関係が緊密である。このため、アメリカ合衆国は北の国境に対して寛容で、フランス系カナダ人の場合を除けば、歴史的にも国境は無いに等しい。また、入国が比較的容易なカナダを経由しての他国からの移民については頻繁に問題視されたが、一般にカナダからのイギリス系移民は熟練度が高く、高収入を得、特別なエスニック集団をアメリカで形成しない集団と考えられてきた。

反対にメキシコとの国境は、現在金網が張り巡らされ、厳しい検閲がなされている。不法移民問題の深刻さを物語っているが、この南の国境は昔から厳しかったわけではない。実際、一九六五年の移民法まで連邦レベルでの直接的な規制はなかった。アメリカ＝メキシコ戦争のグアダルーペ・イダルゴ条約（一八四八年）で、現在の国境リオ・グランデ川が定められたが、国境の両側に居住するエスニック集団に注目すれば、「国境」は歴史的にはきわめて流動的であった。元来、国境地域の両側には、多くのメキシコ系の人々が住んでいたし、合衆国内の経済に左右されたとはいえ、相互の人口移動は頻繁であった。南北戦争の再建期以降になると、北部の大都市へと北進する黒人の後を補う農業労働力として、アメリカ合衆国の南部へより多くのメキシコ系の移民が流入した。時にはカナダへまで伸びるものであった黒人の北進と、その後を追うメキシコ系の北進に見られるように、大陸内の人口移動には明白な連動性が見られた(17)。

一見すると相違点が多い二つの国境であるが、このようにアメリカ合衆国との関係で捉えると、同じ土壌の上での相違であることが分かる。また、国境地域でどのようなアイデンティティが形成されるのか、つまり、国家（国民）、ジェンダー、人種・エスニシティ、階級がぶつかり合う国境地域で、いかなる文化が作られるのかということを考えると、その融合のあり方、あるいは自集団と他集団を区別する境界の問題、外国人、よそ者という他者意識から作られる「想像の共同体」としての国民の有り様など、共通点が多く見出せる。北アメリカという空間の中に様々な人種ならびにエスニック空間があり、それらのひとつであるメキシコ系（チカーノ）に関する豊富な分析が語るように、それらは国家、ジェンダー、階級などで差異化されたり同一化されたりしている(18)。

## 四　インター・エスニックな視点

### 個別のエスニック集団研究ではなく

従来のエスニック集団の研究では、特定のエスニック集団とホスト社会との関係が問われ、しかも直線的にしろ複線的にしろ、アメリカ社会への同化が前提とされてきたが、R・ヴェコリが指摘するように、複数のエスニック集団間の関係を含めたホスト社会とのインター・エスニックな関係が検証されなければならない。主流集団と特定のエスニック集団の関係から、対立だけではない和解を含めたエスニック集団間の関係へと研究の視角が拡大しているが、こうした中では、特定の時期や場所における複数のエスニック集団の関係をアメリカ大陸の歴史に位置付けるべきであって、特定のエスニック集団からのみの分析では限界が見えている。

インター・エスニックな視点に立つと、例えば一九世紀から二〇世紀にかけて形成された民族的ヒエラルキーが、成長しつつあったシカゴなどの大都会で、同心円的な空間的セグリゲーションとして現れたことが分かる。階級が民族として空間でくぎられ、可視化されたのである。都市の中心部にはテネメント・ハウスが並び、移民したての貧しい人々の近隣居住区が点在する。黒人ゲットーやユダヤ人居住地区も見える。これに反して、閑静な郊外には一戸建ての瀟洒な住宅が並び、WASP（White Anglo-Saxon Protestants）を中心にエスタブリッシュした裕福な人々が住んでいる。両地域の間には、同化に対応して段階的に、ドイツ系住民などの二階建ての集団住宅が立ち並んでいる。同様の可視化はさらに微視的に見ていくと、例えば二重化されつつあった労働市場でも、部門ごとにエスニックな色彩で色分けされた工場に見出せる(19)。

## エスニシティの創出

ところで、インター・エスニックな研究の背景には、複線的なアメリカへの同化過程と多様で複合的なアイデンティティの存在を認める意図があるが、これはK・N・コンツェン（Kathleen N. Conzen）などによるエスニシティは創造されるのだという主張とかかわっている。主張の一部を引用すると(20)、

我々はエスニシティを、すなわち原初的なものとは考えない。歴史的時間のなかで完成される文化建設としてエスニシティを理解する。エスニシティは、既存の共同体としてのソリダリティ、文化的属性、そして歴史的記憶を統合し、順応させ　増幅する建設、すなわち創出の過程である。エスニック・集団は常に再生し続け、エスニシティは常に集団内、そしてホスト社会における現実の変化に応じて再創造され続ける。

ここには、エスニック集団は所与のものではなく、それ自体が歴史の主体であり、時間によって盛衰を経験する歴史的存在であるとする認識がある。また、エスニック集団は他のエスニック集団との関係によって変容することを認め、場合によっては異なるアイデンティティを見せることを許容する立場がある。例えば、エスニック集団は、アメリカ社会での「場」を求めて、時には主流集団や他のエスニック集団と対立する姿勢も見

せるが、また時には先に移民してきた人々の集団を成長のモデルと理解するような柔軟さがあった。エスニシティの創出はこうしたことまで汲み取るような概念である。

具体的な事例としては、ハワイにおける場合のように、エスニック・アイデンティティを超えて、ハワイ住民という「ローカル・アイデンティティ」が生まれるケースや、カナダやカリフォルニアにおいて、連帯のネットワークを通して、土地に根ざしたエスニック・アイデンティティが生み出されていくケースなどである。

## ホワイトネスと in-between

さらに、エスニシティが相対的であることの事例として、D・ローディガー（David Roediger）などが提唱してきたホワイトネスの問題がある。ここではアイルランド系移民が、一九世紀にアメリカに定着する過程で、労働市場で競争すべき位置にあった黒人との差異を強調するために、自らを白人化する戦略を取ったことを見出している。先に述べたように、アイルランド人がイギリス支配下のアイルランドで、既にブルジョワ的な価値観を見出していたことも事実であるが、アメリカにおいて他者と区別することによって、より先鋭的に自らの白人化を推し進めたのである。また、アイルランド人の白人化の矛先は、西部では中国人に向けられたが、特筆すべきは、そこで線引きされた中国人は「黒人化」されたのだということである。

このように、ローディガー的な考え方は当初は、白人か黒人かという二項対立的なものであったが、彼自身によっても拡大され、最近ではひとつの極に白人を他の極に黒人を置くスペクトラムの中間の位置づけが概念化されている。yellow は白人か黒人かというG・Y・オキヒロ（Gary Y. Okihiro）による主張や、L・ゴードン（Linda Gordon）の孤児列車研究によるアイルランド系から見たメキシコ系の位置づけなどに見られるように、in-betweenという中間のアイデンティティの概念が提示され、それが白人か黒人かの間尺で序列化されることが理解されるようになった(21)。

もっとも、白人化の問題は、人種を中心におく「帝国主義的」な構造と密接に関連していることにも注目される。例えば、アメリカ黒人は外国では、ＷＡＳＰ以上にアングロ的な価値観を示さないと、自らのアイデンティティを示しえない場合が存在する(22)。

## 五　政治史への回帰

さて、全体に向かう、構造的なものと文化的・認知的なものを統合するアプローチは、現在政治史への回帰を避けることができないが、移民史・エスニック関係史は政治史に回帰した結果として、Ｌ・ハント（Lynn Hunt）が『新しい文化史』で示した政治文化の領域に踏み込まざるをえない(23)。

### ナショナリズムとエスニック・アイデンティティの交差

アメリカ合衆国は、独立戦争で政治的に、第二次米英戦争で経済的に独立したとするなら、一九世紀の初頭すなわちジャクソニアン期からアンテベラム期にかけて文化的な国民形成を開始したと指摘できる。この国民国家の形成過程で、人々は公的領域への参加の権利を獲得し、政党の拡充によって政治参加を果たしたが、それは国民として公的領域へ統合されるという「再封建化」を受け入れることであった。この参加と統合という国民形成の過程で、様々な文化的ナショナリズムが表出したが、Ｃ・ギアーツ（Clifford Geertz）の劇場国家論のように、それらは周到に配置される象徴や儀礼を通してであった。例えば、ワシントン大統領が神格化され、彼のマウント・ヴァーノンは「神殿」とあがめられるようになった。人々は参拝という儀礼によって、記憶を通してワシントンとの対話を経験した。また、同時期に様々な国民文学が生まれ、女性も含めて多くの人々が本を読むようになったが、その究極の形態がストウ夫人の『アンクル・トムの小屋』である。そこには、アメリカ国民の理想像とともに、様々なアメリカ的な価値観を持つ存在が描かれている。より多くの人々を国民として国家の中に吸収する装置が、文化の領域で作り出されている(24)。

さて、こうしたナショナリズムの圧力に対して、エスニック集団あるいはエスニック・アイデンティティはいかなる変容を迫られたのか。この一般の人々を抱え込もうとするナショナリズムは、アメリカ化されようとしないものに対して排他的な形態を取り、そのアイデンティティを周縁に追いやりがちであった。エスニック集団のほうでも、この国民形成に積極的に参加をしたものや、それに反発したものがあり、一様ではないが、移民のコミュニティで、文化形成において重要な役割を果たした女性は、ナショナルな圧力にどのように対応したのか。

さらに、記憶の「場」としての連邦の祝祭や、選挙のときのパレードなどに目を移せば、そこで共通につむがれる公共の記憶は、時間の圧縮につれて、エスニシティに対していかなる変容を迫っていったのか。エスニック集団の儀礼や象徴は、集団のアイデンティティを維持する装置、エスニック集団の紐帯を強化する装置であるが、国家や州におけるナショナリズムの熟成によって、いかなる変化を見せるのか(25)。

例えば、第二次世界大戦後、コロンブス・デーが連邦の祝日となったが、イタリア系エスニック集団は、コロンブスに、アメリカ大陸の「発見者」というアメリカ人としての祖先と、イタリア人としての祖先の両方を見出せるようになった。ここに見られるエスニック集団のアイデンティティは、ナショナリズムと交差することで、強化されたのだろうか。それとも弱体化したのであろうか。また、第二次世界大戦期のドイツ人コミュニティの場合のように、エスニック・アイデンティティは母国との国際関係によっても左右されてきた。さらに、D・A・ガーバー（David A. Gerber）などの一九世紀における多元主義の研究の中に、民族的な祝祭儀礼が移民のコミュニティでのナショナリズムの圧力に対する安全弁の役割を果たしたことを論証するものもある(26)。また、先住民の場合のように、これまで、沈黙を守り、表象される側にとどまっていた人々が、多文化主義の風潮の下で、現在自ら過去を語り始めている。それらは従来の公的記憶を乗り越え、新たな記憶の表象空間を再形成しつつある。

さて、従来の移民史・エスニック関係史が社会経済史的アプローチによるものが多かったがゆえに、本章では文化的側面に重点を置いて述べてきたが、世界的視点から、人種・民族、階級、ジェンダー、そして世帯の交錯する「場」における持続の問題を捉えるという命題に立ち返り、全体を目指していることを再度確認しておきたい。特に、ジェンダーについては、女性移民に関する個別研究が様々な次元でなされており、本書が目的としているように、ついにケーススタディを超える段階に来ている。ファミリー・ネットワークのような、人種・エスニシティ、階級、世帯、そしてジェンダーの交錯する「場」で、女性移民の歴史が、男もいる女もいる歴史として総合化されるとするなら、移民史・エスニック関係史の課題の克服を通して、女性が歴史の中で解放されることを意味している(27)。

本章で論じることができなかった、移民史・エスニック関係史の領域には、法律の領域がある。従来、この分野では概説的なものは多いが、個別研究は少ないという傾向にあった。最近では、本稿で提示した総合化の一環として、移民政策あるいは移民法自体の研究が出てきているが、まだまだ十分とはいえない。今後の研究が待たれる領域である。移民政策あるいは移民法は直接的に人の移動を左右するものであるし、ことにメキシコ系移民を農業労働力として集団で導入したブラセロ計画など政府間レベルでの政策は重要である。また、マイノリティの市民権の問題や、マイノリティの優遇政策に関しても、個々の訴訟における法律の実証的検証こそが総合化の鍵を握っている(28)。

さらに、宗教の領域についても触れることができなかった。移民史・エスニック関係史において、宗教の果たした役割は根源的なものであるにもかかわらず、アメリカ合衆国において、教育とか祝祭とかに付随して、副次的に研究対象になったものを除けば、研究成果がさほど多いとはいえない領域である(29)。ホスト社会と移民の宗教的相違は、歴史的にモラルに関わるものとして、二大政党に世論を二分するほどの影響力を与えてきたし、現在でも中絶の問題を出すまでもなく政治を動かす要因である。ことに、移民のアイデンティティを考える上で重要であるが、従来の研究が少ないのは、本論で述べたように、特定のエスニシティに限定した研究が多かったことに関係がある。ただ、宗教による広範な枠組みは、世界史的規模の移民、あるいはインター・エスニックな関係を問い直す時に、メキシコのグアダルーペ崇拝やヒスパニックのカトリック信仰の場合のように、エスニック集団を超えた包括的な視角を提示することを想定できるので、宗教の領域への可能性に今後期待される。

最後に、現在の世界情勢を見るとき、その宗教的対立の行く末が懸念されるが、このことは、異なる宗教的背景を持つ移民が、歴史的にも単純にアメリカ社会に同化してきたとはいえないことを示唆している。一般に、移民が定着する場合、そのアイデンティティは、人種・民族的には究極的にアメリカ化、白人化あるいはin-between状態へと促される。だが、宗教を視野に入れた場合、それは、同化を求めるホスト社会のほうが、逆に変容を迫られる可能性を多く残している。

## 【注】

（1）John Higham, "Current Trends in the Study of Ethnicity in the United States," *Journal of American Ethnic History* (以下*JAEH*と略記),vol. 2 (1982), pp. 5–15; Stephan Thernstrom (ed.), *Harvard Encyclopedia of American Ethnic Groups* (MA, 1980); Ronald Takaki, *Different Mirror: A History of Multicultural America* (NY, 1993); Ewa Morawska, "The Sociology and Historiography of Immigration," in Virginia Yans-McLaughlin (ed.), *Immigration Reconsidered: History, Sociology, and Politics* (Oxford, 1990), pp. 254–90; Kervy A. Miller, "Class, Culture, and Immigrant Group Identity in the United States," *Ibid.*, pp. 96–129; *Emigrants and Exiles: Ireland and the Irish Exodus to North America* (NY, 1985); Lee Artz and Bren O. Murphy, *Cultural Hegemony in the United States* (CA, 2000). 拙稿「歴史学におけるアメリカン・エスニシティ研究の動向と展望――多元主義的学説を中心に」『人文論究』関西学院大学、第四四巻第三号、一九九四年、四三―五五頁。

（2）Rudolf J. Vecoli and S. M. Sinke (eds.), *A Century of European Migration: 1830–1930* (IL, 1991).

（3）Bingley Thomas, *Migration and Economic Growth: A Study of Great Britain and the Atlantic Economy* (Cambridge, 1954); Dirk Hoerder (ed.), *Labor Migration in the Atlantic Economies: The European and North American Working Class during the Period of Industrialization* (CT, 1985); Jon Gjerde, "New Growth on Old Vines — The State of the Field: The Social History of Immigration to and Ethnicity in the United States," *JAEH*, vol. 18 (1999), pp. 40–65.

（4）Charles Tilly, "Migration in Modern European History," in W. H. McNeill and R. S. Adams (eds.), *Human Migration Patterns and Policies* (Bloomington, 1978), pp. 48–72; "Transplanted Networks," Yans-McLaughlin, *Reconsidered*, pp. 79–95; Mark Wyman, *Round-Trip to America: The Immigrants Return to Europe, 1880–1930* (Ithaca, 1993); D. S. Massey, "The Social Organization of Mexican Migration to the United States," in David Jacobson (ed.), *The Immigration Reader: America in a Multidisciplinary Perspective* (MA, 1998), pp. 200–214; Deirdre M. Mageean, "Emigration from

Irish Ports," *JAEH,* vol.13 (1993), pp. 6－30; D. Hoerder, "The Traffic of Emigration via Bremen/ Bremerhaven: Merchants' Interests, Protective Legislation, and Migrants' Experiences," *JAEH,* vol. 13 (1993), pp. 68－101; D. Hoerder and Leslie P. Moch (eds.), *European Migrants: Global and Local Perspective* (MA, 1996). 拙稿「北大西洋一八・一九世紀の人口移動における移民業界の役割について」、文部省科学研究費補助金一般研究C研究成果報告書、一九九三年、一―六五頁。

（５）藤川隆男「オーストラリアへの移民」山田史郎他『移民』ミネルヴァ書房、一九九八年、一二五―一八三頁。

（６）Stephen Castles and Mark J. Miller, *The Age of Migration: International Population Movements in the Modern World* (NY, 1993), pp. 19－47; Francis Fukuyama, "Immigrants and Family Values," *Immigration Reader,* pp. 388－401; Linda M. Matthei, "Gender and International Labor Migration: A Network Approach," in Susanne Jonas and Suzie D. Thomas (eds.), *Immigration: A Civil Rights Issue for the Americas* (DE, 1999), pp. 69－84.

（７）Castles, pp. 25－6.

（８）Charles Tilly,"Transplanted Networks," in Yans-McLaughlin, *Reconsidered,* pp. 79－95; David J. Gerber, "Epistolary Ethics: Personal Correspondence and the Culture of Emigration in the Nineteenth Century," *JAEH,* vol. 19 (2000), pp. 3－23; Dino Cinel , *The National Integration of Italian Return Migration* (1991); Wyman, *Round-Trip;* Morawska, "Return Migration," in Vecoli, *A Century*. 拙稿「北大西洋における移民業界と移民ネットワーク」『西洋史学論集』一九九五年、九五―一一〇頁。

（９）Vecoli, *A Century* .

（10）Reed Ueda, *Postwar Immigrant America: A Social History* (NY, 1994); Gary Gerstle, "Liberty, Coercion, and the Making of Americans," *Journal of American History,* vol. 84 (1997), pp. 548－557; David G. Gutiérrez, "*Sin Fronteras?* : Chicanos, Mexican Americans, and the Emergence of the Contemporary Mexican Immigration Debate, 1968－1978," *JAEH,* vol. 10 (1991), pp. 5－37; Roger Daniels, "No Lamps Were Lit for Them: Angel Island and the Historiography of

Asian American Immigration," *JAEH,* vol. 17(1997), pp. 3 – 18; George J. Sanchez, "Race, Nation, and Culture in Recent Immigration Studies," *JAEH,* vol. 18 (1999), pp. 66 – 84.

(11) *Ibid.,* pp. 76 – 84.

(12) Sucheng Chan, "European and Asian Immigration into the United States in Comparative Perspective, 1820s to1920s," Yans-McLaughlin, *Reconsidered,* 37 – 75; Alejandro Portes, "From South of the Border: Hispanic Minorities in the United States," I*bid.,* pp. 160 – 184; S. Sassen-Koob, "Immigrant and Migrating Workers in the Organization of the Labor Process," *Journal of Ethnic Studies,* vol. 1 (1980), pp. 1 – 34; A. Portes and R. L Bach, *Latin Journey: Cuban Mexican Immigrants in the United States* (CA, 1985); S. Chan (ed.), *Income and Status Differeces between White and Minority Americans* (NY, 1990). 森田桐朗編『国際労働力移動』東京大学出版会、一九八七年。

(13) Robin Cohen, *Frontiers of Identity: The British and Others* (NY, 1994); E. Balibar and Immanuel Wallerstein, *Race, Nation, Class: Ambiguous Identity* (London, 1991); Sanchez, pp. 75 – 76; Portes, "From the South," pp. 160 – 184; Kerby A. Miller, "Class, Culture," pp. 96 – 129.

(14) Samuel Baily, "The Adjustment of Italian Immigrants in Buenos Aires and New York, 1870 – 1914," *American Historical Review,* vol. 88 (1983), pp. 281 – 305; "Cross-Cultural Comparison and the Writing of Migration History: Some Thoughts on How to Study Italians in the New World," Yans-McLaughlin, *Reconsidered,* pp. 241 – 53.

(15) Donna R. Gabaccia, "Is Everywhere Nowhere? Nomads, Nations, and the Immigrant Paradigm of the United States History," *Journal of American History,* vol. 86 (1999), pp. 1115 – 1134; Morawska, "The Sociology and Historiography," pp. 254 – 90; Portes, "From the South," pp. 160 – 184; Tilly, "Transplanted" pp. 79 – 95; Suzanne Model, "Ethnic Bonds in the Work Place: Blacks, Italians, and Jews in New York City," (Ph. D. Dissertation, University of Michigan, 1985); Nacy L. Green, "The Comparative Method and Poststructural Structuralism — New Perspectives for Migration Studies," *JAEH,* vol. 13 (1994), pp. 3 – 22; Malcolm Campbell, "The Other Immigrants: Comparing the Irish in Australia and the

United States," *JAEH*, vol. 14 (1995), pp. 3 – 22. 大津留厚「ガリツィア・ユダヤ人のアメリカ」『移民』、七六—一三三頁。

（16） Chan, "European and" Asian, pp. 40 – 42. 北村暁夫「ヴェネトからブラジルへ」『移民』、二九—七四頁。

（17） Donna R. Gabaccia, "Migration and the Making of North America," *JAEH*, vol. 20 (2001), pp. 3 – 8; Sheila McManus, "Mapping the Alberta-Montana Borderlands: Race, Ethnicity, Gender in the Late Nineteenth Century," *JAEH*, vol. 20 (2001) pp. 71 – 87; Oscar Maltinez, *Border People: Life and Society in the U.S.-Mexico Borderlands* (Arizona, 1994).

（18） Benedict Anderson, *Imagined Communities* (London, 1983); Jürgen Buchenau, "Small Numbers, Great Impact: Mexico and Its Immigrants, 1821 – 1973," *JAEH*, vol. 20 (2001), pp. 23 – 49; Fredrik Barth, *Ethnic Groups and Boundaries* (Boston, 1969).

（19） R. Vecoli, "An Inter-Ethnic Perspective on American Immigration History," *Mid America*, vol. 75 (1993), pp. 223 – 35; David Ward, *Poverty, Ethnicity, and the American City, 1840 – 1925: Changing Conceptions of the Slum and the Ghetto* (NY, 1989).

（20） K. N. Conzen, Gerber, Morawska, G. E. Pozzetta, and R. Vecoli, "The Invention of Ethnicity," *JAEH*, vol. 12 (1992), pp. 3 – 63; Eric Hobsbawm, *Nations and Nationalism since 1780: Programme, Myth, Reality* (UK, 1990). 拙稿「アメリカン・エスニシティ」、五〇—五三頁。

（21） David Roediger, *The Wages of Whiteness, Race and the Making of the American Working Class* (1991); Noel Ignatiev, *How the Irish Became White* (NY, 1995).; James R. Barrett and David Roediger, "Inbetween Peoples: Race, Nationality, and the 'New Immigrant' Working Class," *JAEH*, vol. 16 (1997), pp. 3 – 44; Gary Y. Okihiro, "Is Yellow Black or White," in *Margins and Mainstreams: Asians in American Hsitory and Culture* (Seattle, 1994); Linda Gordon, Arizona Abduction (Harvard, 2000).

（22） Gjerde, "New Growth," p. 55.

(23) Lynn Hunt (ed.), *The New Cultural History* (CA, 1989).

(24) Clifford Geertz, *Negara: The Theater State in Nineteenth Century Bali* (NJ, 1980); *The Interpretation of Cultures* (NY, 1973); Craig Calhoun (ed.), *Habermas and Public Sphere* (MA, 1991). 大井浩二「本を読む少女たち」関西学院大学アメリカ研究会編『変貌するアメリカ』晃洋書房、一九九九年、二一―二三頁。

(25) Bodnar, *Remaking America: Public Memory, Commemoration, and Patriotism* (NJ, 1992); "Remembering the Immigrant Experience in American Culture," *JAEH*, vol. 15 (1995), pp. 3–27; Hobsbawm and T. Ranger (eds.), *The Invention of Tradition* (Cambridge, 1983) ; John Higham, *Strangers in the Land* (NY, 1963); Alan M. Krout, *Silent Travelers: Germs, Genes, and the "Immigrant Menace"* (Baltimore, 1994). 拙稿『南北戦争期の政治文化と移民――エスニシティが語る政党再編成と救貧』明石書店、二〇〇〇年。

(26) David A. Gerber, *The Making of an American Pluralism: Buffalo, New York, 1825–1860* (IL, 1989); Conzen, "Invention," pp. 19–21.

(27) Gregory A. Kelson and Debra L. Delaet (eds.), *Gender and Immigration* (NY, 1999); Janet H. Burstein, *Writing Mothers, Waiting Daughters: Tracing the Maternal in Stories by American Jewish Women* (IL, 1996); Elizabeth Ewen, *Immigrant Women in the Land of Dollars: Life and Culture on the Lower East Side, 1890–1925* (NY, 1985); Sydney S. Weinberg, "The Treatment of Women in Immigration History: A Call for Change," *JAEH*, vol. 11 (1992), pp. 25–46; D. R. Gabaccia, *From the Other Side: Women, Gender, and Immigrant Life in the United States, 1820–1990* (Indiana, 1994).

(28) Lisa Lowe, *Immigrant Acts: On Asian American Cultural Politics* (Duke UP, 1996); Lee, Erika, "Immigrants and Immigration Law," *JAEH*, vol., 18 (1999), pp. 85–114; Kitty Calavita, *U.S. Immigration Law and the Control of Labor: 1820–1924* (NY, 1984).

(29) Gjerde, pp. 57–60.

付記

本章は、北アメリカ全体をひとつに見る見方から、移民史・エスニック関係史を捉え直そうとするものであり、元来アメリカ合衆国に限定し、しかも移民史・エスニック関係史における女性の役割に触れることのなかった「移民史研究の射程と方法 —— アメリカ合衆国の移民史研究から」『関西学院史学』第二九号（二〇〇二年）を、大幅に加筆修正したものである。

## 【推奨関連文献】


明石紀雄・飯野正子『エスニック・アメリカ』有斐閣、一九九七年

有賀夏紀『アメリカ・フェミニズムの社会史』勁草書房、一九八八年

野村達朗『「民族」で読むアメリカ』講談社、一九九二年

山田史郎・北村暁夫・大津留厚・藤川隆男・柴田英樹・国本伊代『移民』ミネルヴァ書房、一九九八年

油井大三郎・遠藤泰生編『多文化主義のアメリカ —— 揺らぐナショナル・アイデンティティ』東京大学出版会、一九九九年

渡辺和子編『アメリカ研究とジェンダー』世界思想社、一九九七年

ロナルド・タカキ、富田虎男監訳『多文化社会アメリカの歴史 —— 別の鏡に映して』明石書店、一九九五年

# 第一部

# 多文化主義を模索する周辺のエスニシティ

ニューヨークのチャイナタウン（ペル街周辺）

# 第一章

# 心のホームを探して

## ローカル・アイデンティティの生成と課題
## ――ハワイ住民のためのハワイを模索して

高木（北山）眞理子

## 一　はじめに――ハワイの多エスニックな現状

### 多エスニック社会ハワイ

多様なエスニックの人々が暮らすと言われるハワイ。ここには一体どのような人々が住んでいるのだろうか。二〇〇〇年のハワイ州センサスによるとハワイ州の総人口は約一二一万人である。このセンサスで、まず自分の属する人種・エスニック集団をひとつだけ選んだ人たちを見ると、約二九万人が白人を、約二〇万人が日系を選んでいる。フィリピン系が一七万人、そしてハワイ先住民が八万人。さらにカテゴリーは中国系、コリアン系、ベトナム系、インド系、タイ系、サモア系と続く。ここで注意したいのは二〇〇〇年のセンサスでは、自分の属する人種・エスニック集団を二つ以上選んだ人の数を含む統計が別に表されていることである。この二つ以上を選んだ人たちを加えると、ハワイ先住民だと二四万人にのぼる。白人は四七万人。純血の多いと言われる日系でも、二九万人にもなる。このセンサスによって、ハワイは異なる人種・エスニック集団の人々が隣り合わせに暮らすだけでなく、異人種・エスニック集団間の混血も多い社会であるのがよくわかる。

ハワイの住民の特徴としてよく言われるのは、多文化・多エスニック社会「ハワイ」の一員であるという意識が強いということである。それは、「自分は日系である」とか「自分は中国系である」というエスニック・アイデンティティと矛盾せずに持ち続けることができる、エスニックを超えた「ローカル」という「アイデンティティ」である。だが、ハワイ研究をする者が必ず出会う概念であるこの「ローカル」とは、一体何ものなのだろうか。また、このアイデンティティを共有する人たちは、どのような時期、場面で、どのような目的を持ってこの「アイデンティティ」を前面に押し出し、どのような行動をとったのだろうか。「ローカル」を旗印に行動した人たちは、ハワイにどのような「変化」をもたらしたのだろうか。本章では「ローカル」というアイデンティティの意味やその社会的影響を探りつつ、ハワイ独特の言語ともいえるピジン（pidgin）がどう捉えられているかにも注目していきたい。それはインター・エスニックな一体感の背後に、ピジンを話すことが大きな意味を持っていると考えられるからである。

## 私はローカル

一九九一年の秋、ハワイ大学の学生たちに行なったアンケート調査の中の、次の設問に対する答えがきっかけで、私は「ローカル」意識に関して考えるようになった。

「ローカルとはどういう人のことを言いますか。」

答えはバラエティに富んでいた。定番の「ハワイ生まれハワイ育ちの人」という答えも多数あったが、学生たちはそれ以上のこともいろいろと書いてくれた。

その中で、ローカルとは、ローカル独自の「文化」を持ち、ピジンという言語を話すことができる者という答えが多かった。さらに、ローカル文化とは多様なエスニック文化からなり、ローカルは日常生活の中でその文化の多様性を自分のものにしている者であると、肯定的に捉えていた。だがさらにピジンを使うことについて取り立てて感想を問われると、答えに変化が出てきた。ピジンで話すことを「大好き」（I love it!）と答える者も多いが、ピジンを話す場合には場所と時をわきまえなければならず、絶対にビジネスの場で使うべきでないと断言する者もまた多い。ここから見えるのは、まず生活様式としてのローカル文化を肯定的に見ていること、自分たちはその文化に誇りをもつ者たちだというアイデンティティを共有していることである。だがその文化の重要な部分であるはずのピジンという言語に対しては、その捉え方に揺れが窺える。それはおそらく、ピジンを否定する教育を受けてきたという経験と、外部資本の支配するハワイの観光業で仕事をしなくてはならないから標準英語は必須という現実的考えが、個々の学生の中で葛藤した結果だったのかもしれない。ローカル意識とピジンとの複雑な関係が垣間見えよう。

## 二　一九七〇〜一九八〇年代――「ローカル・アイデンティティ」の認識

### ローカル・アイデンティティはどこから生まれたのか

一九七〇年代から八〇年代、「ローカル・アイデンティティ」への関心が高まり始めた。それは、個々のエスニック集団の歴史や文化を大事にしたいという「エスニック・リバイバル」の流れと並んで、ハワイの「ローカル」であるという独特の意識が推進力となって住民運動が起こり、エスニシティも大事だが「ハワイ生まれ」であることも大事だという意識が、一般のハワイ住民の間に認識され始めたことによる。ハワイ生まれの若手研究者には早くもこれを取り上げる者が現れ、一九七九年にはエリック・ヤマモト（Eric Yamamoto）が(1)、一九八〇年にはジョナサン・オカムラ（Jonathan Okamura）が(2)、「ローカル・アイデンティティ」に関する論文を発表した。これらの論文を参考にしながら、ローカル・アイデンティティ誕生の背景を、次の三つの大きな要因から考えていくことにする。第二次世界大戦前を中心とした歴史的要因、戦後の経済・政治・社会的要因、ならびに文化的要因の三つである。

## 歴史的要因

ハワイ出身の人類学者ジョナサン・オカムラは、ローカル・アイデンティティに関する論文（一九八〇年）の中で、このアイデンティティが生まれた歴史的経緯を重視した。「ローカル・アイデンティティ」とは、被征服者・被抑圧者の「経験」を共有する人々が持つ「われわれ意識」であると、オカムラは考えている。そのため、ハワイ先住民の土地であったハワイ諸島に白人がやって来た一八世紀後半からハワイが完全にアメリカの一州となった一九五九年までの間に、先住民や非白人系移民とその子孫が共有した経験を、オカムラは重視するのである。

ジェームス・クック（James Cook）がこの美しい島々を発見して「サンドイッチ諸島」と名づけるまで、ハワイは先住民のみが住む場所であった。群雄割拠の状態であったハワイ諸島を一七九五年に統一したのは、今もホノルルのダウンタウンに銅像が建つカメハメハ大王である。大王は統一の際に、欧米の白人がもたらした武器を用い、欧米人顧問の意見を取り入れて立憲君主国家を作り上げた。しかし、資本主義とキリスト教文化に接触することで、ハワイ先住民の伝統的な文化・生活様式が崩壊した。そして王国の土地の多くが欧米商人の手に渡るのにはそれほど時間はかからなかった。一八九三年には王国政府は転覆され、一八九八年にはハワイがアメリカの準州として併合されることが決定した。ハワイ先住民は一部の王族を除いて、社会の底辺に落ち込んでいくことになったのである。

ハワイで大規模な砂糖プランテーション経営を始めたのは、宣教師の子孫のエリート白人であった。ハワイの肥沃で広大な土地を手にした彼らは、砂糖栽培に必要な労働力を海外からの移民でまかなった。一八八〇年代から一九二〇年代を中心に、地理的に近いアジア地域から多くの移民がやってくることになったが、おもに中国人、日本人、韓国人、フィリピン人が「低賃金」で働いた。特に日本人移民は多く、一九〇〇年から約四〇年間では、日系は総人口の四〇パーセントをしめ、ハワイ最大のエスニック集団であった。同時期にポルトガルやスペイン、北欧といった地域からの移民労働者も導入されたが、アジアからの移民に比べると数は少なかったものの、賃金・待遇などの労働条件はアジア移民よりも良かった。一部ハワイ先住民も初期の砂糖プランテーションで賃金労働をしていたが、彼らの賃金はアジア移民のそれよりもまだ低かった。こうして砂糖栽培が盛んだった一九世紀後半から二〇世紀半ばにかけて、ハワイ社会は独特の階層構造を持つ社会になった。その政治・経済的頂点には少数のＷＡＳＰ（White Anglo-Saxon Protestants）系の白人が座り、本当の意味の中産階級が不在のまま、下位には移民労働者が労働者階級として据え置かれた。

しかし、砂糖産業で、プランテーションにおける砂糖きび栽培や粗糖抽出のための工場労働に携わったアジアからの移民第一世代の間では、同じエスニック集団に属する労働者によるストライキは起こったが、過酷な労働条件を向上させるために、国籍、人種やエスニックシティの違いを越えて、労働運動をおこすには至らなかった(3)。

### 非白人マイノリティへの差別

一九三〇年代になると、それまでのプランテーション労働移民とは別に、アメリカ本土から軍関係の仕事や貿易・港湾関係の仕事で新たに白人の移住者がやってきた。彼らは王国時代に到来した宣教師の子孫というエリート白人の階級とは異なるタイプの白人で、彼らがハワイで中産階級を形成することになった。公立学校の教員として来た者は、進歩的な民主主義教育を「移民の子どもたち」に与えた。左翼的思想をもって労働組合組織を試みた者もいた。だがその一方で、自分の子どもが「アジア系」の英語力の劣る子どもたちと一緒にされるのを嫌って「英語標準学校」を設立し、一種の人種分離を進めた白人らもいた。この結果、異なる文化的・経済的背景をもつ子どもたちは分離され、標準学校はほとんど白人の子どもの行く学校となり、非白人の移民労働者の子どもたちは普通の公立学校に集中することになったのである(4)。

このように非白人マイノリティは、エリート白人や中産階級の白人から「差別」され「疎外」されていたといってよい。そしてこの頃から、非白人マイノリティが「ローカル」と呼ばれるようになったようである。

一九三一年に起こったマッシー事件は、「ローカル」少年の凶悪イメージをアメリカ社会に植え付けた事件といえる。ハワイ生まれの少年五人（ハワイ系二人、日系二人、中国系・ハワイ系混血一人）が、軍事関係者の妻タリア・マッシーに暴行したとして逮捕された事件であるが、五人の犯行であるという証拠はなく、被害者マッシーの証言のみにもとづいた逮捕だった。この事件に関する裁判を報道した新聞が初めて少年たちを「ローカル」と呼び、「ローカル」という語が新聞に載るようになったと言われるが(5)、この事件の顛末は悲劇的であった。被疑者として逮捕された少年のうち一人が、被害者マッシーの関係者四人(6)によって誘拐され、なぶり殺しにされたのである。しかも、この四人の殺人犯はハワイ社会の白人エリート層によって保護され、ジャッド準州知事のもとでわずか一時間「服役」しただけで、釈放されてしまったのである。ハワイ生まれの非白人の命の軽さ、そして「疎外」された状況を物語っていよう。

この事件によって、ハワイ社会で「差別」され「疎外」されている者はやりばのない憤りを感じた。しかし、社会の隅々まで砂糖関係の五大財閥に支配された当時のハワイで、ちっぽけな移民一世、二世が巨大な権力の不正を暴き、挑戦することはこの時点ではほとんど不可能であった。

一九三〇年代に成人した日系二世の多くは、ハワイのホスト社会で「活躍」する場を見つけることができなかった。教育を身に付け、五大財閥系の会社に就職しても「白人」に追い抜かれてしまう。日系二世の中にはこの時期、公立学校の教員になるものが増えていった。教員など公務員は人種差別的な賃金・待遇を比較的受けなかったからである。また、一定した顧客がいるので小規模ながら何とか商売がなりたっていた日系コミュニティの中小商店で、就職口を見つける者も多々あった。もちろん砂糖やパイナップル栽培に従事したものも多いし、港湾労働者として働く者もいた。こうした労働者階級には非白人の移民の二世が多く集まり、彼らの間で初めて親の出身国やエスニシティの違いを超え、「連帯感」が芽生えていったのである。

## エスニシティを超えて

一九三〇年代半ばから、ハワイの労働者が連帯して育て上げたＩＬＷＵ（International Longshoremen's and Warehousemen's Union）という労働組合は、第二次大戦後すぐに大規模なストを成功させ、過酷な労働条件や低賃金は改善された。「労働者」としての当然の権利を行使して、五大財閥を相手に勝利を得たのである。さらに戦時中の不当な差別にもかかわらず、アメリカへの忠誠心を命をかけて証明した日系二世部隊第百大隊や第四四二連隊の活躍のおかげで、非白人の中でもとりわけ日系コミュニティは「差別」から解放されるようになった。特に、GIビル（復員兵擁護法）の恩恵により、高等教育を受けて帰還した二世が実業界や政界に進出した。日系以外の非白人移民二世・三世も、日系二世の進出を、戦前の低い地位からの向上の象徴と捉え、その後に続くことができるだろうと考えた。政界では、戦前見る影もなかった民主党を再建したアイルランド系のジョン・バーンズ（John Burns）と、彼をもりたてたアジア系二世（特に日系）の政治家たちの活躍によって、五〇年余りも政権を握ってきた共和党を退け民主党が政権をとった。この一九五四年の「民主党革命」には、新しい政治の風が吹き始めたにちがいないと誰もが期待した。それから五年後、ハワイは「一流の」アメリカ市民になるために不可欠な「州」への昇格をついに成し遂げた。これは移民一世、二世が戦前からずっと待ち続けた瞬間であった。アメリカの一州として、連邦政府に他州と同じ条件で議員を送り、自らの知事を選挙で選ぶことができるようになった。大統領選挙にも参加できるようになった。この時ハワイでは、戦前疎外されてきたマイノリティが、「これで私たちはみんな白人《ハオレ》だ」と思ったという。ハワイの州昇格とは、特にマイノリティ住民が、戦前ハワイで彼らを虐げてきたあらゆる差別から解放されたと感じ、その後のハワイの着実な経済発展と自らの社会的地位の上昇を確信した時だったといえよう。この時までの辛苦を共有してきたという経験が、ローカルというポジティブな「われわれ意識」の生成に寄与していることは確かである。この時期にはまだ「ローカル・アイデンティティ」という呼び名はなかったが、この社会変革の中に感じられた「われわれ意識」が、ローカル・アイデンティティの萌芽であったといってよいのではないか。

### 州昇格後の経済的・政治的・社会的要因

ハワイでは、戦前繁栄した砂糖産業が戦後の国際競争力低下により衰退し始め、第二次大戦後の冷戦構造の中で、以前にもまして軍事産業が発展した。基地関係の仕事のため軍人やその家族、そしてビジネス関係者が多数ハワイにやってきた。その多くはアメリカ本土からの白人や黒人の軍人であり、任務終了後ハワイに居残って定住する者もでてきた。さらに、砂糖産業の後を継ぐハワイの産業として観光業も本格的に発展してゆき、結果としてハワイ社会はサービス業中心の産業構造に変貌していった。州昇格後、ハワイ外部から資本参入が活発になり、アメリカ本土からの巨大資本がその資本力で現地資本を凌駕するようになっていった。一九七〇年代になると、アメリカ資本に加えて、日本、オーストラリア、ホンコン、イギリス、カナダといった国々からも資本参入が続き(7)、ハワイの主要産業となった観光業を「支配」しているのが、ハワイとはまったく関係のない「よそ者」であるという認識が、ハワイ住民の間に拡がった。また観光業の発達のおかげで、比較的賃金の低い「現地雇い」のサービス職が増えていったが、教育を得た若者が知識や技術をいかせる専門職、管理職は少なかった。一九六五年移民法やベトナム戦争による移民や難民の流入により、ハワイではアジアの国々から来た新しい移民が観光業の低賃金職を埋めるようになった。このアジアからの新しい移民は、戦前砂糖産業のためにやってきた移民の子孫の目にはやはり「よそ者」と映るようになった。

「ローカル」という意識は、この時期、つまり一九七〇年代以降多くの人々に認識され、高揚したと考えられている。この点に注目したのが先に触れたエリック・ヤマモトの論文(一九七九年)である。「よそ者」主導型のハワイ開発は、ハワイの美しい自然を破壊し、巨大観光リゾートや、中産階級化した人々のための宅地開発を目指していた。こういった開発のために、昔ながらの住民が住み慣れた家や農地から立ち退かされた。一九六〇年代の公民権運動やエスニック・リバイバルの影響もあって、一九七〇年にはカラマ・バレー住民が、一九七二年にはオタ・キャンプ住民が、地代を法外に値上げして追い出そうとした開発会社に反旗を翻した。ハワイに長年住んできたこの住民たちは、ハワイ系、フィリピン系、日系とエスニック背景は様々であったが、みなハワイ独特のゆったりした生活様式を大事にしてきていた。住む場所を奪われることは、「ハワイの良さ」

を破壊されることになる。「ハワイ」を守るためでもある彼らの運動は、立ち退き地域とは直接には関係のない住民の関心も集めた。なぜなら自らの生き方を「よそ者」に左右されるのでなく自分で決める、つまり「自決権」を取り戻すことにつながるからだった。そしてヤマモトによれば、この住民運動高揚の背後にあったものが、「ハワイへの帰属意識」「ハワイの良さを維持しようとする意識」であり、この意識こそ「ローカル」のアイデンティティだというのである。このアイデンティティの共有が、当時のハワイの乱開発に一矢を報いたのだといえよう。

もっともヤマモトは、「ローカル」意識に基づく運動に内包される自己矛盾を見逃しはしなかった。「ローカル」は「ハワイの良さ」を守るために「自決権」を掌握していたい。さりとて、正直に言えば、アメリカ化、都市化がハワイにもたらした豊かさを完全には捨てたくはない。完全なアメリカ化を嫌いながらも、伝統社会ではなしえない、都市ならではの経済的機会の恩恵にはあずかりたいというジレンマである。結局「ローカル」の運動はこの矛盾を抱え続けることになるが、一九七〇年代、「ローカル」というひとつの旗印のもと、「ハワイ」の良さを守ろうと住民が結集し、「よそ者」を相手に住民運動を展開したことは、「ローカル・パワー」を内外に示しえた点で成功だったと見なしてよいだろう。

## 文化的要因 ―― ハワイ住民の生活における文化的多様性に基づいて

エスニック・リバイバルの影響もあって、一九七〇年代にはハワイ独自の生活文化が文化的多元主義の象徴として捉えられ、それに肯定的な見方が普及した。「ローカル」による住民運動のよりどころとなっていた「われわれ意識」は、独特の言語文化を共有しているという連帯感にも基づいていた。この言語文化の核こそピジンである。この言葉は、「ローカル」の旗印に結集した人々にとって、アイデンティティのよりどころであり、まさに「心のホーム」を提供していたといえよう。

現在ハワイ社会でピジンと呼ばれる言語は、言語学的にはハワイ・クレオール・イングリッシュ（Hawaii Creole English、以下HCEと略記）と言う。一九世紀後半から二〇世紀前半にかけてハワイの砂糖プランテーションには多様なエスニック言語集団が労働移民として働いていたが、ハワイ人やポルトガル人の現場監督と移民集団の間で、また異なる言語をもつ移民集団の間で、意思疎通をするために「共通言語」として話されるようになった各国語の混ざった言葉が言語学的に「ピジン英語」と呼ばれる。これが次第に、移民労働者のハワイ生まれ二世の間で英語を主体とする形に変化し、体系的なHCEが発達してきた。このHCEこそが現在一般的に「ピジン」と呼ばれるものである。

歴史学者アイリーン・タムラ（Eileen Tamura）によると、HCEは、アメリカ本土の黒人英語やルイジアナ・クレオールと並んでマイノリティ英語の一種であり、標準英語と同様に体系的であり一定の文法を持つ(8)。だが、標準英語を話すエリート白人は、労働者階級の話すピジンを劣った言葉として、戦前からずっと蔑視してきた。戦後になって戦前の極端な二階級構造が変化し、労働者階級の中からも中産階級が成長してきても、ピジンという言語に対する蔑視は消えず、ビジネスには適さない言語と格付けされ続けた。そこでエリート白人を除く多くのハワイ生まれハワイ育ちの人々は日常的にピジンを使いながら、公的なビジネスの場面では標準英語に切り替える「スイッチ」を身に付けた。「自分は標準英語とピジンのバイリンガル」と茶目っ気たっぷりにいうローカルが多い所以である。

ローカルの政治的運動の文化版といえるのが、一九七〇年代に現れた、ピジンによる自己表現の推進論である。一九七八年、ハワイ生まれのスティーブン・スミダ（Stephen Sumida）、アーノルド・ヒウラ（Arnold Hiura）、マリー・ハラ（Marie Hara）らが中心となって「トーク・ストーリー社（Talk Story, Inc.）」が設立され、ハワイ関係の作家や詩人を一同に集めた初会合(9)が開かれた。ここで次のことが確認された。すなわち、ハワイは多様な移民のもたらしたエスニック文学の宝庫であることと、移民家族のハワイ独自の経験を移民母国文化の感性を使って表現した作品がこれまで多くあったにも関わらず、アメリカ文学の中では全く評価されていないのは間違いであることである。さらにピジンで詩や小説という作品を表すことも「ハワイ独自の経験」の表現には不可欠であることも確認された。同年、スミダやヒウラが中心となり『トーク・ストーリー――ハワイ・ローカル作家のアンソロジー』と題する小説集を出版する。同時にバンブー・リッジ社（Bamboo Ridge）という出版社が設立され、その後『バンブー・リッジ(10)』という雑誌を継続して出版している。この雑誌にはピジンに慣れていない人々にはわかりにくい表現がしばしば登場する。だがこれを「特長」として評価し、ハワイ独自の文学を発展させていくのが、バンブー・リッジの目標のひとつなのである。

バンブー・リッジ社のこのような運動は、ハワイの全ての住民の考え方を代表していたわけではなかったが、一般にピジンを見直す動きが生じたのは確かである。ピジンを取り上げて、その独特の発音と意味を紹介している『ピジン・トゥ・ダ・マクス（Pidgin to Da Max）』が出版され再版を繰り返したのが一九八〇年代前半だったことを見ても、それがわかる。

こうしてポップ・カルチャーの中でピジンは見直されてきたが、教育現場においてはピジンの立場は簡単には改善されなかった。戦前から戦後にかけて、教育現場から劣った言語であるピジンをなくそうという試みが続いてきた。すべての公立学校で、ピジンを撲滅し、子どもたちの英語能力を高めようといろいろな努力がなされていた。ハワイ大学でも標準英語の発音やスピーチの科目を必須科目にし、ピジンを消滅させようと努めた。この動きの背景には、ハワイにおける公立学校生徒の英語表現力が全国平均より常に劣っていたことがある。だが、一九六〇年代、七〇年代になり、前述したローカル住民運動の高揚とピジン推進論の中で、公教育でのピジンに対する考え方も変化してきた。リベラルな教育者は、公立校教員に対するアドバイスとして、子どもたちからピジンを奪い取るのでなく、子どもたちが両方の言葉を話せるように教育するよう指摘した。依然として強硬なピジン抹殺論は存続し、ピジン是非論争は続くことになるものの、一九七〇年代の教育現場でのピジン容認論は特筆できる。

あらためて概観すると、一九七〇年代から八〇年代にかけてのローカル・アイデンティティに基づく住民運動の高揚やピジン推進論の登場は、相互に密接に関わる動きであったことがわかる。エスニック・リバイバルと観光業の発達という外的な要因から生まれたものの、どちらも「ハワイの良さ」を守ろうというハワイ生まれハワイ育ちの「ローカル」の強い主張の表れであり「ローカル・パワー」の表現だったといえよう。

## 三　一九九〇年代――「ローカル」が直面した新しい問題

### 政治的局面――ハワイ先住民対移民の子孫たち

エスニック・リバイバルが進行していた一九七〇年代、ハワイでは「ローカル」による住民運動と並行して、ハワイ先住民による文化復興運動が高まっていた。ハワイ諸島を故郷とし、自らの王国を奪われたハワイ先住民は、アメリカによって抑圧された言語文化を復興させるため、古来のチャント、フラ、タロ栽培の復活や、子どもたちへのハワイ語や伝統文化の教育に着手した。また住民レベルで、開発に晒されたハワイ先住民の古代遺跡を守るための運動を起こした(11)。そして一九八〇年代中頃になると、先住民の中から若手のリーダーが登場し、先住民運動は文化復興運動から、奪われた国家主権の回復運動へと変貌をとげるが、彼らはハワイ社会の移民系エスニック・マイノリティと先住民との相違を明確化した。

先住民の若手リーダーのひとり、ハウナニ＝ケイ・トラスク（Haunani-kay Trask）は一九九三年に出版した『先住民の娘より（From A Native Daughter）』の中で、先住民と非先住民との関わりについて意見を述べた(12)。トラスクによれば、ハワイ住民の中で、その文化の起源をハワイの大地に求めることができるのは先住民のみであり、ハワイへやってきた移民の子孫は白人系だろうとアジア系だろうと、「大地を愛する心──マラマアイナ」を理解できない。これまで運動の目標によっては白人らと協力してきたこともあったが、先住民のみに関係のある主権回復運動においては非先住民とは絶対に連帯はしないと断言する。さらに、連帯というのであれば、世界に散在する他の先住民たちと連帯して運動することが将来の目標であるとトラスクは言い切っている。

ピジンを共有し、ハワイ独特の生活様式の良さを守ろうというエスニックの壁をこえた「ローカル」を旗印にする人々にとっては、先住民の主権回復運動の高揚は、不協和音に感じられた。「ローカル」のまとまりに亀裂が入ったのだった。

## 経済的局面──日系対他のエスニック・マイノリティ

一九七〇年代以降、ハワイ社会では日系の社会進出が進み、八〇年代後半になると、明らかに日系に対するその他のエスニック集団からの視線が険しいことが認識されるようになった。ハワイ先住民、フィリピン系をはじめ、特に州昇格後に流入した白人、一九六五年移民法以降に増加したコリアン系、サモアン系も、日系がハワイ州の公務員職を独り占めしているという不満をぶつけ始めた。ハワイ社会の中流階級にでんと腰を据えた日系が他のエスニックに対して傲慢にふるまっていると言うのである。先にふれた人類学者ジョナサン・オカムラの「ローカル」に関する別の論文（一九九四年）によれば、日系は特に教育分野の公務員職に多く、一九九〇年には学校の管理職の五二パーセント、小学校教員の六三パーセント、中学校教員の五〇パーセントを占めていたと言う(13)。また上記以外でも日系のしめる職は、公務員の中間職が多いと言う。これに対してフィリピン系は、学校管理職のたったの四パーセント、教職の三パーセントしか占めていないのである(14)。当時全体人口に日系の占めた割合は二三パーセントで、フィリピン系は一五パーセントだった。フィリピン系の中にアメリカ生まれではないものが含まれるとはいえ、かなり不公平な現実が明らかである。こうした中から、日系の政治的・経済的地位の独占というネガティブ・イメージが生まれ、不満がぶつけられた。ここでも「ローカル」のまとまりに分裂の兆しが現れたのだった。

## 文化的局面――教育現場におけるピジン「容認」論

「ローカル」の連帯に分裂の兆しが見え始め、それが研究者によって論じられているさなかにも、ハワイで生まれ育った人たちの間でピジンは話され続け、ピジンで書かれた文学も登場した。その言語とそれに付随する独特の生活様式を共有するものたちが、先住民も日系もその他のエスニック集団も多くは、「ローカル・アイデンティティ」を維持していた。一方で、学校におけるピジン是非論は、一九九〇年代にも続いていた。一九七〇年代に少しずつピジン容認論が表れていたものの、学校現場でのピジンに対する態度はまだまだ厳しかった。

一九八〇年代初頭、アメリカ本土で英語公用語論が叫ばれると、一九八七年には、ハワイ州の教育委員会(Board of Education)がピジン禁止決定を下した。教育現場では教員も生徒もピジンを使ってはいけない、つまり教室からピジンを締め出そうというのである。ピジンは教育に対する障害であるという昔ながらのレッテルを貼ることで、委員会側はピジン使用を強く批判したのだった。これに対して多くの教員、言語学者らはピジンが子どもたちの母語であるとして、使用禁止には断固として反対した。反発が予想以上に強かったので、教育委員会では当初の決定を引っ込め、かなり譲歩した内容の新決定をした。この結果、教室で標準英語を使うことが「奨励される」ことになったが、教員は標準英語の使用者としてのロールモデルとなるべきだとも付け加えられたことを忘れてはならない。

一九九〇年代になるとピジン容認論がさらに強まったが、一九九九年、ピジンが学校における標準英語教育の妨げであるかどうかについて、地元紙スター＝ブレティンがとりあげた(15)。ここで興味深いのは、七、八〇年代のピジン容認論よりもさらに一歩踏み出した意見が出てきたことである。ピジンを使って自ら小説を書き、以前は教員でもあったロイス＝アン・ヤマナカ（Lois-Ann Yamanaka）は、ピジンを子どもの身体の一部と考える。

私たちは子どもそのものをそのまま大切にします。〈身体の一部を切り取りなさい〉なんて子どもたちに言えないじゃないですか。ピジンに対して扉を閉ざすということは、文化に対して扉を閉ざしていることになるんですよ。

教員が子どもたちに接するときに、その子どもが話す言葉を否定したり無視したりすると、その後の子どもたちの標準英語習得の妨げになるという。新聞には、ヨーロッパの多言語圏に育つ子どもたちが言語の切り替えスイッチを身につけていくように、ハワイでもピジンを言語と認めて、標準英語と両方を身につけさせ、その切り替えスイッチをうまく使えるようにしてやるべきだという考えが紹介されている。言語をひとつ以上話せることは、その人にとってプラスになるはずだという言語学者のコメントも付け加えられている。

「ローカル」に属する人々の間に亀裂が現れた反面、文化的側面では、ピジンという「ローカル」の凝集力でもある言語が、これまでにもまして「市民権」を得てきているのは興味深い現象である。次の世代を担う子どもたちに、ピジンで話すことに自信を持たせ、「ハワイ生まれの良さ」を身に付けさせることで、「亀裂」を超えた未来のハワイ社会の設計に積極的にコミットできる世代が育つのかもしれない。

## 四　結びにかえて――「ローカル」によるハワイの未来設計

### ローカルの特性

これまで、ローカル・アイデンティティ誕生の背景、一九七〇年代に高揚したローカルによる住民運動、ローカルの亀裂、そしてローカル文化の核ともいえるピジンに対する文化人による推進論や、教育現場による容認論を追ってきた。一九九〇年代になると、七〇年代に「ローカル」意識を共有していた者の中に分裂が生じていることが指摘された。結局のところ「ローカル」意識はエスニックを超える「アイデンティティ」には成りえず、住民をまとめ、ともにハワイ社会を変革していく素地にはなりえないのだろうか。

実は「ローカル」意識を共有する人々は、周辺状況の変化と共に変わってきたといえる。その時代ごとにハワイの政治・経済・文化的権力を誰が握ってきたのか、どのような支配構造があったのかによって、「ローカル」の意味するものは変わってきた。「ローカル」の特徴は、権力によって搾取され、従属させられている者たちが、エスニック・ラインを超えて連帯意識で結ばれ、従属的地位を覆そうとしてきたところにあった。労働運動や民主党革命のころの「敵」は、ハワイの五大財閥に象徴される白人エリートであった。七〇年代の住民運動の「敵」は、「よそ者」のアメリカ本土や外国の巨大資本であった。共通の敵を駆除し社会を変革する原動力であった「ローカル」意識のもとに人々は結集した。だが、「ローカル」の分裂が起こっている今、全ハワイ住民のための理想的ハワイはあるのだろうか。

そもそも、戦前から戦後にかけてハワイ社会の階層構造も、中心的な産業自体も変わった。だが、戦前は砂糖産業一辺倒、戦後は軍事関係や観光業に偏りすぎである事実が明らかにしているように、「ローカル」住民の「産業基盤」が弱いという点は変わっていない。戦前の砂糖産業はハワイのエリート白人の掌中にあって、大多数の労働者には支配権がなかったし、観光業も「よそ者」の巨大資本に支配され、「ローカル」住民の支配力はないのだから。前述のオカムラはその論文（一九九四年）(16)の中で、「ローカル」が「よそ者」からハワイの支配権を取り戻すために本格的な運動をいまだに起こしていないことを問題視した。このままではハワイの「ローカル」住民のためのハワイを実現するには遅すぎるかもしれない、とオカムラは警告したのである。

## 先住民主権運動家の未来設計を前にして

先に述べた先住民の主権回復運動が高まりを見せ、ハワイ先住民のみの「国家」建設計画が着実に進んでゆくと、移民の子孫は将来のハワイに不安を感じ始めた。ハワイ大学アメリカ研究学部で教鞭をとる、自らもハワイ生まれハワイ育ちのキャンディス・フジカネ（Candice Fujikane）は、一九九四年に「二つのナショナリズムの狭間」という論文を発表した(17)。この中でフジカネは、主権奪還をめざすハワイ先住民のナショナリズムと対峙させる形で、「ローカル・ネイション」という概念を創出し、それはハワイを故郷とし、独特の歴史背景や言語を共有して育ってきた非先住民のエスニック・マイノリティが作りあげてきた想像上のネイションであると説明した。先住民主権運動家トラスクが「非先住民と先住民の連帯はない」と主張していることに対して、フジカネは、先住民が主張する「奪われた国土の回復」を求めるナショナリズムと、「ローカル・ネイション」が主張する白人エリートによって搾取された歴史の共有に基づくナショナリズムは、矛盾することなく共存できると述べた。フジカネとしては、自ら「ローカル」として、先住民ナショナリストに歩み寄ると同時に、「ローカル」もまたハワイを故郷と考えることを示したのだが、この考え方は先住民のリーダーらに拒絶された。

一九九七年、フジカネは新たな論文の中で(18)、自分の「ローカル・アイデンティティ」を主張した。まず、非先住民の子孫と先住民との違いを受け入れた上で、「自分はハワイ・ローカルである以上、先住民にこれまで行なわれてきた不正から目を逸らすことはできないし、彼らの主権運動を支持しないわけにはいかない」と述べる。アメリカによって作られた制度を支持するのではなく、その犠牲となってきた先住民の主権回復運動を支持するのは、ハワイの「ローカル」である自分にとって当然の義務だからだと言う。

自らも「ローカル住民」であり研究者でもあるフジカネは、「ローカル」として先住民の主権運動を組み入れた形で、未来のハワイのビジョンを描いたのだが、ハワイの一般的な非先住民の多くは、自分たちの存在を「無視」する先住民主権運動家の主張を受容できない。先住民がハワイで主権国家建設に成功した場合、自分たちがどうなるのかが不安でならないのである。トラスクは「有色植民者と移民へゲモニー――ハワイのローカル(19)」と題する論文の中で、「ローカル住民」がハワイを故郷と呼ぶのはおかしい、ハワイを故郷としているのはあくまでも先住民のみだと繰り返した。その上で、ハワイの土地・不動産を所有している日系の企業家や政治家を槍玉にあげ、彼らが議会や裁判などで先住民の土地返還要求を阻止・妨害していると批判した。

だが非先住民で非白人のハワイ住民にしてみれば、せっかくアメリカ化、都市化のおかげで手に入れた豊かさを手放したくないというのは本音であろう。実際自分の曽祖父母や祖父母の時代からハワイに暮らしてきた彼らにとっては、やはりハワイは「故郷」以外の何ものでもない。非先住民からすれば、主権運動家が思い描く未来のハワイビジョンは受け入れられないが、ハワイ住民がみなで共有できる具体的なハワイの未来設計もまだできあがっていないのが実情である。日系に水をあけられてしまったフィリピン系、サモアン系にすれば、日系が手にしたような「アメリカの夢＝成功」の分け前にあずかれる社会こそ理想なのかもしれない。新しい移民の中にはそういう者も多いだろう。だが一方では、経済的水準を向上させたいという願望とは逆に、水準は低くても「ハワイの良さ」を持ち続け、今のゆったりした生活様式を続けていきたいという者もまた多いのが現実である。ハワイはあくまでもアメリカ本土とは違うから良いのだという考えが健在だからであろう。住民の間には考え方の違いやジレンマはあるが、大切なのは、「ハワイの良さ」を維持できるような、「ローカル」住民主導型の産業経済を作らねばならないということだ。このハワイの未来設計は、今後「ローカル文化」のなかから育ってくる世代に委ねられるのだろう。

ハワイ研究において、「ローカル」の意味の変化を追っていくことは、ハワイの複雑な権力構造の変化というハワイ内部の姿を明らかにするだけでなく、アメリカによる侵略の結果、その属領となり州となったというハワイの歩みも明確にするし、ハワイをめぐる多国籍の利権との経済的な関係も浮き彫りにする。「ローカル」の意味の変化を通してハワイを眺めると、ハワイが小さいながらもどこよりも興味深い研究対象として見えてくるのではないか。さらに「ローカル」意識が興味をひくのは、周辺の状況によってその意味づけや内容が変化してきたにも関わらず、個人のアイデンティティのよりどころが各エスニック集団へ分散してしまうのでなく、「ローカル・アイデンティティ」として多かれ少なかれずっと凝集力を持ち続けていることである。ピジンの根強さにもそれは現れている。これはハワイの住民がアメリカ本土の人々とは違う体験をしているために、エスニック集団に対してよりも、ハワイという独特の社会・文化に「心のホーム」を求めるという共通性があるからなのではないか。

## 【注】

（1）ヤマモトは七〇年代半ばに「〈ジャパニーズ〉から〈ローカル〉へ」という卒業論文をまとめ、その中で「ローカル・アイデンティティ」に対する十代半ばから二十代の若者の見方を紹介した。その一部が「ローカルの重要性」という論文にまとめられ、ハワイ大学社会学部の論文集（一九七九年号）に発表された。Eric Yamamoto, "The Significance of Local," *Social Process in Hawaii,* vol. 27 (1979), pp. 102–115. ヤマモトは現在、ハワイで弁護士をしている。

（2）オカムラは当時、イギリスの大学院で人類学を専攻していたが、現在（二〇〇三年）はハワイ大学エスニック・スタディーズで教鞭をとっている。オカムラ論文は、Jonathan Okamura, "Aloha Kanaka Me Ke Aloha Aina: Local Culture and Society in Hawaii," *Amerasia Journal,* vol. 7, no. 2 (1980), pp. 119–137.

（3）一九〇九年、一九二〇年に日本人労働者（一世）がプランターを相手にストをおこしたが、一回目は日本人単一人種グループによるストであったこと、二回目はフィリピン労働組合リーダーとの間に不信感があったことが災いして、ストはどちらも失敗に終わっている。また、一九二四年にはフィリピン人労働者もストを起こしている。当時プランターは、故意に出身国の異なる移民グループを分断して別々のキャンプに住まわせ、相互のライバル意識をあおった。こうすることで、「労働者」が一丸となって「プランター」に抗議活動をするのを妨げたのである。

（4）普通の公立学校には、アジア系の二世が集中し、彼らはピジンを話していた。それはこの言語が彼らの母語だったからといえるだろう。

（5）ヤマモトが一九七〇年代におこなったハワイ大学社会学教授アンドリュー・リンド教授（当時）へのインタビューによる。マッシー事件の裁判記事で、初めて新聞に「ローカル」という語が使われたと言う。

（6）四人とは、タリア・マッシーの母 Mrs. Fortescue と夫の Lt. Thomas Massie そして海軍兵の Albert Jones と

Edward Lordであった。

（7）Marion Kellyによると、一九五四年から一九九〇年までの間にハワイに投資をした外国資本のトップは九億二八四四万ドルの日本で、続いてオーストラリア六五〇六万ドル、ホンコン三〇三三万ドル、イギリス一九三三万ドル、カナダ一七九六万ドルであった。Marion Kelly, "Foreign Investment in Hawaii," *Social Process in Hawaii,* vol. 35 (1994), Table 1 on p. 27による。

（8）Eileen Tamura, "Power, Status, and Hawaii Creole English: An Example of Linguistic Intolerance in American History," *Pacific Historical Review,* (1996), p. 4.

（9）この会合のテーマは「トーク・ストーリー――縛られた言葉、解放された言葉（Talk Story: Words bind, words set free)」であった。

（10）当初は「バンブー・リッジ――ハワイ作家の季刊誌」（*Bamboo Ridge: The Hawaii Writers' Quarterly*）を出版していたが、その後季刊誌ではなくなり、現在は年に二冊（アンソロジーであるジャーナルとその年ごとのテーマにそった本）を出版している。

（11）ローカル住民運動と先住民の伝統文化保護運動は、一時、軌を一にしていたといってよい。

（12）Haunani-Kay Trask, "Coalition between Natives and Non-Natives,"in *From A Native Daughter: Colonialism & Sovereignty in Hawaii,* (Monroe, Maine: Common Courage Press, 1993), pp. 247 – 261.

（13）Jonathan Okamura, "Why There Are No Asian Americans in Hawaii," *Social Process in Hawaii,* vol. 35, (1994), p. 172.

（14）Jeff Chang, "Local Knowledge (s)," *Amerasia Journal,* vol.22, no. 2 (1996), p. 17.

（15）Honolulu Star-Bulletin, 11/2/1999, "Speak pidgin, think pidgin, write pidgin?" by Crystal Kua, http://starbulletin.com/1999/11/02/news/story3/html.

（16）Jonathan Okamura, "Why There Are No Asian Americans in Hawaii," *Social Process in Hawaii,* vol. 35, (1994), pp. xx – yy.

（17）Candice Fujikane, "Between Nationalisms: Hawaii's Local Nation and Its Troubled Racial Paradise," *Critical Mass: A Journal of Asian America Cultural Criticism* vol. 1, no. 2 (1994), pp. 23–57.

（18）Candice Fujikane, "Reimaging Development and the Local in Lois-Ann Yamanaka's Saturday night at the Pahala theatre," *Social Process in Hawaii*, vol. 38 (1997), pp. 40–61.

（19）Haunani-Kay Trask, "Settlers of Color and 'Immigrant' Hegemony: 'Locals' in Hawaii," *Amerasia Journal*, vol. 26, no. 2 (2000), pp. 1–24.

**【推奨関連文献】**

山中速人『ハワイ』岩波新書、一九九三年

池澤夏樹『ハワイイ紀行（完全版）』新潮社、一九九六年

後藤明・松原好次・塩谷亨編『ハワイ研究への招待――フィールドワークから見える新しいハワイ像』関西学院大学出版会、二〇〇四年

# 第二章　絆のネットワーク

## ニュースレター「もしもし（Moshi Moshi）」による
## カナダのエスニック・コミュニティ形成

浦田　葉子

### 一　ニュースレター「もしもし」

カナダのロッキー山脈の東、内陸部に位置するエドモントン地域の日系ニュースレター「もしもし（Moshi Moshi）」は、日系コミュニティの生成と存続にどのようにかかわってきたのであろうか(1)。第二次世界大戦中多くの日系カナダ人は、戦前から激しさを増した人種差別の被害者として強制移動を経験し、経済的にも、精神的にも打撃を受けた。カナダ政府の政策により、多くは戦後も元のコミュニティに戻ることは困難であった。新しい土地で目立たぬように散らばって住み、同化に努めていた日系人にとって、戦後のカナダ社会のマイノリティに対する政策の変化には新たな適応が必要となった。カナダでは、一九六〇年代から多元化を求める運動が広がり、他のエスニック集団が自分達の文化を公の場で誇り、市民としての権利を主張するようになった。だが日系人は数も少なく、伝えるべき文化も失い、組織力もなかった。そのような状況の下、一九七七年、エドモントンでは「もしもし」という日系ニュースレターが創刊された。本章では、カナダのアルバータ州エドモントンにおける日系コミュニティの形成過程を、第二次世界大戦後から一九八八年の補償問題合意の頃までを中心にたどり、その中でニュースレターが果たした役割を探る。

## ゴードン・ヒラバヤシ

一九七七年、ゴードン・ヒラバヤシ（Gordon Hirabayashi）の提案によりニュースレター「もしもし」が創刊された(2)。ヒラバヤシはシアトル出身の日系アメリカ人であるが、一九五九年にアルバータ大学の社会学教授としてエドモントンに来た。その時、日系人のコミュニティ活動はほとんどなかったと言われる。戦前の活気ある西海岸の日系コミュニティの有り様と比較してのことであるが、戦後まもなくのエドモントンでは日系人が目立たぬように生きていたのである。しかし、ヒラバヤシは日系コミュニティの活動に積極的に参加し、その社会学の知識と正義のための信念で日系コミュニティに長年大きな影響を与える存在となった。

彼の経歴をもう少し紹介すると、彼は日系人の抵抗の指導者であったが、第二次大戦中のアメリカ合衆国で、日系人に対する夜間外出禁止令を破り有罪となった。また、政府の兵役に関する質問表にも答えず有罪となり、刑務所で合計二年を過ごした。後に再審請求をし、長い闘いの結果、日系アメリカ人の強制収容には軍事的必要性はなく、日系人への夜間外出禁止令そのものが違憲であったと認められた。一九八七年のことである(3)。

「もしもし」に戻るが、ヒラバヤシは、一九七七年、日系カナダ人社会の百年祭運営委員会のアルバータ地域の出版物として、ニュースレター「もしもし」をスタートさせた。当地の二世女性二人の協力を得て、ニュースの主な部分はヒラバヤシが、そして社会面はこの二人が受け持った。彼女たちは、数少ない戦前からのアルバータ住民、つまり西海岸からの強制移動を経験していない二世であった。ニュースレターの送付先は、アルバータの北から南まで広域をカバーしていた。その後一九七八年の半ば、百年祭が終わる頃になって、この機関紙は、同じ「もしもし」という名前を持つエドモントン日系人協会の機関誌となった。エドモントン地域のエスニック・コミュニティのニュースレターになってからも、「もしもし」はヒラバヤシと、その他の二世のリーダーシップにより、全国レベルの日系組織の動きを伝え、マイノリティへの不当な扱いと闘うべきこと、カナダ市民としての権利と義務についても語り続けてきた。

## 西海岸の日系コミュニティ

さて、日系コミュニティはどのようにしてエドモントンに生まれたのであろうか。ここではまず戦前に遡り、日系人の歴史を振り返る(4)。最初に日本からの移民がカナダに来た一八七七年以降、日本人移民のほとんどは西海岸のブリティッシュ・コロンビア州に住み、漁業、農業、鉱業、材木業などの第一次産業に従事した。日本人移民が増えるにつれて、勤勉な日本人に仕事を取られるのではないかと不安を感じた白人の間に反日本人、反アジア人感情が生まれ、バンクーバーでは暴動にまで発展した。そうした風潮を受けて、カナダ政府は一九〇八年にはレミュー協約により日本からの男性労働者と奉公人への旅券発行数を年四百に、そして一九二三年には年一五〇に制限させた。ところが、日本人を排除しようとした意に反して、この協約に含まれなかった女性が「写真花嫁」として移民して来ることになったのである。カナダにおける写真花嫁についてはアメリカ合衆国の場合ほど知られていないが、彼女ら大量の女性移民は、一九二八年にレミュー協約が再改正され移民制限に妻子を含むようになるまで続き、日系コミュニティの形成に貢献した。この時期から多くの二世が誕生し、成長することによって、移民は出稼ぎではなく、定住を決意するようになり、カナダでのコミュニティ作りに積極的になった。

しかし、ブリティッシュ・コロンビア州では二〇世紀初頭までに、市民権を持ったものにさえ、日系人、中国系人、およびカナダ先住民には、連邦、州、市の議会や、教育委員会における参政権を与えなくなった。州の選挙名簿に載っていないことによって日系人はカナダ市民である二世でさえ、実質的には公務員、法律家、薬剤師、教員、警官、郵便局員、看護士などにはなれなかった。また鉱業、材木業、漁業においては、同一の仕事をしても白人よりも安い賃金で勤勉に働く日系人はますます白人労働者の敵とみなされ、メディアと政治家の煽りも加わり反日運動はさらに激しくなっていった。

ことに、太平洋戦争による日米開戦後、連合国側のカナダにとって枢軸国側の日本は敵国となった。一般市民には日本への敵意を日系人に重ね合わせる者が増え、日系人への疑惑、偏見は高まっていったが、日本による真珠湾攻撃はその偏見を政府による日系人差別へと駆り立てた。カナダ在住の日系人はカナダへの忠誠心、あるいはカナダ市民権の有無に関係なく、敵国人とみなされたのである。アメリカ合衆国の場合と同じように、カナダでも一九四二年二月に、西海岸に住む日系人約二万一千名に強制移動令が出され、市民権に関わらず所有財産は没収された。一九四五年四月には、政府はブリティッシュ・コロンビア州の日系人にロッキー山脈の東に移動するか日本に強制送還されるかの選択をせまった。カナダでは強制収容所に入れられた約一万四千五百人の日系人の他に、道路キャンプや戦争捕虜収容所に約二千人の男性が、砂糖大根の農場労働に約四千人の男女が送られた。戦争が終結した後に日本に送還された者は四千人にも上った。

カナダの日系人に対する差別は終戦後も続き、連邦選挙権がすべての日系のカナダ人に与えられたのは戦後三年経った一九四八年、そして、日系人に完全な移動の自由が与えられたのは一九四九年のことである。この時日系人は強制移動令以来初めて西海岸に戻ることが許されたのである。しかし、持ち主の許可なく政府により所有財産を叩き売られていたため、元のコミュニティに戻れた者は限られていた。カナダにおいては西海岸の日系コミュニティの復興はならなかったのである。一九四二年には約二万二千人いたブリティッシュ・コロンビアの日系人が、一九四七年には約六千八百人にまで激減していた。逆に戦前には日系人がほとんどいなかったエドモントンのような町に日系人が住むようになり、人口が急増したのである。

## 二　エドモントンの新たな日系人コミュニティ

### エドモントンへの日系人の流入

一九四二年、アルバータ州にはわずか五三四人の日系人しかいなかった。ほとんどが砂糖大根の農場での労働者、炭鉱夫、あるいは鉄道建設労働者として、二〇世紀初頭に南アルバータに来て後に農業を営むようになった者である。ところが、一九四二年の強制移動令に伴い、ブリティッシュ・コロンビア州から南アルバータの砂糖大根農場に日系人が送られ、その数は三二三一人に急増した(5)。

大戦が終わるまで、エドモントン周辺には日系人が少なかったが、戦後になると収容所を出て来た者、南アルバータから都会での職を求めて移り住む者などが流入し、日系人の姿が目立ち始めた。戦後まもなく一九四六年には日系カナダ市民協会が活動を再開し、そのニュースレターがエドモントンでも配付された(6)。はじめ、日系カナダ市民協会のエドモントン支部長は移民一世であった。例えば、初期の日系コミュニティのリーダーにはバンクーバーの日本語学校の元校長のフレッド・イノウエ（Fred Inouye）がいた。イノウエは当時、エドモントンでシルコライナという絹織物の店を経営していた。またエドモントンに日本食品店がなかった時代、サンペイ・スギウラ（Sanpei Sugiura）の世話で日本食品の共同購入が行なわれた。スギウラはバンクーバーの問屋からの日本食品の取り寄せを二〇年間取り仕切った。

日系カナダ市民協会エドモントン支部の主な活動は、子どものためのピクニックとクリスマスパーティーであった。クリスマスパーティーは、当時まだ日系に対する偏見が強かった時代に日系人に友好的であったビッセル合同教会のスティーブンス牧師（Rev. Stevens）のはからいで教会で行なわれた。このビッセル合同教会ではインターナショナル・ディナーと呼ばれるパーティーが行なわれ、様々なエスニック集団が各々の自慢料理を持ち寄った。このインターナショナル・ディナーは強制移動の傷が癒えず、日系人が多数集まることにまだ抵抗があった日系人が、安心して集まることができる機会を提供した。

## ゼロからの出発

戦後のエドモントンの日系コミュニティは新しく、規模が小さく、新しい土地で助け合い、ゼロから生活を築き上げていかなくてはならない人たちの集まりであった。日系人のほとんどが強制移動を経験し、経済的、心理的苦難から立ち直ろうとしていた。際立ったコミュニティ活動が無かったのは、戦時、日系であることで手酷い差別を受けたが故に、個人的な集まり以外には、多数で集まって目立つことがないようにと努めていたからである。日系人同士は意識的に近くにかたまって住まないようにしていた。戦前の西海岸には日本語学校、料理店などがあるのが当たり前だったが、戦後日系人口が増えたエドモントンではすぐにはできることはなかった。日系であることで差別を受けたので、二世は自らの文化を子どもたちには語ろうとはしなかった。したがって、三世の中には日本語が話せず、父母からは文化の伝承を受けなかった者が多く存在する。家庭内でも、近所でも、コミュニティでも他の日系人に会わずに育った三世が多いのはそういう理由による。

この日系コミュニティに変化が訪れるのが一九六〇年代以降である。一九六七年に移民法が改正されると、「新移民」と呼ばれる戦後の日本からの移民が久しぶりに始まる。カナダでは日本からの移民は、第二次世界大戦を境に、「旧移民」と「新移民」に区別されるが、この「新移民」の流入により、再び子どものための日本語学校が作られ、ピクニック、クリスマスパーティーが催され、日系コミュニティは再び活性化する。しかし、戦前の「旧移民」と一九六〇年代の「新移民」の間には戦争により移民が途切れた時間のギャップがある。日系とはいっても育った時代も意識も文化も異なる。またカナダ育ちながら人種差別を受け強制移動を経験した戦前生まれの二世と、寛容な時代のカナダに移民してきた「新移民」とは年齢が近くてもやはり意識が異なる。日系コミュニティは旧移民の中でも一世と二世、三世の世代差、「旧移民」と「新移民」の時代、文化の違い、戦時の強制移動を経験した者とそうでない者、日系人同士の結婚と他のエスニック背景を持った者との通婚など様々な点で多様化していく。新しい日系コミュニティは戦前の比較的均質で伝統的な移民コミュニティとは異なり、多様性に富み、言語・文化を共有しない者をも多く含むものとなった。

## カナダの多文化主義

日系人がカナダへの同化への努力を進めていた時、皮肉なことにカナダでは多文化主義運動が起こっていた。日系人が日本的なことを極力脱ぎさり、「カナダ人」になろうとしていた時に、他のエスニック集団は自分たちの文化を声高に主張しようとしていたのである。ここで、アメリカ合衆国の多文化主義とは異なる、カナダにおける多文化主義への動きを振り返ることにしよう(7)。

カナダに根強く存在したイギリス優越主義とイギリス文化への同化主義、そして、あからさまな人種差別主義は第二次世界大戦後のリベラルな雰囲気の中で変化していった。カナダは一九四六年には国連人権宣言を批准し、一九六〇年代には移民法を従来のエスニック出自による差別的なものから能力主義的なものに変えた(8)。一九六〇年代にはアメリカ合衆国で公民権運動が盛んになり、平等主義的主張が世界的に広がるが、カナダでも公民権への関心は高まった。政府は旧来イギリス系と対立していたフランス系を連邦内にとどめるため、一九六三年に王立二言語二文化主義委員会を発足し、全国レベルの調査、公聴会を開いた。一九六九年には公用語法が成立し、英仏両語がカナダの公用語となる。フランス語が英語とならんで公用語となったことで、英仏いずれかの言語で市民がサービスを受けられるように、公務員に二言語教育が取り入れられ、フランス系が積極的に上級公務員に登用され(9)、彼等にとっては社会的地位向上の機会ともなった。一方、現実にカナダは多民族化が進み、一九六一年には非英仏系が約二五パーセントを占めるようになっていた(10)。英仏の特権に不平等を唱えたウクライナ系、ドイツ系など非英仏系のエスニック集団は自分達の文化の貢献を認めるよう、多文化主義運動を行なった。

こうした中、「マイノリティが社会的平等と文化的アイデンティティを求める権利」(11)を認めた、一九七一年のカナダ多文化主義政策の宣言がなされた。二言語の枠組みの中でという制限付き多文化主義ではあるが、遺産言語としてその他のエスニック言語の保持も奨励されることとなった。フランス系の分離を阻み、その他のエスニック集団もカナダ社会に統合していく目的をもった多文化主義政策にあらわれる社会の理想は「多様性の中の統一」である。カナダでは文化的多様性自体が最終目的ではなく、マイノリティにカナダへのアイデンティティを持たせ、国家統一をはかるために彼等の文化的多様性を認めるのである。多様なエスニック集団の文化アイデンティティを認め、その交流をはかることが社会の統合を促すというのが多文化主義の前提なのである(12)。

一九七一年にトルドー首相が発表した多文化主義政策は以下の四つの目的を持っていた(13)。それは「文化保持のための文化集団への援助」、「文化集団が全体社会への参加する際の障害打破」、「文化集団間の交流促進によるカナダの統一促進」、そして「文化集団のメンバー特に移民に対して公用語習得を援助」の四つである。

政策に含まれている文化保持および交流というのは、政府に非英仏系の文化的貢献を認めさせようという、当時の多文化主義運動の活動家の努力によって認められた。多文化主義運動の主な担い手は、平原地方のウクライナ系、ポーランド系、イタリア系などの三世であり、彼等は二言語二文化主義によって優遇されるフランス系に反発し、平原地方を開拓した人々の貢献を認めアイデンティティを尊重させようと、すべての文化の平等を説く多文化主義政策の実施に向けて運動してきた(14)。

多文化主義政策は「二言語の枠組みのなかで」、「望めば個別のエスニック集団の文化保持と、他のグループとの間で分かち合い（sharing）ができる」という限られたものであったが、カナダ社会全般への影響は大きかった。カナダ人に社会の多文化の現実を認識させ、これまで片隅に追いやられていた非英仏文化が、表面に出やすくなった。マイノリティも公の場で自由にアイデンティティと権利を主張できるようになった。マイノリティにとっては自分達の文化的背景について語ることがタブーでなくなったのである。

一九七〇年代の多文化主義政策は各エスニック集団の粘り強い運動によって実現したものであり、その後のカナダのエスニック集団のあり方に影響を与えた。文化の保持と分かち合いが奨励されたことで、エドモントンでは毎夏ヘリテージ・デーという祭が行なわれるようになった。エスニック集団毎にブースを設け、手芸品、歌、演奏、踊りなどを披露し、世界の料理を味わうことができる催しである。これが表面的であるという批判もあるが、コミュニティ活動の活性化につながっているという長所がある。日系人にとってはヘリテージ・デーがあることで、日本文化を紹介する機会ができ、その準備の為に日系人が集まることができるのである。

な形が見える。

## 三　ニュースレターを通してみたエドモントン日系コミュニティ

### 日系百年祭

「もしもし」創刊のきっかけとなった一九七七年の日系百年祭以降から、強制移動に関する補償問題が高まりを見せる一九八〇年代までのニュースレターには、日系コミュニティ内に存在する日系エスニシティの様々な形が見える。

一八七七年の最初の日本人移民のカナダ到来から百年を記念して、一九七七年にはカナダ各地で日系百年祭が開催された。それまで顔を合わせたことがなかった多数の日系人が集会や会議のために再び集まり始める。この日系百年祭は多くの日系人にとって大きな出来事であったが、特に戦前の移民の子孫である日系三世にとって意味深かったと言われる(15)。戦後日系人は日系人拡散政策により、戦前のような居住コミュニティを作らなかった。戦前戦中の被差別体験に傷付いた二世は、三世には日本の文化や自分達の経験をあまり語らなかった。多くの三世は日系百年祭を機に日本の文化や過去の歴史と出会い、日系アイデンティティに目覚めたといえる(16)。

他の日系人とはほとんど会わず、社会経済的に全体社会に統合し、自らが日本語を話せず、そのほとんどが非日系人と結婚する三世にとって、生活上は日系であることは重きを持たない。しかしながら、白人が多数のカナダ社会において非白人であることはマイノリティとしてのエスニック意識を持たざるを得ず、また日本の文化を知らずカナダ社会に同化したと主張しても、他のエスニック背景をもった者が自分のエスニック背景について誇りをもって語る時、「さて自分は？・」と考えざるを得ない。三世にとって日系であることはガンズ（Herbert J. Gans）の言う生活実態を伴わない気持ちの上での「象徴的エスニシティ」である(17)。自らが直接体験していないにも関わらず、三世が戦時強制移動に対する補償問題に興味を示し、取り組んだのは、自らの日系アイデンティティと関わる。しかし、エスニック・アイデンティティは単なる感傷に終わるものばかりではない。その関心の高まりの背後には、強制移動が人種差別という自らにもふりかかることがあり得る問題であり、不当な扱いには謝罪と補償を求めるという、カナダ人としての権利の意識があったのである。

## 「もしもし」が語る日系エスニシティ

一九八〇年代の「もしもし」を見てみると、日系人御用達の店の広告を挟んで両側に日英二言語のニュースを載せるという、ニュースレターとしての形ができあがっている。英語セクションの編集は旧移民の二世が、日本語セクションの編集は新移民一世が担当している。記事にはどのようなものがあるだろうか。

アレコレ（Flo & Lucy ...This 'N That）欄ではエドモントン地域の日系人の結婚、誕生、死亡の記事や一世紹介、読者からの手紙を掲載している。また紙面にはピクニック、敬老会のようなコミュニティの行事の案内、日系クラブの案内、報告が掲載され、日系人同士の関わり、日本文化との関わりを促進し日系コミュニティの中をつなぐ役割を果たした。

一九八四年には、三世のサリー・イトウ（Sally Ito）による「文化の維持と日系カナダ人（"Cultural Survival and the Japanese Canadian," vol. 8, no. 7）」に見られるように日系人としての体験、意識、文化保持についてのエッセイも紙面に表れる。年中行事となったヘリテージ・デーのジャパニーズ・パビリオン準備委員会の報告と協力要請は、カナダの多文化主義の枠組みの中での日系コミュニティ活動の表れと見られる。後に例を上げるが、補償問題が顕在化する一九八〇年代、「もしもし」にも全国日系カナダ人協会（NAJC: National Association of Japanese Canadians）からの補償問題交渉のニュースが流れ、補償問題やコミュニティの有り様をめぐって、会長をはじめとするリーダー達の意見が紙面を賑わしている。ここでは日系人同士のつながりだけでなく、日系コミュニティと他の日系全国組織あるいはカナダ社会との関わりが窺える。

ニュースレターは誕生、死亡、クラブ活動、コミュニティ活動から日系アイデンティティの問題、補償問題まで様々な話題を含み、その多様性は日系コミュニティのメンバーの多様性、日系人のエスニシティの多層性を表しているといえる。

## 補償問題

一九八八年九月二二日、日系人の戦時強制移動と所有財産没収に対する補償の合意が発表された(18)。政府と全国日系カナダ人協会の合意事項によって、政府は日系人への不正に対する謝罪の他に、個人補償二万一千ドル、日系コミュニティ復興基金千二百万ドル、カナダ人種関係基金二千四百万ドルを支払うことになった。補償運動のリーダーシップを取り、政府との交渉を行なったのは全国カナダ日系人協会である。日系人の補償問題への取り組みはすでに戦後間もない一九四七年にあったが、連邦政府との合意には到らず、八〇年代になるまでまとまった動きはなかった。多文化主義や日系カナダ人百年祭によって、押さえられていた日系アイデンティティが再創出され、カナダ社会の非日系人の支持も徐々に得られた一九八〇年、全カナダ日系人協会は、前身の全カナダ日系市民協会から名称変更し、補償運動を本格的に再起動させた。一九八三年、全国日系カナダ人協会は正式に政府と補償問題の交渉を始めた。一九八五年には、日系人の強制移動と所有財産の没収による損害額が約四億四千三百万ドルに上るという調査結果が出た(19)。この調査結果により、全カナダ日系人協会は補償要求額を決定した。補償問題に関しては、カナダ社会、カナダ連邦政府の理解を得、説得することはもちろん大きな仕事であったが、日系人自体を過去のトラウマから解放し、彼等の権利意識を目覚めさせることにも労力が要った。強制移動を経験した日系人の中には報復を恐れ、せっかくあからさまな差別がなくなりいい時代になったのだから「寝た子を起こすな」という、補償問題によって反日感情が蒸し返えされるかもしれないことへの抵抗があったのである(20)。

## 控えめな住民たち

「もしもし」の会長による論説コーナーにおいて、当時のシミズ会長はエドモントン日系人協会が直面している問題は、古くからあるメンバーの無関心だとしている(21)。社交、ビジネスの集いにも出席が減っていた。シミズ会長は日系コミュニティを活性化することが自分たちのためであるだけでなく、エドモントン全体のためにも重要であるとして、コミュニティのイベントへの積極的な参加を呼び掛けた。

当時のニュースレター「もしもし」はコミュニティにおいてどの程度の影響力を持っていたのだろうか。一九八六年の人口調査によれば、エドモントンの日系人は一九四〇人とされる(22)。一九八八年にエドモントン日系人協会がニュースレターの購読者および各種日系クラブ会員リストから作成した日系電話帳には二二六世帯が載っている。日系ニュースレター「もしもし」は一四八世帯が購読している(23)。ニュースレターを購読している者はなんらかのコミュニティ活動に関心があるとすると、平均的な家族の構成人数にもよるが、エドモントンの日系人の一部が日系クラブ、アソシエーションなどに属し、さらにその一部がニュースレターを購読していたと推測される。二世の中には戦後すみやかに全体社会に同化し、辛い被差別体験を忘れるため日系の組織に所属していない者も多かった。コミュニティ活動に参加し、ニュースレターを購読する者がさほど多くないのはその影響か、あるいは生活を立て直すことに精一杯でコミュニティ活動どころではなかったかもしれない。

一九八〇年代の「もしもし」には、エドモントン日系人協会会長の論説や日系コミュニティの社会面であるアレコレの他に、多文化主義に関わる行事、補償問題の動向が日系コミュニティに関わる話題として盛んに取り上げられるようになっている(24)。また会長の論説そのものが、しばしばコミュニティのリーダーとして、多文化主義、補償問題への控えめすぎる日系人の態度をいさめ、補償運動への啓蒙を行っている。

## リーダーたちの苦悩

補償交渉も半ばの一九八六年三月六日付のカナダの全国紙『グローブアンドメール』には、宗教団体連合（The Canadian Council of Churches）によって日系人の強制移動に関する説明および政府に対する補償請願書が写真付きで掲載された。一般市民向けのその広告には、戦時強制移動当時の日系人の子どもたちの写真の横に、「一九四二年にカナダは多くの子どもたちをキャンプに送った」と書かれている。一見すると、休暇中に子どもが参加する教育と遊び目的のキャンプのような印象を与える文章だが、実は日系の子どもの送られた「キャンプ」が「強制収容所」だったのだというセンセーショナルな事実を訴えているのである。広告にはカナダ市民であるにも関わらず、日系であるというだけで強制収容され、財産を許可なく処分されたこと、またそのことが国家安全のためには不必要であったこと、そして今こそカナダの民主主義の長年の過ちを正す時であることが訴えられている。一九八六年四月・五月号の「もしもし」はこの記事を再掲載し、編集者は日系人に向かって、補償は今や単なるエスニックな問題ではなくカナダの問題であり、補償を通してカナダに貢献できるのだと述べている。編集者は補償に対してまだ不安と迷いがあるコミュニティ内の当事者に外の動きを知らせ、意識を高めようとしていたのである(25)。

補償問題は全体社会の権力と関わる点でエスニシティの政治的側面に触れる。しかし、補償問題をとってみても、差別された日系コミュニティが一丸となって政府に抗議し、補償を勝ち取ったという図式は見当たらない。補償問題合意までの道のりは困難で一部のリーダーのねばり強い交渉に負うところが多い。大多数は補償など諦めていたし、むしろ平和な暮らしに波風をたてる方に不安を覚え、補償に反対する日系人さえいた(26)。エドモントンには一九八〇年代半ばには日系人が約千九百名いたが、一九八五年一一月の補償問題の説明集会に現われたのはわずか二五名だった(27)。補償問題は重要な問題であったが、多数の日系カナダ人はその実現には悲観的であった。日系人が政治活動に消極的なのは、長年選挙権を持たず、戦時強制移動、拡散政策を受けた傷痕であろうか。あるいはエスニック集団としてあまりにも小さく、弱い存在だからであろうか。

リーダーたちのニュースレターを通した日系コミュニティ活動への参加と権利の主張への呼び掛けにも関わらず、一般メンバーには日系コミュニティ活動への不参加が多くをしめ、あるいは参加はしても文化的催しに留まり、権利の主張や政治的活動に対しては戸惑いがあった。

ニュースレターの「会長の発言コーナー」にヘリテージ・フェスティバルの時のエピソードが載っている。フェスティバルの最中に開催委員長が、日系パビリオン（テント）に掲示していた一九四二年の日系人強制移動命令のポスターを取り外すよう、そしてポスターのコピーを配付しないようにと言ってきたことについてである。理由はヘリテージ・フェスティバルは文化的な祭りであり、政治的抗議の場ではないというものである。日系パビリオンの者がどれだけの抗議があったのか問いただすと、抗議した者は一名で、しかも日系人であった。この出来事からヒラバヤシ会長は、当時の多文化主義に導かれて使われていたヘリテージという言葉がエスニック集団の伝統的な歌、踊り、食べ物といったものだけでなく、過去の被差別体験にも及ぶこと、自分たちこそ二級市民的な行動に甘んじるのではなく、正義のために立ち上がる責任があることを誌上で述べている(28)。

補償問題の合意を数カ月後に控えたころ、「もしもし」にエドモントン日系人協会会長の発言が掲載された(29)。それは伝統的スポーツ／社会／文化活動と、政治的な活動である補償問題を区別することについてである。会長はその解決法を以下のように述べている。エドモントン日系人協会の支部設立許可状には、協会は社会・文化・スポーツ組織であると記されているので、政治活動である補償は、全国日系カナダ人協会のエドモントン支部を新たに立ち上げそこで行なうと。これによって補償活動を積極的に行なえ、また他の協会とともに、人権、反人種差別主義的な移民法などに関する活動もできると。おそらくコミュニティ内に日系人協会が補償問題に関わることや、補償問題そのものに反対する者が相当数いて、反発が高まったからであろう。

多文化主義が一般市民に定着し、文化的背景を表に出すことがタブーではなくなったこの時代、ヘリテージ・デーなど文化的催しへの参加呼び掛けには気軽な参加が見受けられるようになった。日本食、踊り、太鼓などは、日本文化の直接の担い手である「新移民」以外だけでなく、生活はすでにカナダ化してしまった三世以降の世代にも、気軽に学び、参加できる日本文化だからである。初期の多文化主義の枠組みによる日系コミュニティの伝統文化の他者との分かち合いは、議論の的になることはなかった。しかし、補償問題のような重い問題になると、日系コミュニティは消極的になった。リーダーたちによる情報伝達発信、コミュニティ作り、連帯への努力にもかかわらず、日系コミュニティは依然として消極的で、劣等感から逃れられないでいた。戦時のトラウマから回復しない小さな消極的な日系コミュニティに、数名のリーダーがねばり強く働きかけて、やっと動かしたというのが現実であった。

これまで見てきたように、戦後エドモントンでは日系人は戦時の強制移動の経験から公にコミュニティをつくることにトラウマがあり、カナダ人になるには同化しかないと信じ、目立たぬようにしていた。世代が進むにつれて、被差別体験を持つ親が控えたせいもあって、日本文化を伝授してもらえない日系三世が増えていた。ところが皮肉なことに、一九七〇年代になって政府の政策である多文化主義の恩恵を得るには、それまで日系アイデンティティを表に出さぬようにしていた日系人が、エスニック・コミュニティとしての形をなさねばならなくなった。また戦前の移民およびその子孫の他の地域からの流入に加えて、一九六〇年代以降は「新移民」が日本からやってきた。エドモントンの日系人の中には文化、世代、社会経済面で多様性が生まれた。そのような状況の中一九七七年に二世のリーダーシップによって日系ニュース「もしもし」は創刊された。「もしもし」は日系コミュニティの中の行事、出来事を知らせる媒体として、散住していた日系人の心のよりどころとなった。また「もしもし」は、リーダーたちによって日系人の社会意識を高めるためのメディアとしての役割を果たすようになった。自らの権利を主張し、カナダ社会の多様性を尊び、人権を尊重し、カナダ市民としてよりよく生きることを助ける役割を果たしている。エスニック・コミュニティは自然にできるものばかりではなく、作りあげるものでもある。エドモントンの日系ニュースレター「もしもし」はコミュニティ作りの手段の一つとしての役割を果たしたといえよう。

カナダにおいても日系人の世代は三世、四世、五世の時代になっている。日本語を話す人間が集まるという意味だけしかないなら、日系コミュニティはおそらく消えていくだろう。しかし同化したからこそ、人種差別をなくすための普遍的な価値に共感し、多文化主義を尊ぶならば、過去の記憶を共有する日系コミュニティは存続しなくてはならない。社会経済的に統合を果たした者や日本の文化を伝えられていない者にとっても日系アイデンティティは存在する。ニュースレターを始めた理由として、「人と人との関係は築いていくもの」とヒラバヤシは述べた。そして、散住していた日系人はニュースレターによって共通の関心事に集まることができ、コミュニティ活動に参加する機会を得た。日系人の全体社会への同化が進む中、今後の日系コミュニティは自然にできるものというよりは、努力によって関係を作りあげていくものになるであろう。ニュースレターは存在意義を発揮し続けるに違いない。

【注】

（1）コミュニティという用語には様々な用法があるが、社会学辞典によれば「地域性と共同性という二つの要件を中心に構成されている社会」を意味する。本章で扱う日系コミュニティはカナダ、アルバータ州のエドモントン市という地域に在住し、あるいは日系人としての共通の関心でつながる人々によって構成される社会である。また、社会学辞典によれば、コミュニティには「コミュニティのうちにも、むら社会や生まれ故郷とかいった『生みこまれる』という色彩が濃いものと、住民の合意や連帯や共同の活動のなかから『作られる』という性格の強いものとの二つが併せ存在しているのである」とあるが、エドモントンの場合、日系人は戦後他の地域から流入してきた者がほとんどであり、特にカナダ社会の中で多文化主義、補償問題と関わっていく中ではカナダ社会のフレームの中でコミュニティがつくられていったという色合いが強い。（森岡清美他編、新社会学辞典、有斐閣、一九九三、四七八―九頁）。

日系という言葉には様々な用法があるが、ここでは一九八〇年に全国日系カナダ人協会が結成された時の意図に従い、市民権の有無に関わらず、カナダに定住している日本人移民あるいはその子孫を指す。

（2）「もしもし（Moshi Moshi）」創刊に関する情報は一九八六年、一九八八年、二〇〇一年に英語版編集人のゴードン・ヒラバヤシ氏とフロー・シカゼ（Flo Shikaze）氏に行なった聞き取り、および *Moshi Moshi*, vol. 11, no. 4, (1987) の記事による。

（3）ヒラバヤシの逮捕、裁判については、Peter Irons, *Justice at War: The Story of the Japanese American Internment Cases* (Oxford University Press, 1983); *San Francisco Chronicle*, September 25, 1987. 宮原安春『誇りて在り――「研成義塾」アメリカへ渡る』講談社、一九八八年、二四五―六九頁。ヒラバヤシは戦時中二度逮捕された。一度目は日系人への夜間外出禁止令を破り自らＦＢＩに出頭した時、二度目はアメリカ政府による日系人の兵役登録の書類に、日系人のみに向けた質問が含まれていたことから抗議の意志表示として白紙で送り返し、その後、徴兵事務所への出頭命令も良心的兵役拒否収容所へ行くことも無視した時である。いずれの場合も、ヒラバヤシはアメリカ国家の日系人への人種差別に対し、アメリカ市民として真っ向から抵抗した。

（4）戦前から戦後の日系人に関する情報は以下の文献による。
Ken Adachi, *The Enemy That Never Was: A History of the Japanese Canadians* (Toronto, McClelland & Stewart,1976), pp. 52 – 63; Thomas R. Berger, *Fragile Freedoms: Human Rights and Dissent in Canada,* (Toronto, Clarke, Irwin and Company, 1981), p. 98; Richard Cleroux, "No Money, Just Apology, Jelinek Says." *Globe and Mail,* March 7, 1986, A1 – 2; Anne Gomer Sunahara, *The Politics of Racism: The Uprooting of Japanese Canadians during the Second World War* (Toronto, James Lorimer & Company, 1981), p. 173; K. Victor Ujimoto, "Racism, Discrimination and Internment: Japanese in Canada." in Singh Bolaria and Peter S. Li (eds.), *Racial Oppression in Canada. 2nd ed.* (Toronto, Garamond Press, 1988), pp. 132, 135, 137; Charles H. Young, Helen R. Y. Reid, and W. A. Carrothers, "The Japanese Canadians," in H. A. Innis (ed.) *The Asian Experience in North America: Chinese and Japanese* (Toronto, University of Toronto Press, 1938), p. 172.

（5）Sunahara, 1981, p. 173.

（6）戦後まもなくのエドモントンの日系コミュニティについては、筆者が一九八八年にキミコ・シミズ（Kimiko Shimizu）氏、サンペイ・スギウラ（Sanpei Sugiura）氏、フロー・シカゼ（Flo Shikaze）氏に行なったインタビューによる。

（7）カナダにおける多文化主義という言葉には社会の多様性の現実、あるべき社会の理念、あるいはマイノリティが平等を求める運動としての広い意味があるが、カナダで公にそして具体的に多文化主義が使われ出したのは一九七一年の連邦政府の政策としてである。多文化主義はフランス系のイギリス系に対する平等を唱える二言語二文化主義より発展したが、その目的は両エスニック集団以外の文化的多様性をも公に認めることによるアイデンティティの安定から導かれるカナダの国民統合である。多文化主義は後に憲法によって確認され、一九八八年には法制化された。カナダ多文化主義の発展については田村知子「カナダ多文化主義の現実とジレンマ」

初瀬龍平編『エスニシティと多文化主義』同文館、一九九八年、一三五―四〇頁参照。

(8) 田村知子「カナダ多文化主義の現実とジレンマ」初瀬龍平編『エスニシティと多文化主義』同文館、一九九八年、一二七―八頁。

(9) 吉田健正「二一世紀へ向けて」、木村和男編『カナダ史』山川出版社、一九九九年、三三二頁。

(10) 吉田健正、三三六頁。

(11) オージー・フレラス、ジーン・エリオット「多様性から統一をつくり出すこと--カナダの政策としての多文化主義」、多文化社会研究会編訳『多文化主義――アメリカ・カナダ・オーストラリア・イギリスの場合』木鐸社、一九九七年、一六三頁。

(12) Wsevolod W. Isajiw, *Understanding Diversity: Ethnicity and Race in the Canadian Context* (Toronto: Thompson Educational Publishing, Inc., 1999), p. 245.

(13) Isajiw, p. 245.

(14) *Ibid.*, p. 247.

(15) マリカ・オマツ、田中裕介、田中デアドリ訳、『ほろ苦い勝利――戦後日系カナダ人補償運動史』現代書館、一九九四年、二六七頁。

(16) 日系カナダ人百年祭プロジェクト委員会『千金の夢・日系カナダ人百年史』一九七七年。

(17) Herbert J. Gans, "Symbolic Ethnicity: The Future of Ethnic Groups and Cultures in America," *Ethnic and Racial Studies*, vol. 2, no. 1 (1979), p. 17.

(18) 全カナダ日系人協会と補償問題に関しては下記サイトおよび文献参照。http://www.najc ca/Japanese/NAJChistory.html 全カナダ日系人協会、『ＮＡＪＣの歴史』、二〇〇〇年。オマツ、一三頁。

(19) NAJC, *Economic Losses of Japanese Canadians after 1941: A Study Conducted by Price Waterhouse* (Vancouver, 1985).

(20) 三世の目から見た二世の過剰同化、あるいは政治活動への無気力については、オマツ、一一三―六頁参照。

(21) *Moshi Moshi* vol.9, no. 3, November/ December 1984.

(22) Audrey Kobayashi, *A Demographic Profile of Japanese Canadians and Social Implications for the Future* (Ottawa, Department of the Secretary of State, Canada, 1989), p. 23.

(23) 'Moshi Moshi' vol.13, no. 1, 1988.

(24) 多文化主義法と補償について'Moshi Moshi' vol.12, no. 5, 1988.
補償問題最前線について 'Moshi Moshi' vol. 12, no. 7; vol.9, no. 5, 1985.

(25) *Moshi Moshi* vol. 10, no. 6 April – May1986

(26) オマツ、一二三―四頁、一三二―三頁。

(27) 筆者が参加した。

(28) *Moshi Moshi* vol. 9, no. 1, September 1984.

(29) *Moshi Moshi* vol.12, no. 6, April/May1988.

**【推奨関連文献】**

飯野正子『日系カナダ人の歴史』東京大学出版会、一九九七年

マリカ・オマツ、田中裕介、田中デアドリ訳『ほろ苦い勝利――戦後日系カナダ人補償運動史』現代書館、一九九四年

田村紀雄『カナダに漂着した日本人――リトルトウキョウ風説書』芙蓉書房出版、二〇〇二年

# 第三章 教育による前進

## 多文化社会における言語と教育
## ――カリフォルニア州の事例を中心に

牛田千鶴

## 一 言語マイノリティ教育の歴史

### 萌芽期のバイリンガル教育

一七世紀半ば頃のマンハッタン島では、少なくとも一八の異なるヨーロッパ言語が話されていたと言われている。古くから存在していた先住民言語に対し、それら諸言語はまぎれもなく、ニューカマーである移民たちのもたらした言語であった。

アメリカ独立革命期においても、地方によってはオランダ語、ドイツ語、フランス語、スウェーデン語、ポーランド語などを耳にするのは珍しいことではなかった。教養人のみならず、労働者や使用人たちの間でも、バイリンガルであることは決して稀ではなかったのである(1)。

英語以外の言語を話す住民の多い地域では、バイリンガル教育の実施も認められていた。ドイツ系アメリカ人による母語教育およびバイリンガル教育の歴史は特に長く、一七世紀末以来、第一次世界大戦期に敵国言語として使用が禁じられるまで、ペンシルヴァニアやオハイオなど中東部を中心に存続した。一八〇三年にフランスから買収されたルイジアナでは、当初英語使用の強要がフランス系住民の反発を招いて混乱したが、その後二〇世紀初頭まで、公教育の場で英語とフランス語によるバイリンガル教育が行なわれていた。アメリカ＝メキシコ戦争(2)の結果、一八四八年に締結された「グアダルーペ・イダルゴ（Guadalupe Hidalgo）条約」のもと、メキシコから割譲された現在の西南部諸州においても、被征服民として米国民に組み込まれた約八万人のスペイン語話者に対し、スペイン語と英語によるバイリンガル教育が保障されることになった。また、「インディアン強制移住法」（一八三〇年）により、「涙の旅路（Trail of Tears）」として知られる苦難の果てにオクラホマ地方に移り住むこととなった先住民チェロキー族が、自ら建設した学校でバイリンガル教育を実施し、母語と英語両言語の識字能力を向上させたことも注目に値する。

## 同化政策と分離教育

一九世紀後半に入ると、バイリンガル教育を排除し英語単一教育による同化政策を推進する動きが顕著となった。例えば先住民に対し連邦政府は、一八七九年に法令を発し、子どもたちを部族から引き離して全寮制の寄宿学校に強制的に入学させ、「文明化」の名のもとに「野蛮」とされた先住民言語の使用を禁ずる徹底した英語単一教育政策の実施を決定した。ドイツ系アメリカ人の母語教育も、移民のアメリカ化を妨げるとして次第に制限されていった。メキシコ系アメリカ人教育においても、学校で子どもたちが母語を使用することは厳しい処罰の対象とされるようになった。英語を話すにもかかわらず「異なる人種」ゆえに差別され続けた黒人のように、「分離すれども平等の原則」（separate but equal doctrine）が直接適用されたわけではないが、一九二〇年代の西南部諸州では、八五パーセントの学区（教育自治体）で〈メキシコ人学校〉や〈メキシコ人学級〉が設置されていた。こうした事実上の分離教育はその後も長く存続し、一九六〇年代においてもなお、同地域のメキシコ系児童・生徒の五分の一は、彼らが八割以上を占める小・中学校に通っていた(3)。

## 二　バイリンガル教育の制度化

### チカーノの運動

黒人たちによる分離教育撤廃運動が高揚し、一九五四年のブラウン判決において最高裁判所が、人種・宗教・出身国による分離教育を憲法違反であるとする画期的判決を下すと、人種差別撤廃を求める運動はますます活発化していった。そしてブラウン判決から一〇年を経た一九六四年には公民権法が成立し、投票権行使・公共施設利用・公教育・雇用機会等における人種間での平等が保障された。

黒人を中心とする公民権運動の成果は、他のマイノリティ集団にも多大な影響を及ぼした。政治意識に目覚めたメキシコ系アメリカ人たちは、自身のエスニック集団に対して用いられてきた「チカーノ（Chicano）」(4)という蔑称を、あえて自らのエスニシティに対する誇りと政治的アイデンティティを示す呼称として、ポジティブな意味で用いるようになった。チカーノたちの主たる関心は、子どもたちを取り巻く不利な教育条件の改善にあった。同化主義に基づく英語単一教育政策のもと、英語が話せないというだけの理由で特殊学級に入れられたり、低学力児童としてクラスの厄介者扱いにされたりと、差別的な待遇を余儀なくされていた子どもたちに教育機会の平等を保障するため、公教育における母語の尊重を訴え、バイリンガル教育の法制化を目指す運動を繰り広げた。

この運動の推進役を務めたのはチカーノたちであったが、一八九八年の米西戦争の結果スペイン領からアメリカ合衆国領に組み込まれ、一九五二年には同国の自由連合州となったプエルト・リコ出身の人々も(5)、同様な被差別体験を背景として隊列に加わった。一方、フィデル・カストロ（Fidel Castro Ruz）率いる革命軍がフルヘンシオ・バティスタ（Fulgencio Batista y Zaldívar）独裁政権を打倒した一九五九年のキューバ革命以後、政治難民としてフロリダに逃れてきていた富裕な旧バティスタ派特権階級を中心とする約一〇万人の亡命者たちにとっても、バイリンガル教育は一大関心事であった。母語教育の必要性を確信していたキューバ系移民たちは、六〇年代前半にすでにバイリンガル教育を実践し一定の成果を収めていた。チカーノの運動がバイリンガル教育の制度化を中核に据えたのも、旧スペイン植民地としての歴史的背景により言語文化を共有するキューバ系移民社会で、同化主義の波に飲まれることなく独自のエスニシティが着実に維持され、アメリカ社会もそれを許容し尊重している様子を目のあたりにしたからに他ならなかった。

## コーラル・ウェイ小学校のバイリンガル教育プログラム

冷戦下にあった当時のアメリカ社会では、社会主義国からの亡命者は特別な敬意と同情をもって迎え入れられ、キューバ難民は他の移民集団よりも何かにつけて優遇されていた。カストロ失脚を信じて祖国キューバへの帰還を希求し、フロリダでの難民生活を一時的な試練と位置づけていた彼らにとって、子どもたちをスペイン語で教育し続けることは必要不可欠な課題であった。

一九六一年、キューバ難民たちの要望に応え、フロリダ州デイド郡（現マイアミ-デイド郡）の初等教育課程に、スペイン語による特別教育プログラムが導入された。さらに一九六三年には、フォード財団の助成を受け、マイアミのコーラル・ウェイ小学校（Coral Way Elementary School）に初めての本格的なバイリンガル教育プログラムが開設された。同プログラムでは、まずはじめに基礎的な英語の習得をうながし、その後第一言語（母語）であるスペイン語と第二言語（主流言語）である英語とを併用して算数・社会・理科などの教科科目が教えられた。旧特権階級出身者を基盤とするキューバ系移民には高学歴者が多く、教師としての資質を備えた人材も豊富であったため、質の高いバイリンガル教育を実現することが可能であった。

当時フロリダ州では、キューバ系亡命者を温かく受け入れ、彼らのもたらす文化的影響を肯定的に見る傾向が強かった。英語を主流とする社会へのスペイン語の参入は、新たな言語文化的財産として積極的に評価されるとともに、より広範なビジネス・チャンスをもたらすひとつの手段としても期待され、州民の間でスペイン語学習熱が高まった。コーラル・ウェイ小学校のバイリンガル教育プログラムはそうした状況を反映し、英語を母語とするマジョリティ児童にもスペイン語学習の機会を提供した。キューバ系移民児童と地元児童は、音楽や体育の授業以外、机を並べることはなかったとはいうものの、マイノリティだけでなくマジョリティの言語学習能力の向上にとってもバイリンガル教育が有効であることを示した点で、同プログラムは画期的であった。

## バイリンガル教育法の制定

コーラル・ウェイ小学校におけるバイリンガル教育の成果は、全米教育協会（NEA: National Education Association）やチカーノ諸団体の強い関心を引いた。彼らは、キューバ系同様スペイン語を母語とする他のラティーノ（Latino—ラテンアメリカ系移民）の子どもたちの学力を向上させる上でも、バイリンガル教育が有効であるに違いないと期待し、その法制化を求めて活発なロビー活動を開始した。その結果、一九六八年には初等・中等教育法第七章として「バイリンガル教育法」（Bilingual Education Act）が制定され、連邦政府によるバイリンガル教育への補助金支給制度が確立された。

「バイリンガル教育法」の成立に伴い、連邦政府は同教育プログラム奨励のための予算として初年度七五〇万ドルを計上した。「貧困との闘い」を緊急課題に掲げるジョンソン（Lyndon B. Johnson）政権のもと、バイリンガル教育の対象は当初、経済的に恵まれないメキシコ系アメリカ人の子どもたちに限定されていた。周知のように、当時アメリカ合衆国の教育界を席巻していたのは、リースマン（Frank Riessman）による「文化剥奪論」であった。マイノリティ児童の学力不振の原因は、〈文化〉――ＷＡＳＰ（White Anglo-Saxon Protestant）文化に基づくアメリカ社会の主流文化――が剥奪されている家庭や地域の教育環境にあるとし、就学前に少しでも主流文化を身につけさせることが彼らの学力向上には不可欠であるとして、文化剥奪論は就学前児童に対する補償教育政策の理論的支柱となっていた。こうした社会環境の中、バイリンガル教育もまた、貧しいメキシコ系アメリカ人児童・生徒が英語を習得するまでの間のみ母語による教育を保障するという、過渡的救済措置として位置づけられた。文化剥奪論に基づく補償教育の一環として、最終的には英語化、すなわち同化を目的とする教育プログラムであるとみなされていたのである。

これに対しチカーノの活動家たちは、エスニック集団としての誇りやアイデンティティを育成することこそバイリンガル教育の目的であると主張し、バイリンガル教育法制定後も民族教育としてのバイリンガル教育を目指して運動を続行した。その結果、一九七四年にバイリンガル教育法は修正され、下層のメキシコ系アメリカ人だけでなく、中産階級を含むラティーノ全体に適用範囲が拡張された。さらに七八年の修正では、英語能力の向上を重視する一方、すでに英語を習得した児童・生徒の参加も四〇パーセントを上限として認められた。バイリンガル教育はこうして、英語力が不十分な子どものための単なる救済教育ではなく、母語を通じた民族教育としての役割も果たしていくこととなったのである。

チカーノたちが求めた改革は、文化的多元主義が社会の様々な分野で受け入れられ、多文化主義の萌芽が見られた時代であったからこそ、実現できたともいえよう。

## 三　英語単一教育の復活

### 反多様性の動き

一九八〇年代に入ると、言語文化をめぐる同化主義が再燃しはじめた。日系のハヤカワ元上院議員（S. I. Hayakawa, 共和党）がタントン（John Tanton）医師とともにU.S. Englishを組織（一九八三年）して以来、各地で同団体の主導する英語公用語化運動が高揚し、カリフォルニア州（一九八六年）、フロリダ州（一九八八年）、アラバマ州（一九九〇年）をはじめ二〇州以上で、英語を州の公用語と定める法案が成立した。九六年には連邦レベルでも初めて、英語のみを連邦政府の公用語とする旨の法案が下院議会を通過した(6)。英語公用語化をめぐる一連の動きは、移民の増加による社会の多言語化現象に歯止めをかけ、多民族・多文化社会の統一の拠り所として、「英語」の権威を改めて公に保証しようとするものに他ならなかった。

全米でもっとも多くの移民を受け入れてきたカリフォルニア州では、一九九〇年代になるといっそう反移民感情が高まった。九四年には非合法移民に対する教育・医療サービスの制限を求める住民提案第一八七号が、また九六年にはアファーマティブ・アクション（Affirmative Action―マイノリティ優遇措置）の禁止を求める住民提案第二〇九号が相次いで可決された。そして九八年には、住民提案第二二七号として「バイリンガル教育廃止法案」が提出され、住民投票の結果、六一パーセントの支持を得て成立した。当時、英語学習を必要としていたEL児童・生徒（English Learners）(7)のうちバイリンガル教育を受けていたのは二九パーセントに過ぎなかったにもかかわらず(8)、移民の子どもたちが英語を学ばず主流文化にも同化しないのはバイリンガル教育の弊害によるとされたのである。

反バイリンガル教育キャンペーンは、コンピューター関連の富裕な企業家ウンツ（Ron Unz）率いる「子どもたちに英語を（English for the Children）」という団体により、大々的に展開された。ウンツは、ロサンゼルスのダウンタウンにあるラティーノ児童の多い小学校で親たちがバイリンガル教育をボイコットしたことを契機にこの運動を組織し始め、受益者であるはずの移民たち自身がバイリンガル教育に反旗を翻しているのだと主張した。しかし実際には、ラティーノ有権者のうち六三パーセントは同法案に反対したと報告されている(9)。マスメディアの力を巧みに利用しながら影響力を拡大していったウンツ勢の運動に対し、二百以上の団体・著名人が、移民・マイノリティ教育におけるバイリンガル教育の重要性を訴え同法案に反対したが、その甲斐虚しくバイリンガル教育は一九九八年九月の新学期より事実上廃止されることとなった。

ウンツ主導による同様の法案は、アリゾナ州（二〇〇〇年一一月）やマサチューセッツ州（二〇〇二年一一月）でも住民投票により成立している。

## バイリンガル教育廃止後

バイリンガル教育廃止法案成立に伴いカリフォルニア州では、英語を母語としないＥＬ児童・生徒に対し、最長でも一年という期限付きの「英語を教授言語とする英語教育」が導入された。短期集中型の英語教育の後、遅くとも一年以内には通常クラスに送り込み、英語を母語とする児童・生徒と同じ授業を受けさせようというのである。同法は、移民の子どもたちの母語を教授言語とする教科教育を原則的には認めない。しかし特定の条件を満たした場合に限り、〈棄権申請（waiver）〉と呼ばれる手続きを経て同法に従わない権利を定めている。

これにより、例外的にバイリンガル教育を受けられるのは、以下の要件に従って棄権申請の認められたごく一部のEL児童・生徒のみとなった。

(1) 統一学力試験の結果により、当該児童・生徒が英語に関し平均以上の語彙・読解・作文能力を有していると判断された場合

(2) 十歳以上の児童・生徒で、学校側が当該児童・生徒の基礎的英語運用能力の早期獲得をうながすため、他の教育方法を適正と認めた場合

(3) 少なくとも三〇日以上の英語教育を受けた児童・生徒のうち、学校側が当該児童・生徒の身体的、情緒的、精神的または教育的必要性に鑑み、その総合的学習能力の発達に対し他の教育方法の適正を認めた場合

棄権申請についての周知が徹底されていなかったことも影響し、EL児童・生徒のうちバイリンガル教育廃止法案成立後においてもなおバイリンガル教育を受けていたのは、一九九九年で一二パーセント、二〇〇〇―二〇〇一年には一一パーセントにすぎなかった(10)。その一方で、移民教育としてではなく、オルターナティブ・スクール(既存のカリキュラムや教育方法にとらわれない特色あるプログラムを提供する学校)の独自プログラムとして認定され、順調に実績を伸ばしてきたバイリンガル教育プログラムが存在する。「双方向イマージョン式(Two-Way Immersion)バイリンガル教育」プログラムがそれである。

移民児童・生徒に対する救済措置としてのバイリンガル教育が廃止される中、英語を母語とするマジョリティの児童・生徒をも対象とする同プログラムは、着実に成果をあげその評価を高めつつある。

## 四　双方向イマージョン式バイリンガル教育プログラム

### プログラムの特色

既存のバイリンガル教育は、三つのプログラム・モデルに大別される。「移行型（Transitional）バイリンガル教育」プログラム、「維持型（Maintenance）バイリンガル教育」プログラム、そして「双方向イマージョン式バイリンガル教育」プログラムである。

バイリンガル教育の長い歴史の中で最も広く採用されてきた「移行型プログラム」は、文字通り英語単一教育に「移行」するまでの間、母語による教育を補助的に行なうというものである。同プログラムにおいては、各教科科目での学習の遅れを母語によって補いながら、できるだけ早期の英語習得と英語単一クラスへの参入が促される。これに対し「維持型プログラム」では、母語による学習能力を高めながら、じっくり時間をかけて英語学習を積み重ね、教科学習の遅れを伴うことなくより高度な二言語運用能力を獲得することが目指される。

「移行型」にしても「維持型」にしても、その対象は英語以外の言語を母語とするマイノリティの子どもたちに限られるが、「双方向イマージョン式プログラム」の場合は、マイノリティとマジョリティ両方の子どもたちの参加が前提となる。「維持型プログラム」とカナダで成功した「イマージョン・プログラム」——英語を母語とする子どもたちにフランス語で授業を行ない優れた言語能力を発達させた——を組み合わせた同プログラムでは、マイノリティ児童とマジョリティ児童が半々を占めるクラス編成がもっとも理想的であるとされる。

「双方向イマージョン式バイリンガル教育プログラム」の代表的モデルには、「九〇／一〇モデル」と「五〇／五〇モデル」がある。それぞれの数字は、教科教育において使用される教授言語の比率を指す。例えば「九〇／一〇モデル」のカリキュラムでは、マイノリティ言語対英語の使用比率（通常は一日単位での配分比率）が幼稚園と一年生で九〇パーセント対一〇パーセント、二～三年生で八〇パーセント対二〇パーセント、四～六年生で五〇パーセント対五〇パーセントと変化していく。他方「五〇／五〇モデル」では、全学年を通じカリキュラムの半分がマイノリティ言語で、もう半分が英語で教授される。マイノリティ児童にとっては、母語による教育で教科内容の理解度が増し、教科学習の遅れを伴うことなく平行して英語学習にも取り組めるという利点がある。またマジョリティ児童にとっては、学校にいる間最大限マイノリティ言語にさらされることで、より効率的な第二言語習得が可能となる。

前述のコーラル・ウェイ小学校で実施されたバイリンガル教育は、アメリカ合衆国における「双方向イマージョン式バイリンガル教育」の先駆的プログラムとしても知られている。キューバ系移民児童とアングロ系マジョリティ児童を別クラスに分けていた点で今日理想とされる形態とは異なるが、一日の授業を英語とスペイン語の時間帯に二分して行なう「五〇／五〇モデル」によるプログラムであった。

## 理想と現実の狭間で

現在実施されている「双方向イマージョン式バイリンガル教育プログラム」の大半は、「九〇／一〇モデル」を採用している。教授言語においてマイノリティ児童・生徒の母語が占める割合が高いということは、マジョリティの子どもたちにとってはそれだけ初期の段階でのハンディが大きいことを意味する。マイノリティ言語に英語と同等の価値が与えられる同プログラムのもとでは、おのずと子どもたち同士の関係にも変化が生じてくる。学外の一般社会で英語の話せないマイノリティが背負っているハンディを、学内ではマジョリティ児童・生徒が経験し、教える側にあった者と教えられる側にあった者の立場が逆転することもしばしばとなる。「双方向イマージョン式バイリンガル教育」は、高度な二言語運用能力の獲得と学年相応以上の学力達成を目標とする一方で、マイノリティとマジョリティ双方の子どもたちが学習を通じた助け合いや触れ合いの中から互いに尊重し合うことを学び、多文化理解能力を活かして実社会における偏見や差別の解消に貢献していくことを理想とする。

しかしながら、理想と現実は一致するとは限らない。カリフォルニア州では統一学力試験の結果を基に州教育局が学校評価指数を算出し、州全体における各校の水準を一〇段階評価で示しているが、「双方向イマージョン式バイリンガル教育」を実施している公立小・中学校のうち、上位に位置している例は数えるほどしかない。そして最低の一ランクにある学校では、英語を話せない言語マイノリティ（EL児童・生徒）も英語を話せる言語マジョリティもともに圧倒的多数をラティーノが占め、貧困家庭への福祉サービスの一環である無料・減額ランチ受給率は七〇～一〇〇パーセントに至っている(11)。

主流言語をすでに自らの第一言語としている子どもでも、ラティーノであれば社会的にはエスニック・マイノリティとして扱われる。「双方向イマージョン式バイリンガル教育」に英語話者として彼らが参加したとしても、それはあくまで同じエスニック集団出身の子どもたちの間で実施されるプログラムとなり、実質的にはマイノリティを対象とする「維持型バイリンガル教育」と変わらなくなってしまう。エスニック・マイノリティの集住する地区にある学校でのバイリンガル教育は、採用モデルの違いに関わらず、貧しく学習進度の遅れたマイノリティ児童のための「補償教育」とみなされ、結果として事実上の「分離教育」と化してしまっている場合が依然少なくはないのである。

## 五　教育と格差

カリフォルニア州ではバイリンガル教育廃止法案成立後も、前述の通り「双方向イマージョン式バイリンガル教育」だけは特殊プログラムとして成長を続けてきた。一九九〇年には二九プログラムしか実施されていなかったのだが、一九九八年には九五、二〇〇〇年には一一九プログラムとなり、年平均一〇プログラムずつ増加してきた。この数は、アメリカ合衆国全体で実施されている「双方向イマージョン式バイリンガル教育プログラム」の約半数に当たる。

同じバイリンガル教育でありながらも、主流文化に属する児童・生徒を利するプログラムは肯定され、移民・マイノリティを対象とするそれは否定される。英語を母語とする児童・生徒が正規の学校教育を通じて異なる言語を学びバイリンガルとなることは社会的に高く評価され賞賛もされるが、英語以外の母語を有する児童・生徒には専ら英語単一教育が奨励され、母語の保持は〈二級市民の象徴〉(12)として負のレッテルを貼られてしまう。こうした社会的現状に照らして見ると、カリフォルニア州におけるバイリンガル教育廃止法案の成立と「双方向イマージョン式バイリンガル教育」の発展は、アメリカ社会におけるマイノリティ言語と主流言語間の格差の反映であるともとれる。

バルデス（Guadalupe Valdés）は、人種・言語的分断化が浸透しかつ反移民感情が高揚する今日の社会にあって、「双方向イマージョン式バイリンガル教育」はマジョリティの言語運用能力を高めることで彼らをますます経済的優位に立たせ、結果としてマイノリティの周縁化を強める危険性があると指摘する(13)。マイノリティが、数少ない特権のひとつであった二言語使用能力において競争力を失えば、彼らの社会進出の機会はますます閉ざされてしまうというのである。

しかしながら「双方向イマージョン式バイリンガル教育プログラム」には、マジョリティ児童・生徒だけではなくマイノリティ児童・生徒も参加する。同プログラムの重点目標の中には常に、マイノリティ児童・生徒の英語運用能力と学力の向上が掲げられている。格差を温存する今日の社会においては、依然としてマジョリティ児童・生徒の受ける恩恵のほうが大きいかもしれない。しかしその一方で、「双方向イマージョン式バイリンガル教育」の理想は、マイノリティ、マジョリティを問わずすべての子どもたちが複数の言語・文化に精通すること、そして教育の場における関係性の変革、平等の実現を通じて、実社会における格差を是正していくことなのである。

学校は、それを生み出した社会の支配的価値観から自由ではあり得ず、むしろそれを再生産するための「イデオロギー装置」として機能してきたといっても過言ではない。しかしその一方で、新しい価値観を育み、社会を変革する原動力となる可能性も秘めている。グローバル化の波に押され、ますます格差の拡大する混沌とした今日の地域社会において、平等の実現に向け教育の果たし得る役割は計り知れない。

## 六　多文化社会に必要な教育とは

### 多文化教育の理念と試み

多民族・多文化社会に生きる人々が文化の違いから生ずる誤解をなくし互いに平和共存していくには、それを可能とする知識や情報の獲得、および異文化に対する積極的かつ寛容な態度の育成が不可欠である。そしてそのための最も有効な教育といえるのが、多文化教育である。

バンクス（James A. Banks）は多文化教育を、「あらゆる社会階級、人種、文化、ジェンダー集団出身の生徒たちが、平等な学習機会をもてるように学校や他の教育機関をつくり変えるための教育改革運動である」と定義する(14)。多文化教育の意図するところは、「各人が持っている文化遺産を生かすことにより、子どもたちが持っている可能性を最大限に伸ばすこと」にある(15)。主流文化を基盤とするカリキュラムが見直され、マイノリティ文化を正当に評価し反映した教科内容が導入される。例えば歴史教育では、征服者（強者）の視点と被征服者（弱者）の視点を共に学べるような教材を積極的に取り入れる。また教職員の人種・民族構成、マイノリティ児童・生徒に対する教師の態度や期待の示し方など、「隠れたカリキュラム（hidden curriculum）」(16)の改革も推進される。

多文化教育は、他者を理解し尊重するとともに、自己を知り変革していくことをも促す。エスニック・マイノリティの場合であれば、社会的偏見や差別を内面化してつくられた自己否定的な意識から自らを解放し、自己のエスニシティを克服すべき負の遺産としてではなく、むしろセルフ・エスティーム（self-esteem—自尊心）と肯定的アイデンティティを培う拠り所のひとつとして受け入れていくことが目指される。そして主流文化の中で育てられたマジョリティにとっては、異文化のもつ同等な価値を知ることで他者を理解し尊重することを学び、社会的につくられてきた優等意識や偏見からの自己の解放を助ける教育となる。多文化教育は時として、特定のエスニック集団による自文化中心的で排他的な教育として批判されるが、これは事実を歪曲した見方にすぎない。多文化教育とは本来、エスニシティ・人種・ジェンダー・障害の有無などの違いに基づく社会の分断化を回避するため、多文化社会に生きる人々の間に理解と調和をもたらそうとする試みなのである。

先の「双方向イマージョン式バイリンガル教育プログラム」は、こうした多文化教育の理念をバイリンガル教育に活かしたものであるといえる。同プログラムのカリキュラムでは多文化ではなく二文化（二言語）が中核に据えられるが、社会階級と密接に結びついたエスニシティの違いを超え、マイノリティとマジョリティ双方の子どもたちに平等な教育機会と相互理解の場を提供し、学校というミクロな単位を通じて社会の変革に寄与しようとしている点は、多文化教育と共通する特色である。

アメリカ合衆国では今日、三人にひとりがエスニック・マイノリティであると言われている。公立小・中学校に在籍する児童・生徒の一〇人にひとり（カリフォルニア州では四人にひとり）は、英語学習を必要とする言語マイノリティの子どもたちである。複数の言語を操り、複数の文化に居心地のよさを実感できる人間は、単一言語しか知らず、単一文化にしか居場所を見つけられない人間よりも、遥かに柔軟で視野も広い。多文化社会に必要とされるのは、そうした能力を育む教育、すなわちすべての子どもたちが互いの文化を学びあい受け入れあって平和に生きていくことを可能とするような教育なのである。

## アメリカ合衆国の経験に探る日本の課題

異なる言語、異なる文化を常に内包してきたアメリカ合衆国の経験は、外国人居住者を多く抱えるようになった日本が、より平等で公正な共生社会を築いていく上で様々な示唆を与えてくれるものである。

現在、日本の住民の七五人にひとりは外国籍の人々である。割合からすれば確かにアメリカ合衆国には及ばないが、現象としての多文化社会化は着実に定着しつつある。国連経済社会局人口部の推計によると、少子化による労働力人口の減少を補うため、日本は今後五〇年余にわたり年間六〇万人もの移民受け入れが必要であるという。ここ数年の状況を見る限り、日本が即移民大国に変貌するとは考えにくいが、日本の将来を展望する上で検討に値する試算である。

これまで日本社会に受け入れられてきた外国人の多くは、俗に「三K」と呼ばれる職種の低廉な単純労働力として雇用されてきた。外国語の文脈でもそのまま用いられるようになってきた「デカセギ」という言葉に象徴されるように、一時滞在者としての彼らの存在がますます大きくなる一方で、日本人住民との軋轢や乖離も取り沙汰されてきている。独自のコミュニティを築く外国人たちも現れ、日本語を理解しない子どもたちが集中する学校も増えてきた。

異文化を自文化の型に収まるよう加工し取り込むことには長けているが、異文化を背負った人を隣人として受け入れることには慣れてこなかった日本社会では、文化の均質性を乱す異質なる存在は同化あるいは排除の対象とみなされてきた。在日朝鮮・韓国人の人々のたどってきた歴史がそれを如実に示している。主流文化への同化を強要せず差別的な扱いによる排除もしない、より柔軟で寛容な社会の確立は、国際社会に支えられて存立している日本の責務でもある。「日本人」「外国人」という境界線によって内と外を区別するのではなく、同じ地域に生活する「住民」としての共同意識を育み、対等な立場での社会参加・政治参加を可能とする環境の整備が求められている。

定住外国人の中には帰化する人も増えてきている。彼らが誇りをもって「〇〇系日本人」であると自称できるような社会を築く必要がある。ひとりの人間のアイデンティティは極めて重層的なものである。各人の出自やエスニシティに根差すアイデンティティから国家の一員としてのそれまで、実に多様なアイデンティティを背負いながら人間は日々生活している。〇〇系という自己のエスニシティに対する誇りと××人としての国民意識の両立を可能とする社会は、多言語・多文化の存在を積極的に評価し、複数の言語・文化に通じた人材を地域と国家の発展に活かしていける社会でもある。

日本の教育現場では現在、五〇近くの異なる母語をもつ子どもたちが学んでいる。主流文化にある子どもたちにとって彼らは、異文化を学ぶ絶好の機会を与えてくれる貴重な存在である。異文化の子どもたちが尊重され温かく受け入れられる教育環境を整え、日本語・日本文化への同化促進教育と英語一辺倒の外国語教育を見直しながら未来のコスモポリタンを育成していくことこそ、すべての子どもに開かれた公教育の課題である。

（記）本稿は「二〇〇三年度南山大学パッヘ研究奨励金I-A-2」による研究成果の一部である。

【注】

（1）James Crawford, *Bilingual Education: History, Politics, Theory, and Practice* (Trenton, NJ: Crane Publishing Company, Inc, 1989), p. 19.

（2）アメリカ合衆国は、同国からの移住者の増加を背景にメキシコから独立したテキサスを、一八四五年に併合した。これにより対立を深めた両国は、カリフォルニアなどの領土買収問題を巡ってさらに関係を悪化させ、翌年開戦するに至った。

（3）Rubén Donato, et al., "Segregation, Desegregation, and Integration of Chicano Students: Problems and Prospects," in Richard R. Valencia (ed.), *Chicano School Failure and Success* (London: The Falmer Press, 1991), pp.27 – 63, p. 28.

（4）元来はメキシコからの低廉な出稼ぎ労働者に対する蔑称であったが、やがてメキシコ系アメリカ人に対するそれとなり、六〇年代のチカーノ運動以後は、政治的覚醒を果たしたメキシコ系アメリカ人を指す呼称として、彼らの民族的誇りと自己表現のための拠り所となった。

（5）島民は知事や議員を選出でき内政に関する自治権を有するが、アメリカ合衆国大統領に対する選挙権はなく、連邦議会にもオブザーバーとして代表を送るのみである。

（6）James Crawford, *At War with Diversity : US Language Policy in Age of Anxiety* (Clevedon: Multilingual Matters, 2000),

p. 4.

(7) LEP (Limited English Proficient) という語が従来多用されてきたが、〈Limited = 能力が限られている〉という表現が否定的であるとして、近年では、英語学習に対する移民児童・生徒の主体性をより重視したEL (English Learners) の方が広く用いられている。

(8) Patricia Gándara, et al. *The Initial Impact of Proposition 227 on the Instruction of English Learners* (Santa Barbara, CA: UC Linguistic Minority Research Institute, 2000), p. 8.

(9) Crawford, 2000, p. 107.

(10) http://data1.cde.gov/dataquest/ においてカリフォルニア州教育局が公開しているデータより算出した。

(11) 同上のデータより算出した。

(12) アーサー・シュレージンガーJr.、都留重人監訳『アメリカの分裂 —— 多元文化社会についての所見』岩波書店、一九九二年、一三八頁。

(13) Guadalupe Valdés, "Dual-Language Immersion Programs: A Cautionary Note Concerning the Education of Language-Minority Students", *Harvard Educational Review*, vol.67 (Fall 1997), pp. 391–429, 413–420.

(14) ジェームス・A・バンクス、平沢安政 訳『入門多文化教育 —— 新しい時代の学校づくり』明石書店、一九九九年、二一一頁。

(15) 田中圭治郎『多文化教育の世界的潮流』ナカニシヤ出版、一九九六年、五四頁。

(16) 正規のカリキュラム以外に校内での環境や人間関係がもたらす潜在的影響をさす。

## 【推奨関連文献】

マニュエル・G・ゴンサレス、中川正紀訳『メキシコ系米国人・移民の歴史』明石書店、二〇〇三年
末藤美津子『アメリカのバイリンガル教育――新しい社会の構築をめざして』東信堂、二〇〇二年
三浦信孝編『多言語主義とは何か』藤原書店、一九九七年
コリン・ベーカー、岡秀夫訳・編『バイリンガル教育と第二言語習得』大修館書店、一九九六年
ジェイムズ・クローフォード、本名信行訳『移民社会アメリカの言語事情――英語第一主義《イングリッシュ・オンリー》と二言語主義《バイリンガリズム》の戦い』The Japan Times、一九九四年

# 第四章

## 償いの歴史を超えて
### アメリカ合衆国におけるアファーマティブ・アクションをめぐって

竹内 裕子

一九五〇年代、六〇年代の公民権運動以降、その文化的多元主義の主張を通して、エスニック・マイノリティのアメリカ社会における地位は向上していったが、法的にそれを保証したのが、一九六四年に成立した「公民権法（Civil Rights Act）」であり、そこでは「人種、肌の色、宗教、性別、出身国による差別が禁止」された。これを受けて、一九六五年、ジョンソン大統領は行政命令一一二四六号によって、雇用における「人種、信条、肌の色、出身国」による差別を禁止し、積極的な措置を実施することで平等を実現するとして、「アファーマティブ・アクション（Affirmative Action）（積極的差別是正措置）」の実施を宣言した。一九六七年には、行政命令一一三七五号によって分類基準に性別も加えられ、その結果、マイノリティや女性は会社などに雇用される時、政府機関と契約を結ぶ時、教育の機会を得る時などには、彼らのための「優先枠」が与えられ、優遇されることになった。本章では、このアファーマティブ・アクションをめぐる論争と、最近の廃止の動きを紹介することで、一九九〇年代以降、エスニック関係において主流となった多文化主義の一面を捉えることとする。

## 一　アファーマティブ・アクションの是非をめぐって

アファーマティブ・アクションは、多くの分野に関連するものであるために、その恩恵をどのような人がどのような形で受けてきたのかを正確に把握することは困難である。しかし、政府見解では、労働の場では四人に一人のアメリカ人労働者が恩恵を受けたとされる。本稿で主として取り上げる高等教育の場では、これよりは少ないものの、それでも何百万ものアメリカ人に影響を与えている(1)。

一九九八年、前プリンストン大学学長ボーエン（William G. Bowen）と、前ハーヴァード大学の学長であるボク（Derek Bok）は、高等教育機関において「人種やエスニシティ」を考慮に入れてきた結果、どのような効果が得られたのかを論じた。コロンビア大学、デューク大学、プリンストン大学、ライス大学、スタンフォード大学、ペンシルベニア大学、ワシントン大学、イエール大学など二八校の八万人以上の学部卒業生のデータをもとにすると、アファーマティブ・アクションの実施によって、より多くのマイノリティが高等教育機関に所属するようになったこと、そして、卒業したマイノリティは、以前に比べればアメリカ社会によりよく統合されていることがわかるとした(2)。アファーマティブ・アクションは、高等教育機関において、エスニック・マイノリティを社会に統合する措置として機能してきたと結論づけられるのである。

### 「逆差別」という批判

このように、アファーマティブ・アクションは、アメリカ社会に大きな変化をもたらし、多くのマイノリティの躍進に貢献したことは評価してもしきれないほどである。しかし、当初から、アファーマティブ・アクションの欠点も示されている。まず挙げられるのは、アファーマティブ・アクションが、アメリカ社会においてこれまで不平等な扱いを受けてきたとされるエスニック・マイノリティや女性に対して、「結果の平等」を実現するための措置であったため、そのような特定の人々に偏った「優遇措置をする」ことになり、「優遇されない人」に対する「逆差別（reverse discrimination）」になりえたことである。

「逆差別」という批判のうち、大きく取り上げられたものは「カリフォルニア大学理事会対バッキ訴訟事件（Regents of the University of California v. Bakke）（一九七八年）」である。これは、カリフォルニア大学デイビス校の医学部への入学を拒否された、白人男性アラン・バッキ（Allan Bakke）が、マイノリティに対する優先枠である「割り当て制」を実施していた大学当局を訴えたことにより始まった訴訟である。バッキは、割り当て制によって「自分より成績の悪い黒人が入学し、白人である自分が差別された」とし、「優先枠」をもうけてマイノリティを優遇することが、逆に白人男性を「差別」する結果となることを主張したのであった。

この訴えに対する連邦最高裁判事たちの意見は大きく分かれたが、判決のなかで、アファーマティブ・アクションの是非を明らかにすることはしなかった。判決ではバッキの入学を許可した。大学においての多様性を確保するという教育的目的の達成のためには、入学者選抜の過程において、人種やエスニシティの違いをひとつの要素として考慮することは妥当であると判断したのである。同時にこの判決では、「人種やエスニシティのみ」にもとづく割り当て制は違憲としたのであった。

その後も、アファーマティブ・アクションの正当性を問う多くの裁判が闘われてきた。判決の中には、アファーマティブ・アクションの原則が逆差別を生むと白人に有利に解釈されたものもあれば、アメリカ社会におけるエスニック・マイノリティの歴史から彼らを優遇することによって平等を実現することを是とするものもあった。

## 「モデル・マイノリティ」は、優先する必要がない

時がたつにつれ、逆差別という批判ばかりでなく、異なる論拠からアファーマティブ・アクション不要論・廃止論が出始めた。ひとつは、既に上昇を果たした「モデル・マイノリティ」は、優先する必要がないという声である。「モデル・マイノリティ」ともてはやされたアジア系の中でも、特に中国系アメリカ人、日系アメリカ人が、批判の対象となった。実際彼らが本当に「モデル・マイノリティ」であるかどうかは論議の分かれるところであるが、彼らの多くが社会的地位を上昇させたことは統計が示している。教育志向の高い彼らがカリフォルニア州の主要大学において、実際に入学者の多数を占めるようになったため、カリフォルニア大学においては、入学者選抜の過程で、アジア系は「マイノリティ」として扱われなくなった。社会的地位を向上させたと見なされたグループには、アファーマティブ・アクションは必要ないという考えからである。

さらに、社会的地位の上昇を果たし中産階級化した一部のアフリカ系アメリカ人たちの中にも、アファーマティブ・アクション廃止論が出てきている。アファーマティブ・アクションはアフリカ系アメリカ人をはじめとするエスニック・マイノリティの無力感を助長し、自尊心を弱めるものだからというのが理由である。こうして、アファーマティブ・アクションの対象からはずされている「白人男性」からばかりでなく、アファーマティブ・アクションの優遇対象となる非白人の中からも反対を唱える人々が現れた。

また何よりも重要な批判は、実際アファーマティブ・アクションが必要なのは、社会の最下層にいる人々であるのに、人種・エスニシティを考慮した結果、マイノリティの貧困層をカバーできなくなっているという批判である。これまでのような人種・エスニシティではなく、階級を基準とすべきだという考え方が論じられている。

## 誰を、どのように、どのくらいの割合で？

一方、多様な批判や不要論・廃止論に対抗して、アファーマティブ・アクションの支持者は、アメリカ社会の現状から、マイノリティに対する「優遇措置」の必要性を訴え続ける。アメリカ社会における平等の実現のためには、まだアファーマティブ・アクションの実施が欠かせないとするのである。こうして、様々な是非論が出され、アファーマティブ・アクション是非論争は複雑化していった。

さらにこの論争は、アファーマティブ・アクションに関する、種々の「言葉」の解釈をめぐる議論によって、より複雑になった。誰を、どのように、どのくらいの割合で「優遇」することが妥当であるのか。特定の人々を「優遇」することが優遇されない人々を「差別」する結果になるとすれば、優遇される「資格」があるのは誰なのか、またその際、どの程度の「割り当て」ならば許容範囲なのか。

しかしながら、このような議論には明らかな結論が出なかった。なぜなら、「差別」、「優遇措置」、「割り当て」、「逆差別」、「有資格」などといった言葉は、人によって異なる理解がされやすく、統一的な意味づけが困難な概念を含むものだからである(3)。人々はこれらの言葉を、自らの社会的地位や、その時々の社会的状況、歴史認識によって様々に解釈してしまう。それゆえ、言葉がどう解釈されるのかによってアファーマティブ・アクションに対する考え方は影響を受けざるをえない。このような「詐欺的な言葉（con words)」が含まれていることが、アファーマティブ・アクションの是非の判断をより困難なものにしてきた一因といえる。

## 二　アファーマティブ・アクション廃止の動き

### カリフォルニアから

アメリカ社会に統合する必要のある人々を優遇する措置として実施されてきたアファーマティブ・アクションは、その是非が問われることで、一九九〇年代になると、新たな局面を迎えた。これは、人種・民族的に、そして文化的に多様であるアメリカ社会が、今後どのような社会を維持していこうとしているのかに関わる重要なものである。その先駆けとなったのがアメリカ最大の州、カリフォルニア州であった。

二〇〇〇年のセンサスによるとアメリカ合衆国の総人口は約二億八千万であるが、カリフォルニア州はその一二パーセントの三千三百万人を有し、五〇州のうちもっとも多くの人口を抱えている(4)。経済面だけでなく、合衆国内において政治や文化にも影響力を持つ州として位置づけることができるが、人種・民族的、文化的にも、合衆国内でもっとも多様な州のひとつである。合衆国全体と比べて白人、アフリカ系アメリカ人の人口が少なく、アジア系の人口が多い。加えて、ヒスパニック系である人々の割合もアメリカ合衆国全体の人口比の二倍以上である。このような多様な人種・エスニシティの存在と、ヒスパニック系の人口の多さがカリフォルニア州の特徴である。

### 大学から始まった「差別と優遇措置」の廃止

一九九五年、全部で九大学からなるカリフォルニア大学の理事会は、大学における「差別と優遇措置」を廃止するという決定をくだした。カリフォルニア州で最も早く「アファーマティブ・アクションの廃止」を打ち出し、実行したのは高等教育機関だったのである。この背景には、当時、州の失業率の増加などが社会的不安を増長し、その原因のひとつとしてアファーマティブ・アクションの存在や不法移民の多さが指摘されていたことがある。州内の、特に白人住民の間には「アファーマティブ・アクションは不公平な措置であり、これを廃止すべきだ」というアファーマティブ・アクションへの批判が燻っていた。

当時のカリフォルニア州知事ピート・ウィルソン（Pete Wilson）は、この機をとらえ、より公平な措置をすすめるとして、アファーマティブ・アクション廃止を打ち出し、カリフォルニア大学での廃止決定を後押しした。カリフォルニア大学理事会内部では、ウィルソン知事の影響力が大きく、カリフォルニア大学傘下の九大学の総長、学長や教授会、様々な学生組織などの大学関係者がこぞって反対したにもかかわらず、理事会はその決定を覆さなかった。カリフォルニア大学理事会の理事のひとりで、自ら黒人でもあるワード・コーナリー（Ward Connary）は、カリフォルニア大学における「差別と優遇措置」の廃止に積極的であった。彼は、「アファーマティブ・アクションは永久的に実施されるべき措置ではないのだ」と述べている(5)。

## color-bind から color-blind へ

そもそもアメリカの高等教育機関は、「キャンパスにおける多様性」を追求することで、多様性に富む社会で活躍できる人物を社会に送り出す使命を果たせると考えてきた(6)。同様に「教室における多様性は教育の質を向上させ、他人を良く知ることは卒業した後の生活のための準備である」と、主張してきた(7)。「アファーマティブ・アクション政策のひとつの成果は、今日多くの機関が、学生集団、教員、職員の間の多様性を保持することが、教育的価値を高めることになると認めていることにある」とされた(8)。

アファーマティブ・アクションの廃止を決めたカリフォルニア大学は、アファーマティブ・アクションに代わる方法で、この「多様性に富む大学」を保持するという大学の「使命」を、果たしていかなければならなくなった。これは、人種・エスニシティを考慮した color-bind に基づくアファーマティブ・アクションではなく、個人の能力を評価する color-blind（肌の色に左右されない）による方法で、アメリカ社会における平等を実現させていくことを意味している。

## カリフォルニア全体への波及——「住民提案二〇九号」——

カリフォルニア大学におけるアファーマティブ・アクション廃止の動きは、次に、州全体に及ぶことになった。それは一九九六年、「住民提案二〇九号（Proposition 209）」として、カリフォルニア州の住民にアファーマティブ・アクションの是非を問うという形をとった。周知のように住民提案（イニシアティブ）とは、レファレンダム、リコールなどのような直接参加型の政治制度であり、住民による一定数の署名による請願書の提出で提案され、直接住民にその賛否を問うというシステムである(9)。最初に「カリフォルニア公民権発議（California Civil Rights Initiative）」として提出された住民提案が、上記の手続きを経て、「住民提案二〇九号」として提案されたのである。この「住民提案二〇九号」の内容は、「カリフォルニア州および公共団体は雇用、教育、契約に関して、いかなる個人、集団に対しても、人種・性別・肌の色・エスニシティ・出身国による差別、あるいは優遇措置を行なってはならない」というものであり、「アファーマティブ・アクション」という語は用いられておらず、その代わりに「差別と優遇措置」と表記され、その是非を住民に問う提案だったのである。

## 一九六四年公民権法の再解釈

ここで「住民提案二〇九号」が、先に触れたアファーマティブ・アクションの法的根拠でもある公民権法および合衆国憲法の条文とどのように関わっていたかについて述べる。一九六四年に成立した公民権法第六編六〇一項には、「合衆国のいかなる人も、人種・皮膚の色・出身国を理由に、連邦政府の財政援助を受けているプログラムあるいは活動への参加を排除されたり、その利益に与ることを拒否されたり、差別されたりしてはならない」という条項がある。一方「住民提案二〇九号」の（a）条項には、「カリフォルニア州および公共団体は雇用、教育、契約締結において、いかなる個人、集団に対しても、人種・性別・肌の色・エスニシティ・出身国を理由に差別、あるいは優遇措置をおこなってはならない」とある。つまり「住民提案二〇九号」賛成派は、アファーマティブ・アクションのもとでは「人種・性別・エスニシティ」に基づく特定の集団に対して「優遇措置」を行なっていると見なし、アファーマティブ・アクションこそ公民権法違反であると強調した。そして「住民提案二〇九号」の骨子である「優遇措置の廃止」の根拠をこの公民権法としたのである(10)。

さらに、一八六八年に批准された合衆国憲法修正第一四条「平等保護条項」は、市民権の付与、適正な法手続き、平等の保護について定めたものであるが、これについては「住民提案二〇九号」の賛成派も反対派も、この「平等保護条項」に基づいて自らの意見を正しいものと主張したのである。まず賛成派は、この「平等保護条項」を根拠に、「差別あるいは優遇措置は廃止されるべきだ」と訴えた。ここでは、全ての人々に「平等な機会」が与えられることが求められた。これに対して反対派は、やはり「平等保護条項」を根拠にしながら、賛成派と全く逆に、「マイノリティや女性への優遇措置の継続」を訴えたのである(11)。こちらは、マイノリティや女性に対して「結果の平等」を与えようというわけである。

### 廃止の賛成派と反対派

こうして「住民提案二〇九号」は、一九九六年一一月、カリフォルニア住民による住民投票にかけられた。投票の結果、この提案は賛成五四・六パーセント、反対四五・四パーセントの僅差で可決された。反対票、つまり「優遇措置の廃止をせず存続させたいと考えた人」の内訳は男女別にみると、男性三九パーセント、女性五二パーセントと大きな差がみられた。人種・エスニシティ別には、ラテン系アメリカ人の七六パーセント、アフリカ系アメリカ人の七四パーセント、アジア系アメリカ人の六一パーセントが廃止に反対したのだった(12)。エスニック・マイノリティと女性の中には廃止反対者が多かったことが明らかである。

### チャベスの分析

L・チャベス（Linda Chavez）はその著書のなかで、「カリフォルニア公民権発議」反対派の実施したアンケート結果を分析し、「住民提案二〇九号」が「アファーマティブ・アクション」ではなく「優遇措置」という言葉を使っていたことを指摘している(13)。

反対派のアンケートは、「住民提案二〇九号」のキャンペーン時に実施されたが、次の二問が有権者に問われた。第一問は、「カリフォルニア公民権発議（住民提案二〇九号）にある優遇措置の廃止に対して賛成か反対か」であり、第二問は「カリフォルニア公民権発議（住民提案二〇九号）がアファーマティブ・アクションおよびマイノリティと女性を援助するプログラムを廃止するものであると知ったうえで、それを支持するか」であった。

第一問の「優遇措置の廃止」に対しては、七八パーセントが廃止に支持を表明したが、第二問の「アファーマティブ・アクション」との関連質問では、廃止の支持は三一パーセントに落ち込んだ。この結果から、チャベスは、「住民提案二〇九号」が、現在実施されているほとんどのアファーマティブ・アクション・プログラムを一掃する内容であることを、有権者が理解していなかったことを論証し、実際には多くがアファーマティブ・アクションの実施に関しては好意的であったとしている。

ともあれ、「住民提案二〇九号」の住民投票の結果は、「アファーマティブ・アクション」廃止賛成が多数であった。カリフォルニア州は全米に先立って、アファーマティブ・アクションを廃止するという新しい時代に足を踏み入れることになった。

## 三　アファーマティブ・アクションの現状と展望

### 「四パーセント解決策」の導入

カリフォルニア州アファーマティブ・アクション廃止の決定に続き、一九九八年にはワシントン州においても、同内容の住民提案が提出され、その廃止が支持された。その他の州においても同様に廃止案が提出されるなど、アファーマティブ・アクションの廃止をめぐる議論はアメリカ合衆国の他の場所にも広がってきた。

ここでまず、廃止のさきがけとなったカリフォルニア大学で、アファーマティブ・アクション廃止後の「多様性」を検証しておきたい。カリフォルニア大学では、先住アメリカ人、アフリカ系アメリカ人、メキシコ系アメリカ人などのラテン系アメリカ人を「マイノリティ」として扱い、アジア系アメリカ人は白人やそれ以外の学生とともに「その他」として扱っている。アファーマティブ・アクション廃止直後の一九九七年から二〇〇一年まで、秋学期の全入学許可者の数におけるマイノリティの占める割合をみてみると、次頁のグラフが示

カリフォルニア大学秋学期入学許可者におけるマイノリティの割合

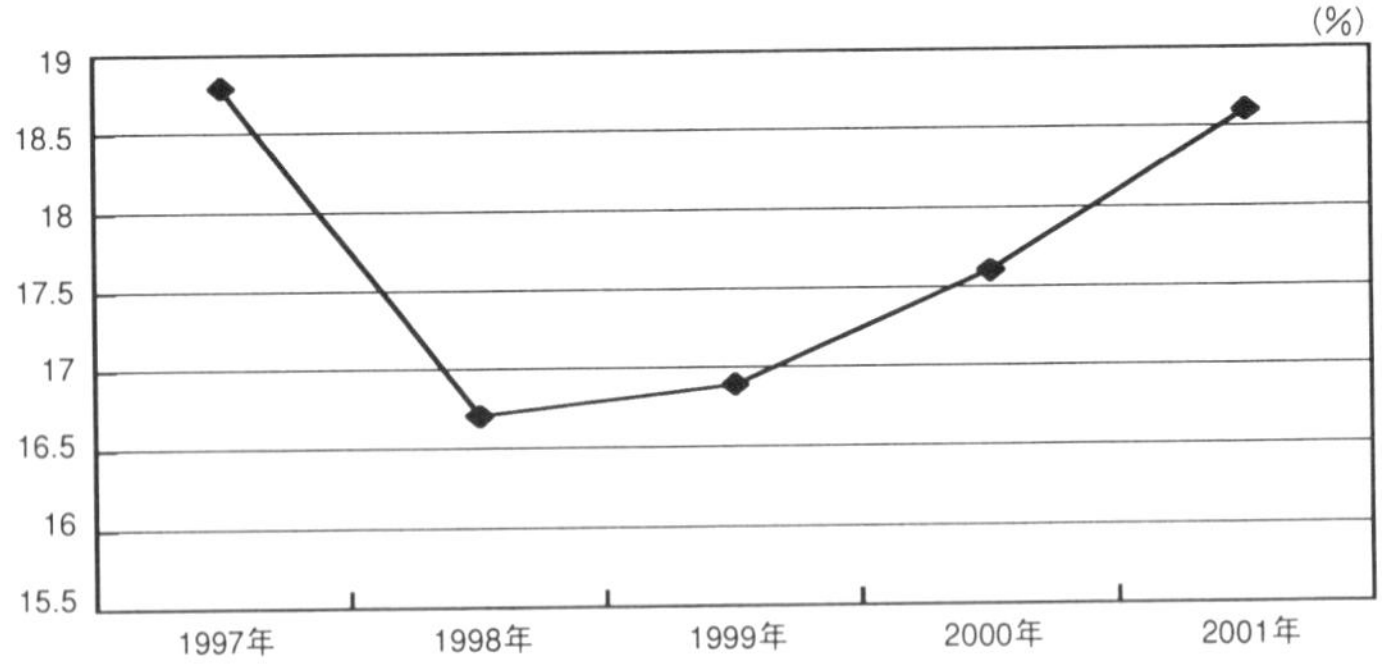


（出典）UC Office of the President ホームページによる。

すように、一九九七年は一八・八パーセント、一九九八年は一六・七パーセント、一九九九年は一六・九パーセント、二〇〇〇年は一七・六パーセント、二〇〇一年は一八・六パーセントとなっている。一九九八年には一六・七パーセントまで落ち込み、その後は増加しているがまだ一九九七年の水準には達していないことが分かる[14]。

アファーマティブ・アクションに代わる措置として、一九九八年からカリフォルニア大学は、カリフォルニア州にあるすべての高校のトップ四パーセントの学生を、大学準備コースを修得している場合に限り、自動的にカリフォルニア大学に受け入れるという「四パーセント解決策（The 4% Solution）」を導入した。これは、アファーマティブ・アクションを実施せずに大学における多様性を達成することを目標とするものである。しかしながらすでに述べたように、二〇〇一年のマイノリティの入学許可者数はアファーマティブ・アクションが実施されていた時よりも少なく、大学側の意図する多様性は実現していないのが分かる。

## 償いの歴史を超えて

アファーマティブ・アクションの実施により、多くの人種・エスニック・マイノリティや女性が、社会的地位の向上を果たしたことは大いに評価することができるだろう。これは、アメリカ社会の歴史のなかで、「差別」を受けてきたゆえに現在不遇な境遇にあり、アメリカ社会に統合されていないといえる特定のグループに対して、過去の差別の償いをし、現在において平等を実現するための措置であると考えることができる。しかし、合衆国憲法のもとでの平等の実現のため、マイノリティや女性といった特定のグループを優遇するアファーマティブ・アクションは長所・短所をあわせもっており、後者の例として、「逆差別」を生み出しているという批判や、優遇措置は必要ないというアファーマティブ・アクション不要論が表面化しているのである。「優遇すること」は「差別すること」とつながるが、アファーマティブ・アクションの実施は、「優遇」することで、マイノリティや女性をアメリカ社会に取り込むことを意図しているのである。

一九九五年にはカリフォルニア大学で、一九九六年にはカリフォルニア州の全体において、アファーマティブ・アクション廃止が決定した。このような動向の背景には、近年、アファーマティブ・アクションが「正当でない」割り当て制や優遇措置を実施する「差別的な」ものであるという考えや、「性別やエスニシティ」に配慮することは、むしろ性差別主義や人種差別主義であるという考え方がある(15)。これは、アメリカ社会において、過去に差別を受けてきた特定の集団を「優遇」し、償いをすることで「アメリカ社会における平等」を実現しようとするというのではなく、異なる方法で「平等・公平性」を実現する方法について考えることであり、今後のアメリカ社会がどうあるべきかについて考えることでもある。

## 【注】

（1）Faye J. Crosby and Cheryl VanDeever (eds.), *Sex, Race, & Merit: Debating Affirmative Action in Education and Employment,* (The University of Michigan Press, 2000), p. 5.

（2）William G. Bowen and Derek Bok, *The Shape of the River: Long-Term Consequences of Considering Race in College and University Admission,* (Princeton University Press, 1998).

（3）Patricia J. Williams, "From The Academy of Race and Rights," Faye J. Crosby and Cheryl VanDeever (eds.), in *Sex, Race, & Merit: Debating Affirmative Action in Education and Employment,* (The University of Michigan Press, 2000), p. 79.

（4）U.S. Census Bureau *Census 2000.*

（5）Ward Connerly, "U.C. Must End Affirmative Action" in Faye J. Crosby and Cheryl VanDeever (eds.), *Sex, Race, & Merit: Debating Affirmative Action in Education and Employment,* (The University of Michigan Press, 2000), p. 30.

（6）John R Howard, "Affirmative Action in Historical Perspective" in Mildred Garcia (ed.), *Affirmative Action's Testament of Hope: Strategies for a New Era in Higher Education,* (State University of New York Press, 1997), p. 12.

（7）Linda Flores and Alfred A. Slocum, "Affirmative Action in Historical Perspective" in Mildred Garcia, p. 92.

（8）Sylvia Hurtado and Christine Navia, "Reconciling College Access and the Affirmative Action Debate" in Mildred Garcia, p. 124.

（9）生田希保実・越野誠一『アメリカの直接参加・住民投票』自治体研究社、一九九七年、二一—二三頁。

（10）http://www.publicaffairsweb.com/ccri/text/html

（11）Beverly Lindsay, Manuel J. Justiz, and Marilyn C. Kameen, "Toward the Evolution of Dynamic Policies for Equity: Emerging Paradigms for Policy Change" in Beverly Lindsay and Manuel J. Justiz (eds.), *The Quest for Equity in Higher Education: Toward New Paradigms in an Evolving Affirmative Action Era,* (State University of New York Press, 2001),

p. 259.

（12） *Los Angeles Times,* November 7, 1996.

（13） Lynda Chavez, *The Color Bind: California's Battle to End Affirmative Action,* (University of California Press, 1998), p. 99.

（14） UC Office of the President, *Campus Admissions Offices, OA&SA files,* (March 2001).

（15） Faye J. Crosby and Diana I. Cordova, "Words Worth of Wisdom: Toward an Understanding of Affirmative Action" in Faye J. Crosby and Cheryl VanDeeveer (eds.), *Sex, Race, & Merit: Debating Affirmative Action in Education and Employment,* (The University of Michigan Press, 2000), pp. 15–19.

**【推奨関連文献】**


有賀夏紀『アメリカの二〇世紀（上下）』中公新書、二〇〇二年

大塚秀之『現代アメリカ社会論——階級・人種・エスニシティーからの分析』大月書店、二〇〇一年

油井大三郎、遠藤泰生編『多文化主義のアメリカ——揺らぐナショナル・アイデンティティ』東京大学出版会、一九九九年

COLUMN

# ニカラグア大西洋岸自治区の発展とバイリンガル教育

重冨 恵子

ニカラグア共和国の公用語であるスペイン語を母語とする人々は、過去スペインの植民地であった太平洋岸から中央部にかけて居住し、総人口の約八割を占める。それに対し、大西洋岸には少数派の異なる言語を母語とする人々がいる。大西洋岸では、一七世紀からイギリスが入植を開始し、先住民のミスキートによる王国もイギリス保護下で形成されるなど、大西洋岸一帯はイギリス支配の影響を受けてきた。また、ラマ、スモなどの先住民系の人々や、カリブ海の島々から流入した黒人が母体となって形成されたクレオール、さらにはガリフナといった人々が各々独自の言語を有して居住している。

大西洋岸の地域がニカラグアに併合されたのは一八九四年であり、実質的に行政統治機構に組み込まれるのは、サンディニスタ革命以後の一九八七年からである。一九七九年に発足した革命政権は当初、先住民系住民との間に協力組織を形成し、先住民言語による識字教育などの政策が実施された。しかし一方で、先住民共同体の社会制度や文化に対する理解不足から、共同体共有地の処遇などをめぐって住民と対立するようになり、ミスキートを中心とする住民らは自治権獲得を掲げて反革命勢力を形成するまでになった。武力衝突や強制移住など一連の事件を経たのち、一九八三年に革命政権は自治権委員会を発足させ、再び先住民系住民と革命政権との間で協調路線がとられるようになった。一九八七年には自治法が成立、大西洋岸地域は自治区となった。

COLUMN

自治法は理念のひとつに民族的多元主義を掲げている。そしてニカラグアを多文化・多言語の社会とし、国民文化はそれぞれの文化が等しく資して形成されるものとしている。

一九九〇年の選挙によって民政の時代となったが自治法は引き続き有効であり、憲法においても母語で異文化間理解教育を受ける権利が認められている。

ニカラグア人間開発報告二〇〇〇によればニカラグアの就学年数は全国平均で四・九年であるが、大西洋岸自治区はおよそ二・一年と国内で最も低い。小学校一年に入学した者のうち二年に進級するのは約四割である。その原因として学校施設や備品の不足、交通不便といった物的・地理的障壁のほか、教師の不足や母語でないスペイン語による授業体制などが挙げられている。教科書やカリキュラムは、児童がスペイン語話者であることを前提とした太平洋岸の価値基準で作成されている。そのため、大西洋岸地域の児童は自分の母語の読み書きを身につける前に母語ではないスペイン語を使ってすべてを学習しなければならず、負担が大きい。

一方バイリンガル教育プログラムについては、前掲の報告によれば、プログラムの対象になったのは大西洋岸地域の小学生の二割に過ぎない。児童の負担を軽減し進級率を改善する効果が見込まれるにもかかわらず、バイリンガル教育の進展が遅い理由として、大西洋岸自治区の開発に関わってきたNGOは、大西洋岸の教育改善が教育政策の中で優先課題として位置付けられていないことを挙げている。プログラムの推進にはバイリンガル教師の育成と配置、教材の開発などが不可欠であり、それらは教育省の管轄であるからだ。

ニカラグアはラテンアメリカ内でも貧しい国であるが、大西洋岸自治区は国内でも貧困度の高い地域である。貧困対策として今日では、地域固有の資源保全活用を前提とした持続的開発が提唱されている。同時に先住民らが有する伝統知識を保護し、活用する必要性も認識されてきている。地域固有の知識、技術、文化は母語で

**地方の簡素な校舎**
4 教室 2 交替制で約 370 人の小学生が学ぶ（シシン村にて）

把握され伝承されている。従って母語を失うことは、地域に蓄積されてきた知識や技術、文化を失う危険性にも通じる。また資源の活用に関する住民の権利が守られるためには、基本的人権に関わる申請や行政手続に母語を使用できる体制づくりが必要とされる。したがって、スペイン語のみを公的言語として認め、太平洋岸中部を中央と位置付ける一元的な統治体制では、大西洋岸自治区の持続的かつ地域固有の発展は困難であろう。すでに地元ＮＧＯや大学により伝統知識保全のための調査や、知識の共有化を図る農民間交流、その他の地域開発プロジェクトが始められている。なかでも、バイリンガル教育プログラムは、ほぼ海外からの援助資金に頼って実施されており、同プログラムの内容の充実と普及促進のためには援助する側の関わり方も問われている。

【推奨関連文献】


原田勝弘・下田平裕身・渡辺秀樹編著『環太平洋　先住民の挑戦　自治と文化再生をめざす人びと』明石書店、一九九九年

サルマン・ラシュディ、飯島みどり訳『ジャガーの微笑　ニカラグアの旅』現代企画室、一九九五年

COLUMN

## 一九世紀の中国人帰化問題——黒人でも白人でもない人種

各務 雅代

一九世紀後半の中国人排斥運動は、日系移民排斥の前史としてふれられることが多い。しかし、実はこの問題は、南北戦争後の再建期において「だれをアメリカ合衆国の国民とするか」という重大な論争を引き起こしていた。その背景には、非白人の帰化をめぐる人種差別的感情と、人種の問題を扱う二大政党の政治的かけ引きがあった。

南北戦争の経験は、州の自立性が強かった合衆国が分裂するかもしれないという国内の危機感を極限まで高めた。そのため、再建を進めるにあたり、共和党は、ナショナルな国内統合を必須の課題とみなした。共和党の急進派が掲げた人種差別撤廃は、黒人の選挙権や人権を連邦レベルで保障しようとするものであった。それまで「自由白人」にしか認められていなかった合衆国への帰化の権利に関しても、帰化法から「白人」の文言を削除するという革新的な改正案を主張した。しかし、その実現の前に立ちはだかる壁となったのが、西部州で起こり始めていた中国人排斥問題だった。

それは、アイルランド系の労働者が中心となって起こしたものであった。彼らが中国人に対して暴動や排斥運動を行なった背景には、人種差別的感情はもちろんのこと、経済的な理由が大きかった。アイルランド系移民は、その多くが社会的下層に位置し、アメリカに来たばかりの中国人が彼らと同じ職種や業種に参入することも少なくなかった。そのため、彼らにとって、安い賃金で働く中国人労働者は、彼らの仕事を奪う存在と見なされた。アイルランド系労働者は、白人移民の中でも「白い黒人」と揶揄されるほどに差別され、労働の場も限られていた。それ故、アイルランド系は黒人に対してと同じように、つねに中国人との「人種」の差異を強調し、自分たちがアメリカの「白人」として同化していることを示すことで、自らの地位の相対的な優位性をアピールしようとしたといえる。ここに、自らの地位を差別から守るために他者を差別するという問題の根深さが見える。

一八六七年の州選挙は、再建政策に対する国民の信任投票ともみなされ、黒人選挙権に関する関心が高まっていた。これと同時に、西部の中国人排斥問題にも転機が訪れた。

選挙の結果、人種差別撤廃を唱えた共和党が大幅に得票数を減らしたのに対して、白人優先と州権の保護を強調した民主党が注目を集め支持を得た。西部の州知事選挙においても、中国人の市民権を支持した共和党系の候補は敗れ、黒人参政権を否定し中国人に反対する立場をとった民主党候補が勝利し、党派的対立がくっきりと現れた。これ以後、共和党はこの争点からなるべく距離をおくことで支持者をつなぎとめようとし、その一方で、民主党は白人優先の立場を全面に出すことで有権者の注目を引き、内戦後の党復興の糸口としようとした。

一八七〇年に帰化法改正の問題が再び浮上した際も、共和党が人種問題について明言することはなかった。当時議会では共和党急進派の案が有利と見られたにも関わらず、中国人の帰化権が実現することはなかった。この背景には、急進派の案では、黒人のみならず西部の中国人にも帰化を認める可能性が出てくるという認識が、西部出身の議員の間で広がったことがあった。彼らの強い抵抗にあって審議が停滞してしまったため、黒人の市民権問題を優先的に解決させようとした共和党穏健派（中間派）が、中国人への帰化権付与に反対する

COLUMN

側に回ったのである。結局、改正では、「アフリカ生まれの外国人と在米のアフリカ系子孫に帰化権を与える」との条項が追加されるにとどまった。つまり、帰化には、特定の人種的あるいは民族的出自であることが条件とされたのである。それを根拠に、一八九〇年代には、東洋人は白人でもなくアフリカ系でもないから帰化は認められないという解釈が出された。こうした中国人の帰化問題を一つのきっかけとして、「帰化不能」外国人はアメリカに同化できない外国人であるというネガティブなイメージが社会に広まることにもなった。

中国人の帰化をめぐる論争は、再建期の黒人の法的地位が確定していく中で、白人（white）でも黒人（black）でもなく、その間に挟まれた「in-between」の「黄色い肌の人種（yellow）」の、アメリカ社会における地位の不安定さを浮き彫りにしたのであった。

【推奨関連文献】

ハインツ・ゴルヴィツァー著、瀬野文教訳『黄禍論とは何か』草思社、一九九九年

油井大三郎他『世紀転換期の世界——帝国主義支配の重層構造』未来社、一九八九年

貴堂嘉之「〈アメリカ人〉の境界と『帰化不能外国人』——再建期の国民化と中国人問題」、油井大三郎、遠藤泰生編『浸透するアメリカ・拒まれるアメリカ——世界史の中のアメリカニゼーション』東京大学出版会、二〇〇三年、五一—七一頁

COLUMN

# ファイヴ・ポインツとテネメント

徳永由紀子

ニューヨークのファイヴ・ポインツ（Five Points）といえば、映画「ギャング・オブ・ニューヨーク」の舞台にもなったが、一八三〇年代にはすでに、暴力や犯罪などが日常茶飯の、物騒で汚らしいスラム街として、その悪名を国の内外に知られていた。アメリカにやってきた移民がまず初めに住みつく地域でもあり、一八六〇年代になると、彼らが住んだテネメントとよばれる、（写真のような）この地域特有の五、六階建ての不衛生な安アパートが密集するようになる。一九〇五年から二年間ほどニューヨークに暮らした永井荷風の言葉を借りるなら、そこはまさしく、「人間がもうあれ以上には堕落し得られぬ極点を見せた悪徳汚辱疾病死の展覧場」であった。

ファイヴ・ポインツと呼ばれた地帯が、具体的にどのあたりを指したかは、当時から定かではなかったが、だいたい、カナル、バワリー、パーク・ロー、パール、センターの五つの通りに囲まれる地帯と考えたらよいだろう。その名の由来は、現在のコロンブス・パークのちょうど南西端あたりで、クロス通りとオレンジ通りが十字に交差していたところへ、一八一〇年代の後半、西からアンソニー通りが延長されて合流し、四つ角ならぬ五つ角が出来上がったことによる。その後、街が発展し、また劣悪な環境を「一掃」するための区画整理が繰り返され、この辺りの道路事情もまた激しく変化した。クロス通りはパーク通りに名を替えたのち、コロンブス・パークが作られた際に、あたりのテネメントとともに姿を消し、そのごく一部がモスコ通りに残るの

COLUMN

みとなった。アンソニーはワースと名を改めさらに東へ延び、オレンジはバクスターとなり、もとの五つ角より南は消滅している。

　一九世紀初頭の、ニューヨークの市街地がまだ南北、歩いて一五分ほどの大きさしかなかったころ、その北側に位置するこのあたりは、湖あり丘ありの、まだ緑豊かな土地であった。それが全米で最悪のスラムと化すまでには、様々な要因が絡まる長い経緯があるが、ごく手短にいえば、一八二〇年代頃から、住環境の悪化に見切りをつけた余裕のある階層が他の地域へと流出し始め、そこへ貧しい移民が続々と大挙して流入、そのために住環境がさらに悪化し、いつしかそこは、アフリカ系アメリカ人や移民など低所得の労働者層、そして犯罪者や売春婦など、社会のはみ出し者が集まる場所となった。

1863年創設のテネメントハウス
オーチャード通り97番地

　しかしそこは、劣悪な環境の中にあっても、がむしゃらに生き抜こうとする移民たちのエネルギーが充満する場所でもあった。荷風もまた決して、単なるおぞましい場所として描いたのではなかった。移民たちは、暮らしぶりがよくなると、マンハッタンのさらに北の地域、あるいはブルックリンやブロンクスに移り住み、そのあとにまた新しい移民たちが入った。最も早い時期に住みついたのはアイルランド系の移民であったが、その後、イタリア系、中国系、と住民は交代し、現在にいたっている。

ファイヴ・ポインツ地区からバワリーを越えて東の方角、かつてのユダヤ人街の一画、オーチャード通り九七番地にあるテネメントは今、テネメント博物館によって公開されている。一八六三年に建設されてから一九三五年に閉鎖されるまでの間に、二〇を越える国々から、延べにして七千人に近い人たちがこのテネメントに暮らした。一世帯分、三部屋からなるわずか三〇平方メートルほどの空間に、八人、九人、時には十人以上の家族や間借り人が生活していたといわれる。全米からやって来る見学者たちは、ガイドに導かれて、当時の暮らしぶりやスウェット・ショップの作業工程が再現された部屋部屋をめぐり、自分たちの祖先たちのものであった、しかし今もなお進行中である、移民たちの物語を追体験する。最近では、インターネット上でヴァーチャル・ツアーも楽しめる（http://www.tenement.org）。

COLUMN

# 移民先駆者伊東りきと「おりきの松」

柳澤 幾美

インターネットで三重県志摩町のホームページを見ると、「伊東りき」という明治生まれの女性と、「おりきの松」という大きな松の木が紹介されている（http://www.dango.ne.jp/shimasho/oriki.html）。彼女がこの松の木と共に、志摩町のホームページにまで紹介されるようになったのはなぜなのだろうか。

三重県から海外へ移住した最初の移民については、一八八五年、ハワイへの第一回官約移民の中に一三人の三重県出身者が含まれていたという記録が残っている。三重県からの移民が最もさかんだったのは、一八九七年から一九〇八年にかけてで、その移住先は北米であった。外務省の調査によると、一九四〇年に海外に在住していた三重県出身者の数は八六七人で、そのうちの七〇九人（男性四六六人、女性二四三人）がアメリカ合衆国本土に在住していた。この北米への移民を送り出した代表的な地域が志摩町片田であった。

三重県志摩町片田は、志摩半島南部の太平洋に面した村落である。二〇〇二年一月には、メガフロート（大きなコンクリートのいかだ）が漂着したということでにわかに脚光を浴びた。『志摩町史』（志摩町編、一九七八年）によると、昭和初期には片田の人口約三千人のうち約三百人が移民していたと言う。つまり一〇人に一人が海を渡っていた計算になる。実際にこの土地に立ってみると、広大な太平洋が目の前にひろがる。漁師が多かったというこの村からこれだけの移民を送り出したのは、こういう風土から生まれた冒険心だったのかと想像をかき立てられる。この移民のきっかけとなったのが、伊東りき（一八六五—一九五〇）という女性であったが、移民先駆者が女性というのは当時の日本としては極めて珍しいことである。

伊東りきは志摩町片田村（現志摩町片田）の医師、伊藤雲鱗の次女として生まれた。医者の修業中であった兄らを世話するために東京に行ったりきは、横浜に住むアメリカ人一家と知り合った。彼らからアメリカの話を聞くうちに、りきはアメリカへの憧れを強く抱くようになり、どうしても行ってみたいという気持ちを抑えきれなくなった。幸い財力のあった親に頼み込み、その横浜のアメリカ人一家が帰国するときに一緒に渡米したのである。一八八九年、りきが二十四歳の時であった。後に移民した多くの日本人女性たちもそうであったが、伊東りきもまた、アメリカに対する大きな憧れや野心を持って海を渡ったのである。

渡米してから五年後の一八九四年、りきは片田村に帰ってきた。この時、りきのトランクの中には、アメリカから持ち帰った一本の苗木があった。苗木は叔父で医者の伊東雲碩（うんせき）の家の玄関に植えられた。りきが郷里への土産にこの木を選んだのは、郷里に永久に残るものとして、記念の植樹を望んだからということである。

村に久しぶりに帰ったりきは、さっそうとした洋装姿で人々の注目の的となった。「アメリカに行ったらお金が稼げる。行きたかったらいっしょに連れていってあげる」というりきの誘いにのり、その翌年の一八九五年、村の若者（女性四人、男性三人）が、りきに連れられて渡米した。到着してしばらくの間、彼らはサンフランシスコのチャイナタウンでガラス張りの大きな水槽を使った海女の実演ショーを行ない、見物客の評判を呼んだ。しかしながら、海女の実演は現地白人たちの目には「女性酷使」として映り、非難の声が高くなったため、中止を余儀なくされた。

りきたちは「海女ショー」の中止後も帰国せず、女性たちはサンタバーバラに移り、男性たちはサンフランシスコ市内にとどまった。彼らはそれぞれ白人家庭で雑役夫やメイドなどをして、故郷へ送金をした。その額は年間にして一人三百円（当時、米一俵がおよそ三円）という大金であった。そのため、「アメリカに行けばお金が稼げる」という話が村中に広がり、その後、片田や近隣地域から多くの人々がアメリカに渡ることになった。明治末期から大正初期にかけての移住者からの年間送金額は、当時の片田村年間予算の三倍にも達したと言う。りきはその後一度も日本に戻らず、一九五〇年、カリフォルニア州サンタマリアで八十五年の生涯を閉じた。

りきが一八九四年に一時帰国したときアメリカから持ち帰ったという苗木は、りきのいとこ、くにゑが大切に育てた。これが志摩町のホームページに「おりきの松」として紹介されているものである。三重県の緑化指導監だった川北要始補によると、その木は日本では珍しいニューカレドニア松で、「新みえ名木一〇選」にも選ばれたという。「おりきの松」は現在樹齢百年以上の大木となり、天高くそびえ、かつての移民の村を静かに見下ろしている。

伊東 りき

【推奨関連文献】
『志摩町史』志摩町編、一九七八年
『三重県人北米発展史』三重県人北米発展史編纂委員会編、一九六六年
川北要始補「おりきさんの木」『中日新聞』三重版、一九九二年三月三日
三重県志摩町ホームページ http://www.dango.ne.jp/shimasho/oriki.html

※ここに掲載された伊東りきの写真は、三重県志摩町教育委員会よりお借り致しました。この場を借りてお礼申し上げます。

# 第二部

# 女性軸に表れたエスニシティ

コロンブス・デーのイタリア系女性たち

# 第五章

## 教職の女性化

### 学校教師と女工
### ——一九世紀前半ニューイングランドの場合

久田 由佳子

一九世紀半ば、ニューイングランドでは「教職の女性化」(feminization of teaching) と呼ばれる現象が生じた。一八四〇年までに、マサチューセッツ州では女性が教職に占める割合が六一パーセントとなり、ニューイングランドの他の州でも三〇パーセントから五〇パーセントとなった。この割合が八〇パーセントを超えたのは、マサチューセッツで一八六一年、ニューハンプシャーで一八六四年、コネティカットで一八六五年、ロードアイランドでは一八六六年のことである。南北戦争前のマサチューセッツ州の場合、アメリカ生まれの白人女性の四人に一人は教師の経験があるという統計数字もあり、短期間ではあったが結婚前に教師の経験をした女性は少なくなかった(1)。ここでは、こうした女性教師たちの日記などを分析することで、一九世紀前半のニューイングランドにおける農村女性の日常生活を再構築し、女性の職業としての教職についても考えたい。

## 一　学校教育と女性

### ローウェルの女工たち

一九世紀前半、マサチューセッツ州ローウェルは、メリマック川を水源に多くの工場が軒を連ねる綿工業都市に成長した。一八四〇年代にジャガイモ飢饉によるアイルランド系移民が流入する以前、これらの工場で紡績や織布などの労働に従事したのは、近隣の農村からやってきた十代後半から二十代の未婚女性であった。本章の主役はこうした女性たちであるが、注目すべきは彼女たちの多くに学校で教えた経験があったことである。一年のうち冬は工場で働き、夏は学校で教えるといったことはよくあることであった。また、教師をしていた者が後に女工として工場で働いたり、工場で働いていた者が、後に教師になるといったこともしばしば見られた。

子ども時代に工場で働いた経験のある詩人のルーシー・ラーコムは、一八八一年、『アトランティック・マンスリー』誌の中で、次のように回想している。

多くの者は夏の間故郷のディストリクト・スクールで教え、冬の間だけ工場にやってきて働きました。ローウェルの小学校やグラマー・スクールの教師は、元女工たちが多数を占めていました。ローウェルで指導的立場にあったある牧師は、冗談を言ったり、誇張したりする人ではありませんでしたが、あるとき彼は、すぐれたコモン・スクールを西部に設立することを考えていた人から、工場の若い女工たちの中で教師に相応しい人材が何人いると思うかを尋ねられました。彼は即座に「五百人程度はいるだろう」と答えました。この数字はローウェルの女工をよく知っている人たちにとっては、妥当な評価だと思います(2)。

ラーコムは、これに続けて本や勉強にほとんど関心を持たない女工たちがいたことを見逃してはならないとも語っているが、当時の若い女性にとって工場で働くことと学校で教えることは相互補完的であったことを示す例は多い。婦人参政権論者のハリエット・ロビンソンには女工の経験があったが、彼女も、仲間の女工たちが一般に八～一〇ヶ月ほど働いた後、残りの時間を両親や友人と過ごしたり、学校で教えていたことを回想している(3)。また、マサチューセッツ州教育長からの一八四一年の質問状に対して、メリマック会社幹部は、同社工場の女工のうち約一五〇人に教師の経験があると答えており、その多くは夏は学校で、冬は工場で働いていたことを指摘している(4)。牧師ヘンリー・マイルズも、ローウェルにある複数の会社の従業員のうち一割弱は、過去に学校教師の経験があったことを記している(5)。実際、一八四三年から四五年までローウェルの工場で働いていたスーザン・フォーブスは、ローウェルで働く以前とやめた後に学校で教えていた(6)。「教職の女性化」を担ったのは、こうした女性たちだったのである。

## 「デイム・スクール」

女性教師の実態を明らかにするためには、まずアメリカにおける女子教育がどのように行なわれてきたのかを知る必要がある。教育の普及の指標としては一般に識字率が用いられている。植民地時代に関しても、識字率に関する研究の蓄積があるが、これらの研究の先駆者であるケネス・ロックリッジによれば、ニューイングランドの男性で署名をした人の割合は、一六五〇年から七〇年の間ではおよそ六割、一七八七年から九五年の間で九割だったのに対し、女性の場合は一六五〇年から七〇年の間で三一パーセント、一七八七年から九五年の間で四八パーセントであった。以後、複数の研究者が植民地時代の女性の識字率調査を行なったが、いずれの研究でも、ロックリッジよりも高い数値が出されている。これらの研究からいえるのは、一八世紀半ば以降に女性の識字率が上昇したという点である。識字率が上昇した要因としては、学校教育の普及、後述する「共和国の母」としての女性の役割認識、独立革命前夜に生じた、いわゆる「消費革命」を含む、社会的・経済的な変化などが指摘されている(7)。

教育の普及のもう一つの尺度は、学校教育制度の発展である。植民地時代から建国初期の学校の歴史を著したウォルター・スモールによれば、女性は、法律上、教育を受ける対象から除外されてはいなかったものの、事実上、一八世紀後半までは公教育から除外されていた。残された選択肢は、家族から読み書きを習うか、「デイム・スクール」（"dame school"）と呼ばれる学校に通うかであった。「デイム・スクール」という言葉は、一七世紀後半から一八世紀にかけて、イギリスで「女性教師（通常は老婦人か寡婦）が教える私的な初等教育学校」という意味で使われるようになったが、アメリカにおいてもこの言葉は、当初は母親が自分の子どもを自宅で教えるついでに近所の子どもをも引き受けるような私塾を意味した。その後、アメリカで「デイム・スクール」は、タウンの補助金と生徒の授業料によって運営される半ば公立の学校の意味で用いられるようになり、さらには、女性が夏期に教える公立学校も「デイム・スクール」と呼ばれるようになった(8)。

このような経緯は、マサチューセッツ州ダンヴァースの歴史の中にもかいま見ることができる。このタウンは、一七五二年にセイラムから独立して「ダンヴァース」となったが、それ以前は「セイラム・ヴィレッジ」と呼ばれ、一六九二年におこった魔女狩りの舞台としても知られる。「セイラム・ヴィレッジ」は一六七二年に教区として認められるまで、独自の集会所を建設し、牧師を雇うこともできなかったが、同様に学校もなく、住民は自分たちの住んでいる場所に公立学校を設立するよう、セイラム・タウンに要求していた。結局、学校の設立は一七一二年になるまで認められなかったため、セイラム・ヴィレッジの教区牧師は、一七〇八年、読み書き計算を子どもに教える教師が必要であると考え、彼に賛同する一部の住民からも援助を受けつつ、自らの給料から校舎の建設費を捻出した。さらに彼は寡婦のキャサリン・ダランドを教師に雇い、その費用を負担した。一七一三年、教師の報酬年五ポンドはセイラム・タウンが負担するようになったが、それまで学校は私費で維持されていた。この学校でダランドが誰に何をどのように教えていたのか、詳細は不明である(9)。

スモールは、一般に女の子が公立学校で受け入れられるようになったのは、一八世紀後半以降のことであると論じている。例えば、一七六一年、マサチューセッツのヒンガムでは、タウンミーティングで女子のための学校を既存の校舎の隣に建てることが決められ、一七九一年には読み書き、裁縫を教える女子の学校五校を六ヶ月間開くことが議決された。さらに一八〇〇年頃には、十二歳以上の女子が冬期に男子の学校に通い、九歳未満の男の子は夏期に女子の学校に通ってもよいことになった(10)。

女子に公教育を受けさせるようになった思想的背景としてしばしばに指摘されているのは、独立革命を通じて高まった共和国思想の影響である。女性は、徳のある市民を育てる母親、すなわち「共和国の母」となるために、教育が必要であるという考え方である(11)。教育は社会コントロールの手段となりうるし、教育改革推進論者はしばしば親たちが教育に対して無関心であると批判したのも事実である(12)。しかし、教育の必要性を認識していたのはエリート層のみであったと考えるべきではない。どのような教育が必要と考えるかについては、エリート層と庶民では異なる考えを持っていたとしても、庶民の多くは教育の必要性を認識していたと考えるべきである。このことは、教科ごとに異なる生徒の出席率や学区統廃合をめぐる住民の請願書の中にも表れているといえる。この点については後述する。

ニューイングランドの大半の地域で、冬期に八～九歳以上の男子が学校に通い、夏期にそれ以下の幼い子どもとそれよりもやや年長の女の子が学校に通うという傾向は、一般に農業労働との関係で説明されている。夏は農繁期で八歳以上の少年たちは農場で働いており、母親も忙しかった一方、農閑期である冬は母親の仕事量は少なく、小さな子どもに接する時間がとれる。つまり、夏の学校は、母親に代わって子どもの世話をする場という性格を持っていたというのである。男性教師には秩序の維持、女性教師には保母の役割が求められたが、男性と比べて低賃金で雇える女性教師は、経費の削減という観点から次第に注目されるようになり、次第に「教職の女性化」が進むことになる(13)。

## 二　ニューイングランドの公教育

### 学区制度

「スクール・ディストリクト」と呼ばれる学区制度は、人口の増加にともなって一八世紀後半に誕生した。それまで学校はタウン単位に設立されていたが、タウンの人口が次第に中心部から拡散するようになると、中心部から離れた地域の住民が中心部の学校に対して税金を支払うことを拒むようになり、独自の学校の設立・運営を要求するようになった。先に紹介したダンヴァースの例もこれに当てはまる。当初は一人の教師が複数の地区を巡回して短期間教えていたが、後に「学区」ごとで教師を雇い、税金や寄付金、授業料、州の補助金などを財源に学校が運営されるようになった。この制度が法的に整備されたのは、マサチューセッツでは一七八九年であり、ヴァモント、ニューハンプシャー、ロードアイランド、コネティカットでは一九世紀初頭においてである(14)。その後、一八三七年にマサチューセッツ州教育長に就任したホーレス・マンのもとで学校制度の改革が進み、学校の運営は、生徒からの授業料によらず、公的資金でおこなわれる方向に動いた(15)。マサチューセッツ州ダンヴァース第一四学区の一八四〇年代の記録によれば、学校はタウンからの公的資金と州からの補助金、薪代の寄付で運営されており、授業料は徴収していないことがわかる(16)。

一九世紀前半当時の学校の様子については、教育関係者の回想録の中に散見されるが、その建物や内部の様子についてはどれも似通っている。後にマーサズ・ヴィンヤード・サマー・インスティテュートの校長をつとめることになるウィリアム・A・マウリーが、一八四八年に教えていた学校の様子は次のようなものであった。学校の校舎は一八〇六年に建てられたもので、広さは、

幅約二〇フィート、奥行き三〇フィートだった。窓のある三方の壁にそって、チェスナットの厚板製の腰掛けが据えられ、その腰掛けの前には長い机がおかれ、前方には低い腰掛けがあった。ストーブは部屋の中央にあった。[腰掛けや机のおかれていない]一方の壁の端は出入り口で、もう一方の端には大きな戸棚があって、帽子やボンネット、肩掛け類や弁当などがおけるようになっていた。出入り口と戸棚の間には大きな古めかしい石づくりの暖炉があったが、これはストーブが用いられるようになってから使用されなくなっていた(17)。

当初、学校は、年間を通じて開校されたわけではなく、夏期と冬期の数ヶ月間に限って開校されていた。後述するパメラ・ブラウンの日記によれば、彼女は、ディストリクトの学校委員と考えられる者の訪問を受けて雇用契約を結んだが、その期間はいずれも三ヶ月程度であった(18)。

教師の採用にあたっては、個人的なつてに頼る場合が多く、住民からの推薦を受けたり、前任教師が友人や

兄弟・姉妹を推薦することもあった(19)。こうして教師になった者たちは男女とも概して若く、長期にわたって教壇に立つケースは少なかった。ダートマスやハーヴァードの学生が学費稼ぎのため、冬期に教えることもあれば、農民や行商人、職人が教壇に立つこともあった。一七九〇年、コネティカット州ニュータウンで生まれ、後にニューヨーク勤労者党の指導者となるトマス・スキドモアも、十三歳になる前から教師となり、父親と衝突して家を出てからもニュージャージーやノースカロライナ、ヴァジニアを転々としながら学校で教えた。彼は、その後ニューヨークで機械工となり、労働運動に関わるようになる。一八世紀後半から一九世紀前半のニューイングランドでは、男女ともに学校教師は一時的な職業で、男性にとっては新たな仕事を始めるための「踏み石」であり、女性にとっては結婚までの「つなぎ」と考えられていた。したがって教師の離職率は高かった(20)。

マサチューセッツ州ダンヴァースの小学校で教壇に立ったルイザ・アン・チャップマンも、そのような一人であった。同州ローレンスでドレスの仕立てをしていた彼女は、一八四八年一二月、当時、母親が住んでいたダンヴァースに移り住み、学校で教えはじめた(21)。このタウンは、一八五〇年の国勢調査で人口八一一〇人、製靴業の中心地として知られるリンの後背地という地理的条件もあり、その多くは靴製造業とかかわっていた。チャップマンの二人の弟も製靴業者であり、弟の帳簿によれば、ルイザの妹も靴製造の一工程にたずさわっていた(22)。彼女が学校で教えていたのは、一八四八年一二月から翌年三月までのわずか三ヶ月であったが、彼女のような短期間の教師経験は特殊というよりも一般的であった。

チャップマンのように自宅から学校に通う者もいたが、パメラ・ブラウンのように、生徒の家に下宿する場合のほうが多かった。教師の居住環境が、教師の若年化と関係していたともいえる。すなわち複数の生徒の家族に教師が食事と住居の提供を受ける"boarding around"と呼ばれる慣習は独身者に適していたのである(23)。パメラ・ブラウンは一八一六年、ヴァーモント州プリマス生まれで、一八三六年から三八年に教師をしていたが、彼女がつけていた日記からもこの慣習の様子を知ることができる。一八三六年を例にとると、彼女は、一月一八日から三月一二日、六月四日から八月二〇日、一二月五日から翌一八三七年二月二五日の三期にわたって、学校で教えた。この間、彼女は週末を除いて生徒の家に下宿し、数週間ごとに移動を繰り返していた。彼女はほぼ二週間単位で下宿先を移動し、また毎週末は自宅に戻っていたのである(24)。こうした居住環境も、年長者よりは若者、既婚者よりは未婚者に適していた。

このような下宿の移動が、教師にとってストレスとなっていたことは、一八六五年に書かれた教師の日記からも明らかである。「今夜、私はアレン氏の家にいて、ここに二週間下宿することになっています。これはつらいけれど、なんとか我慢できるでしょう」。他方で、多くの教師が、学校から遠い下宿を拒否し、学校の近くに下宿できるよう交渉を重ねていたという指摘もある。その例としてあげられているのは、一八三九年と一八七〇年のケースであり、どの程度一般化できるかについてはさらに検討が必要である(25)。

## 教師の資質と女性

当時の教育改革者たちは、このような教師たちの経験の浅さと離職率の高さが子どもたちにもたらす悪影響を問題視した。マサチューセッツ州では、一八三八年以降、教育に関する年間報告書が毎年刊行されるようになったが、この中で教師の要件や資質がしばしば論じられている。一八四〇年の報告書によれば、教師の資質として最も要求されたのは、教科に関する豊富な知識と教え方の技術が優れていることであり、ついで、同じ教師が数年間にわたって指導すること、生徒の模範となるような道徳的に優れた人物であることだった。学期中だけでなく、数年にわたって同じ教師による指導が求められたが、これは規律の度合いが教師によって変わることを防ぎ、甘過ぎもなく、厳しすぎもない、一貫した規律の下で子どもを教育するためであった(26)。

現実の教師の離職率の高さは、ホーレス・マンらが求めた理想から程遠いものであったが、彼らは女性教師の採用に希望をつないだ。当時、移民ではないアメリカ生まれの白人女性には、職業選択の幅が非常に狭く、教師は数少ない選択肢の一つであったため、女性のほうが教えることに集中できると考えられたからである。また、男性を雇えば、賃金として月二五ドルか三〇ドルはかかるが、女性ならばその半分で雇えるということも彼らにとっては魅力であった(27)。さらに、生徒の模範となりうる道徳的に優れた教師を求めるとすれば、女性はまさに適任であった。女性は道徳的に優れた存在であり、家族を世間の悪徳から守ることができるという言説が、当時普及しており、中産階級の女性たちはこのような考え方のもとで慈善活動や禁酒運動に関わっていたからである(28)。

## 三　ダンヴァースの報告書に見る教師たち

### 男性と女性

ダンヴァースでスクール・ディストリクト制が導入されたのは一七九三年、タウンが九つの学区に分けられたのは一八〇九年のことである。この後、人口増加などによって学区の分割が進み、一八三九年の段階で一三学区が存在し、一八四六年には第一四学区が設置されることになった(29)。ここでは、一八四八年から四九年にかけてのダンヴァースの学校報告書を中心に用いて、このタウンの学校教師の実態を明らかにする。

ダンヴァースの学校で共通して教えられていた科目は「正字法」と「読み方」で、多くの学校ではこれに「書き方」「地理」「英文法」「算数」が加わり、さらに平均十歳以上の子どもが学ぶ学校では、これらの教科に加えて「歴史」「簿記」「天文学」「代数」「幾何」「ラテン語」「哲学」「作文」「生理学」「測量術」「植物学」の科目のうち幾つかが教えられていた。いずれの学校でも、生徒の出席状況は科目ごとに異なり、「正字法」と「読み方」の授業にはほぼ全員が出席していた一方、「書き方」や「地理」「算数」になると出席者が半減する学校もあった。これは当時の一般の人々が必要と考えていた教科目を知る手がかりにもなり、また、このことからも、当時の一般の人々が、学校に対して全くの受け身の姿勢であったわけではなく、彼らなりの論理で主体的に学校を利用していたことがわかる。

第一学区から第一四学区の学校教師は、報告書の刊行時点で計三五人おり、その内訳は男性一三人、女性二二人であった。ダンヴァースでも数字の上では「教職の女性化」が進行していたことがわかる。一般に、生徒の平均年齢が十歳以上と高く、科目数も多いプリンシパル・スクールを受け持つのは男性で、女性は平均八歳以下の生徒を受け持つことが多かったが、なかには第一三学区の教師メアリ・P・プレストンのように、プリンシパル・スクールの夏学期を担当する女性教師もいた。報告書の中で彼女は高い評価を受けているが、プリンシパル・スクール特有の教科目で彼女が教えていたのは、「代数」「幾何」「哲学」「作文」であった。ちなみに、同校の冬学期の教師チャールズ・アダムズは、「代数」と「作文」を担当せず、「ラテン語」「生理学」「測量術」を教えていた。

しかし、必ずしもプレストンのようにうまくいっていたわけではなく、女性教師が年長の男の子の多いクラスを受け持つのは困難と判断され、短期間で教師が交代することもあった。第一学区の「ヘッド・スクール」は、生徒の平均年齢が十一歳であり、報告書の刊行時点ではリチャード・ガードナーという男性教師が受け持っていたが、この学校はこの一年間に計三人の教師が教えるという異例の事態を経験した。年度当初、この学校はH・P・アンドリュースという経験豊富な男性教師が教えていたが、何らかの理由で辞めざるを得なくなり、アメリア・アプトンという女性教師が引き継いだものの、残りの任期わずか二週間ほどでガードナーと交代したのである。女性教師から男性教師に交代した理由について報告書は、「男子生徒の年齢が高く、学校の規模からみて、予期されたことであったが、女性の手では必要な規律が維持できなかった」と述べている(30)。

規律の問題はしばしば報告書の中に登場し、報告書のなかでは好意的に書かれていた第一四学区のルイザ・チャップマン自身も、この問題に直面した。小さな生徒ばかり三〇人を担当した彼女は、学校の始まった二日目に、次のように記している。「一二月五日学校。とてもうるさく、数人に罰を与えた」(31)。チャップマンが去った後、学校を引き継いだサラ・J・パットナムも、報告書に次のように書かれている。「当初、規律が相当乱れていたので、我々はこれが失敗だと思ったが、少しずつこの点は改善されたようで、最終的には規律が守られるようになった」(32)。将来、母親となるであろう女性教師は、子どもの教育に適していると考えられていたが、彼女たちの多くは、母のような愛情を子どもにそそぐよりも、むしろ体罰を与える方が多かった。規律の維持のための体罰は、一八三〇年代から七〇年代の多くの女性教師が経験していたのである(33)。また、規律の問題は、以前にはなかった学齢期という考え方を生み出すことになった。

## 学校改革

ダンヴァース第一四学区の記録によれば、一八四八年から四九年にかけてチャップマンを含む女性二人、男性一人の合計三人が教師として雇われていた。このうちプリンシパル・スクールの夏学期、計二八（ダンヴァース学校報告書では二九）週間教えていたメアリ・A・ネヴィンズには九八ドル、同校冬学期で、計一四週間教えたロズウェル・フォスターには一二二ドル五〇セント、冬の一三週間プライマリー・スクールで教えていたチャップマンには二六ドルが支払われた。週給にすれば、ネヴィンズが三ドル五〇セント、フォスターが八ドル七五セント、チャップマンが二ドルということになるが、性差はともかく、同じ女性でも賃金が異なるのは、担当科目や経験の違いによると考えられる。ネヴィンズとフォスターの学校は、生徒の平均年齢が七歳で、担当科目はどちらも「正字法」「読み方」「書き方」「地理」「英文法」「算数」である。最も受講生の多い「正字法」のクラスで比較すると、ネヴィンズの生徒が八六人、フォスターの生徒が七四人と、総じてネヴィンズの生徒数が多いという点を除けば、両者に特に違いは見られない。他方、チャップマンのプライマリー・スクールは、生徒の平均年齢が五歳で、「正字法」「読み方」「地理」「算数」が教えられていた。この学校でも科目によって受講生は異なり、「正字法」と「書き方」のクラスは三三人、「地理」と「算数」は九人であった(34)。

報告書では、第一四学区の学校が当初から「プライマリー」と「プリンシパル」に分けられていたかのような印象を受けるが、チャップマンの日記から、学校の年齢区分が学期の途中で始まったことがわかる。一八四八年一二月二七日、チャップマンは、「フォスター氏が私の学校から生徒を一四人引き抜いていった」と記しており、翌年一月三日には「学区の会議で生徒を年齢で分けることが決まった。それで私は八歳以下の子どもを担当することになった」と書いているのである。この点について、学区の記録には何も記されていない。しかし、その八年前、マサチューセッツ州教育長ホーレス・マンは、年齢区分制の導入とそれにともなう学区の統廃合を示唆しており、ダンヴァースでもこの改革を推進する方向にあったことが推察される(35)。ダンヴァースは、さらに一八五六年に学区の統廃合をおこない、結果として第一四学区は廃止され、第六学区に統合された。この改革は、住民の賛成を得ておこなわれたわけではなく、第一四学区の廃止に反対した住民たちが請願書を提出している(36)。

## 四　女工よりも教師に

### 「クラフトの雑種化」

ダンヴァースの他の学区では数年にわたって教師を続けた者もいたが、チャップマンを含む第一四学区の教師たちの名前は、一八四九年以降の報告書の中に見あたらず、学校を去ったと考えられる。チャップマンは、教職の傍ら、病床にあった母親の介護もしていたが、母親は冬学期が終わって一五日後に死亡し、その後、彼女の家族は家を売却した。チャップマン一家にはその後もダンヴァースを離れた形跡はないが、彼女が日記をやめてから一八五三年に三十九歳でリンの宿屋経営者と結婚するまでの足跡は不明である(37)。彼女がこの間に教壇に立った可能性はないわけではないが、当時の一般的な傾向からしても、学校には戻らなかったと考えるのが妥当であろう。

チャップマンは、ある意味では当時の女性として典型的な存在ではなかったが、それは彼女がある種の熟練技術、すなわち、ドレスの仕立ての中でも熟練を要する裁断技術を身につけていた点である。彼女の日記は、マサチューセッツ州ローレンスでドレスの仕立てをしていたころから始まっているが、彼女は学校で教えるようになってからも、そのかたわらでドレスを数着仕立てていた。日記には、彼女がしばしば知人のドレスをつくるために布地を裁断したり、仮縫いをしたりする様子が描かれている。彼女とほぼ同世代の一八一二年生まれのニューハンプシャーの女性の手紙が示すように、一八三〇年代前半のニューイングランドでは、すでに婦人服仕立業の分業化がはじまっており、徒弟が裁断技術を習得できないまま、不熟練労働者として働かされるケースも少なくなかったのである(38)。ニューヨークにおける労働者階級の形成について論じたショーン・

ウィレンツ）はこのような趨勢を「クラフトの雑種化」（bastardization of craft）という言葉で説明している。伝統的な男性職人の世界では、徒弟修業が終われば雇われ職人となり、いつかは親方になれるという将来の見通しがあった。しかし、全国市場向け消費財製造部門、とりわけ衣服、靴、家具、印刷などで分業化が進むと、徒弟は熟練技術を習得することなく、一生、不熟練もしくは半熟練の下請け仕事をこなすだけの労働者として働きつづけることになったのである(39)。

## 女性の仕事

こうした伝統的な職人の世界が崩壊しはじめたころ、農村の女性の周りでも変化が起こっていた。トマス・ダブリンの研究によれば、ローウェルの工場で働いた女性の多くは、小規模農場経営者の娘たちで、極貧状態ではなかったが、彼女らに将来の生活を保障するものはなく、自分で働いて、結婚支度を整える必要があった。例えば、一八三五年から四〇年にかけて三人の娘をローウェルの工場に送り込んでいた農民は、一八三〇年の課税台帳の記載によれば、馬二頭、雄牛二頭、乳牛二頭、その他の家畜三、耕作地一五・五エーカー、非耕作地五〇エーカーを所有していた。しかしこの農民には三人の娘に加えて、四人の息子がおり、息子全員が農場を手伝っていた。このような農民には子ども全員に将来の生活を保障できるほどの資産はなかった(40)。こうした家に育った娘が結婚資金を稼ぐとすれば、選択肢は女工か、学校教師、家内奉公人、靴や帽子製造などの下請け仕事程度であった。

ローウェルでは、一八三〇年代にすでに賃下げに抵抗するストライキが起こっていたが、それでも一八三六年の一日あたり平均賃金は、紡績工五八セント、織布工六六セント、糊付工七八セントで、平均六〇セントだった。同じ頃、学校教師であり、ローウェルの女工を姉に持つエリザベス・ホジドンは、週一〇・五シリング（一ドル七五セント相当）の賃金を受け取っていた。すなわち、教師よりも女工のほうが高賃金だったのである(41)。

しかし一八四〇年代以降、女工と教師の賃金は逆転し、教師のほうが高賃金となっていく。また、この頃から、それまでの近隣農村出身者に代わって、アイルランド系移民が工場で働くようになり、近隣農村出身の女性はしだいに工場から姿を消した。この労働力の転換は、ローウェルにやってくるニューイングランド出身の農村女性の減少と、一八四〇年代後半ジャガイモ飢饉を契機とするアイルランド移民の増加によるものであった。ローウェルのハミルトン会社の場合、一八三〇年代にわずか三・七パーセントにすぎなかった外国人労働力は、その後、一八五〇年に三八・六パーセント、一八六〇年には六一・八パーセントを占めるようになったのである(42)。

女工の出自や労働条件の変化は、工場労働に対するアメリカ人の見方をも変えることになり、職業の選択肢として女工と教師は対等なものとして見られなくなっていった。例えば、ニューハンプシャー州に住む姉妹は、一八四五年一二月に友人のハリエット・ロビンソンに宛てた手紙の中で、二人が工場で働くことに対して両親から反対されていると述べているが、その翌年姉妹の一方は学校教師となり、親は教師になることには反対してはいなかったことが推察されるのである(43)。

一九世紀初頭のニューイングランドでは、家内奉公人は必ずしも社会の下層に位置していたわけではなく、多くの場合、隣人との互酬関係に基づく若年労働力であり、「手伝い」と呼ばれていた。このような労働力形態は、北西ヨーロッパの慣行である「ライフサイクル・サーヴァント」に共通する部分もある。しかし、次第にその性格が変わり、特にアイルランド系移民の流入後は、アメリカ生まれの白人が敬遠する、低賃金労働となっていった。一八三九年、ニューヨーク州北部の農場で家内奉公をしていたサリー・ライスのように、女工の中には家内奉公を経験した者が何人もいた。彼女が両親に宛てた手紙には、現金収入のない親たちの生活を案じ、自分で現金収入を得る手段を見つけようとしている様子が描かれている。結局、彼女はコネティカットの工場で働くことになるが、それは「自分で暮らしていくことを考えたとき、一番たくさん稼げて貯えられる仕事をすべきだと気付いた」からであった[44]。

製造業者や商人が持ち込んだ材料を使って、靴や帽子などのパーツを作る下請け仕事も、熟練職種からほど遠く、季節労働的な性格の強い、雇用条件が不安定なものであった。加えて、この仕事の賃金は、現金で支払われるよりもコーヒーやスパイスなどの輸入品、布地や糸などの現物支給によることが多かった[45]。

こうして、一九世紀半ばになっても、女性にとって学校教師の職は、男性教師と比べれば依然低賃金ではあったものの、「尊敬さるべき」女性の仕事として現金収入を得る手段であり続け、多くのニューイングランド農村出身の女性を引きつけた。一九世紀の女性にとって、教職はほとんど唯一ともいえる専門職種となり、ニューイングランドではさらなる「教職の女性化」が進行した。「ニューイングランドの女教師」（“New England Schoolmarm”）という批判的な表現を生み出すことになったものの、ニューイングランド出身の女性教師たちは西部や再建期の南部にも赴き、その活動の場を広げることとなった。

【注】

（1） Jo Anne Preston, “Domestic Ideology, School Reformers, and Female Teachers: School Teaching Becomes Women’s Work in Nineteenth-Century New England,” *New England Quarterly*, vol. 66 (1993), pp. 531; Richard M. Bernard, and Maris A. Vinovskis, “The Female School Teacher in Ante-Bellum Massachusetts,” *Journal of Social History*, vol. 10

(1977), p. 333.

（2）Lucy Larcom, "Among Lowell Mill-Girls," *Atlantic Monthly*, vol. 48, no. 289 (1881), p. 603.

（3）Harriet Robinson, *Early Factory Labor in New England [From The Fourteenth Annual Report of the Massachusetts Bureau of Statistics of Labor for 1883]* (Boston, 1889), p. 6.

（4）Horace Mann, "Report for 1841," *Annual Reports of the Secretary of the Board of Education of Massachusetts for the Years 1839–1844* (Boston, 1891), p. 107.

（5）Henry A. Miles, *Lowell: As It Was, and As It Is* (Lowell, 1845), pp. 163–91.

（6）彼女は、一八二四年、ニューハンプシャー州エプソンの農場で生まれた。Susan E. P. Brown Forbes, Diary, American Antiquarian Society.

（7）Kenneth Lockridge, *Literacy in Colonial New England: An Inquiry into the Social Context of Literacy in the Early Modern West* (New York, 1974), pp. 38–39; Joel Pearlmann, and Dennis Shirley, "When Did New England Women Aquire Literacy?" *William and Mary Quarterly*, vol. 48 (1991), pp. 50–67; Gloria L. Main, "An Inquiry into When and Why Women Learned to Write in Colonial New England," *Journal of Social History*, vol. 24 (1991), pp. 579–89; Joel Perlmann, Silvana R. Siddali, and Keith Whitescarver, "Literacy, Schooling, and Teaching among New England Women, 1730–1820," *History of Education Quarterly*, vol. 37 (1997), pp.117–139.

（8）松塚俊三『歴史のなかの教師 ―― 近代イギリス国家と民衆文化』山川出版社、二〇〇一年、二八頁；Walter Herbert Small, *The Early New England Schools* ([1914]; New York, 1969), pp. 162–86; Perlmann, et. al, "Literacy, Schooling, and Teaching among New England Women, 1730–1820," pp. 117–39.

（9）Harrriet S. Tapley, *Chronicles of Danvers (Old Salem Village), Massachusetts* (Danvers, 1923), pp. 33–35; J.W. Hanson, *History of the Town of Danvers, from Its Early Settlement to the Year 1848* (Danvers, 1848), p. 145.

（10）Small, pp. 275–89; Carl F. Kaestle, *Pillars of the Republic: Common Schools and American Society, 1780–1860* (New

York, 1983), pp. 28–29.

(11) Mary Beth Norton, *Liberty's Daughters: The Revolutionary Experience of American Women, 1750–1800* (Boston, 1980); Linda K. Kerber, *Women of the Republic: Intellect and Ideology in Revolutionary America* (Chapel Hill, 1980).

(12) "Massachusetts Common School System," *North American Review*, vol. 110 (1841), pp. 174–75.

(13) Joseph F. Kett, "Growing Up in Rural New England, 1800–1840," in Harvey J.Graff (ed.), *Growing Up in America: Historical Experiences*, (Detroit, 1987), pp. 176–77; Bernard, and Vinovskis, "The Female School Teacher in Ante-Bellum Massachusetts," p. 336; Nancy F. Cott, *The Bonds of Womanhood: "Woman's Sphere" in New England, 1780–1835* (New Haven, 1977), p. 30.

(14) Small, pp. 32–86; Kaestle, *Pillars of the Republic*, pp. 13–29; Joel Spring, *The American Schools, 1642–1990: Varieties of Historical Interpretation of the Foundations and Development of American Education* (New York, 1990), p. 141; 藤本『アメリカ史のなかの子ども』、二三—四八頁。

(15) "Schools in Massachusetts," *American Annales of Education and Instruction*, vol. 7 (1837), pp. 97–103.

(16) "Report of Prudential Committee Commencing March 6, 1847 and Ending March 6, 1848," in Danvers School District 14 Records, 1848–1852, Danvers Archival Center.

(17) William A. Mowry, *Recollections of a New England Educator* ([1908]; New York, 1969), pp. 35–37; John H. Frederick, "William Augustus Mowry," in Dumas Malone (ed.), *Dictionary of American Biography*, vol. 13 (New York, 1934), pp. 300–301.

(18) December 19, 1835; May 23, 1836; March 27, 1838[1837], Branche Brown Bryant, and Gertrude Elaine Baker (eds.), *The Diaries of Sally and Pamela Brown, 1832–1838, [and] Hyde Leslie, 1887* (Springfield, VT, 1970), pp. 28, 41, 71.

(19) Warren Burton, *The District School As It Was: By One Who Went to It*, Clifton Johnson (ed.), ([1928]; New York, 1969), p. 7; Martha Coons, John W. Jenkins, and Carl Kaestle, "Education and Social Change in Two Nineteenth-Century

Massachusetts Communities," in Kaestle and Vinovskis, *Education and Social Change in Two Nineteenth-Century Massachusetts* (Cambridge, UK, 1980), p. 153.

(20) Bernard, and Vinovskis, "The Female School Teacher in Ante-Bellum Massachusetts," p. 338; Kaestle, *Pillars of the Republic*, p. 20; David Jaffee, "The Village Enlightenment in New England, 1760–1820," *William and Mary Quarterly*, vol. 47 (1990), pp. 340–44. 安武秀岳「トマス・スキドモアとその思想」『西洋史学』一二九、一九八三年、三―四頁。

(21) December 4, 1848, Louisa Ann Chapman, Diary, Phillips Library, Peobody Essex Museum.

(22) United States Census Schedule, Danvers, Essex County, Massachusetts, 1850; *Vital Records of Boxford, Massachusetts to the End of the Year 1849* (Topsfield, Mass., 1905), p. 22; *Vital Records of Danvers, Massachusetts to the End of the Year 1849*, vol. 1:Births (Salem, 1909), p. 68; Jeremiah Chapman, Account Book, 1839–1849, Phillips Library, Peobody Essex Museum.

(23) Spring, *The American Schools, 1642–1990*, p. 125; William A. Mowry, *Recollections of a New England Educator* ([1908]; New York, 1969), p. 38.

(24) *The Diaries of Sally and Pamela Brown, 1832–1838*, pp. 28–93.

(25) Preston, "Domestic Ideology, School Reformers, and Female Teachers," pp. 546–47.

(26) Horace Mann, "Report for 1840," *Annual Reports of the Secretary of the Board of Education of Massachusetts for the Years 1839–1844* (Boston, 1891), pp. 57–72.

(27) *Ibid.*, p. 57, Horace Mann, "Report for 1844," *Annual Reports of the Secretary of the Board of Education of Massachusetts for the Years 1839–1844*, pp. 426–28.

(28) Barbara Welter, "The Cult of True Womanhood," *American Quarterly*, vol. 18 (1966); Spring, *The American Schools, 1642–1990*, p. 121.

(29) Hanson, *History of the Town of Danvers*, pp. 146–47; *Report of the School Committee of the Town of Danvers, 1839*

(Salem, 1839); Danvers School District 14 Records, 1848–1852, Danvers Archival Center.

(30) Danvers School Department, *Report of the Public Schools, 1848–1849* (Danvers, 1849), pp. 8–23; "Statistical Table from April 1, 1848 to April 1, 1849," ibid.

(31) December 4, 5, 1848, Louisa Ann Chapman, Diary.

(32) Danvers School Department, *Report of the Public Schools, 1849–1850* (Boston, 1850).

(33) Preston, "Domestic Ideology, School Reformers, and Female Teachers," pp. 549–50.

(34) "Report of Prudential Committee Commencing March 6, 1848 and Ending March 12, 1849," in Danvers School District 14 Records, 1848–1852; *Report of the Public Schools, 1848–1849* (Danvers), p. 23.

(35) December 27, 1848, January 3, 1849, Louisa Ann Chapman, Diary; Horace Mann, "Report for 1840," pp. 53–54; "Massachusetts Common School Systems," *North American Review,* vol. 110 (January 1841), pp. 186–87.

(36) Danvers School District No.14 Records, 1846–1856, Danvers Archival Center.

(37) March 20, October 18, 1849, Louisa Ann Chapman, Diary; Marriage Records, Essex County, Massachusetts, 1853, vol. 69, p. 180, Massachusetts Archives.

(38) Jo Anne Preston, "'To Learn Me the Whole of the Trade': Conflict between a Female Apperentice and a Merchant Tailor in Antebellum New England," *Labor History,* vol. 24 (1983), pp. 259–73; idem, "Learning a Trade in Industrializing New England: The Expedition of Hannah and Mary Adams to Nashua, New Hampshire, 1833–1834," *Historical New Hampshire,* vol. 39 (1984), pp. 24–44.

(39) Sean Wilentz, *Chants Democratic: New York City and the Rise of the American Working Class,* 1788–1850 (New York, 1984), pp. 107–142.

(40) Thomas Dublin, *Women at Work: The Transformation of Work and Community in Lowell, Massachusetts, 1826–1860* (New York, 1979), pp. 34–35.

（41）Ibid., pp. 62–69; Elizabeth Hodgdon's accountings, Sanborn Family Papers, Folder 1840, Massachusetts Historical Society.

（42）Vinovskis, and Bernard, "The Female School Teacher in Ante-Bellum Massachusetts," p. 338; Dublin, *Women at Work*, pp. 138–39; Brian C. Mitchell, *The Paddy Camp: The Irish of Lowell, 1821–1861* (Urbana, 1988), pp. 20–32, 89–90.

（43）Alice R. Wolfe, ed., "Letters from a Lowell Mill Girl to Friends, 1845–1846," *Labor History*, vol. 17 (1976), pp. 99–101.

（44）Carol S. Lasser, "Mistress, Maid, and Market: The Transformation of Domestic Service in New England, 1790–1870," Ph. D. Dissertation, Harvard University, 1982, pp. 1–122; Faye E. Dudden, *Serving Women: Household Service in Nineteenth-Century America* (Middleton, 1983), pp. 12–71; Sally Rice Letters, in Gary Kulik, et al. (eds.), *The New England Mill Village, 1790–1860* (Cambridge, Mass., 1982), pp. 387–91; Nell W. Kull, "'I Can Never Be Happy There in Among So Many Mountains': The Letter of Sally Rice," *Vermont History*, vol. 38 (1970), pp. 49–57.

（45）Thomas Dublin, "Rural Putting-Out Work in Early Nineteenth-Century New England: Women and the Transition to Capitalism in the Countryside," *New England Quarterly*, vol. 64 (1991), pp. 531–73など。

**【推奨関連文献】**

有賀夏紀『アメリカ・フェミニズムの社会史』勁草書房、一九八八年

ショーン・ウィレンツ、安武秀岳監訳、鵜月裕典・森脇由美子共訳『民衆支配の讃歌――ニューヨーク市とアメリカ労働者階級の形成　一七八八―一八五〇』上・下巻　木鐸社、二〇〇一年

藤本茂生『アメリカ史のなかの子ども』彩流社、二〇〇二年

# 第六章

## 二重の偏見
### 「写真花嫁」イメージに隠された日本人女性移民の実像

柳澤 幾美

「写真結婚」とは、「見合い結婚」の変形で、アメリカ合衆国（以下、アメリカ）やカナダに先に移民した日本人男性と日本に住む女性との間で写真や手紙を交換することで結婚に至る方法である。また、日本人女性移民は、「写真結婚」方式により結婚したとして、実際にそうであったかなかったかにかかわらず、「写真花嫁」と呼ばれた(1)。彼女たちなしでは日本人移民の家族形成はあり得なかったのである。本章では、「写真花嫁」と呼ばれた日本人女性移民の軌跡をたどることで、作られた「イメージ」の陰に隠れてきた彼女たちの真の姿を明らかにしたい。

## 一　「写真花嫁」と呼ばれた日本人女性移民たち

### アメリカに魅せられて

日本からの本格的な移民は、一八八五年のハワイの砂糖きびプランテーションへの官約移民に始まる。これは両国政府間条約による契約農民の移民であり、一八八五年から一八九四年にかけて二六回行なわれ、約二万九千人の日本人がハワイに渡った。契約終了後、そのままハワイに残る者が多数だったが、アメリカ本土へ渡ったり、また日本に帰国する者もいた。こうした帰国者からの情報が日本の人々に伝わると、さらに多くの人々がハワイや北アメリカに惹きつけられた。一八八〇年代後半から一九〇八年にかけて、のべ約一二万人にのぼる日本人がアメリカ本土に渡り、一九一〇年の国勢調査では七万二千人余りの日本人移民がアメリカ本土に居住していた(2)。

一九世紀末から二〇世紀初頭にかけて、アメリカ本土への日本人移民は、鉄道建設、缶詰工場、材木切り出し、鉱山、精肉業、製塩業などに雇用された。料理人、給仕、掃除夫などの職に就くものもいた(3)。こうした日本人移民は、「中国人排斥法（Chinese Exclusion Act）」（一八八二年）によって中国人の移民が禁止された後、アメリカの労働力を担う役割を負っていた。彼らのほとんどは、アメリカの賃金の高さにひかれて、「故郷に錦を飾る」ため出稼ぎ目的で単身渡米した男性たちであった。例えば、日本人移民の多くが居住していたカリフォルニア州で一九一〇年に行なわれた調査によると、日本人移民全職種の平均年収は五四七ドル五〇セントで、日本円に換算しておよそ一〇九五円となり、当時の日本における日雇い労働者の約七・二五倍であったという。生活費などを差し引いても、一年間に約二四五ドル、日本円で四九〇円、つまり三年間で日本の日雇い労働者の一〇年分の収入を稼ぎ出せた計算になる(4)。彼らの賃金は白人と比べて高いものではなかったが、円価に換算すると膨大な金額になったのである。

白人に比べ低賃金でよく働く日本人移民は最初は歓迎されたが、より多くの移民がアメリカに到着し、定住の様相を見せるようになると、西海岸では彼らに対する排斥が生じた。とりわけ、灌漑の技術を持っていた農村出身の日本人たちは、白人農業主たちにとって脅威となった。彼らの中には、荒れた大地を購入し、それを肥沃な農地に変えていく者がいたからである。出稼ぎ目的で単身アメリカに渡った日本人男性の多くが、定着することを考えるようになると、アメリカで家庭を持とうとした。妻を置いて渡米した男性は妻を呼び寄せた。独身の男性たちは日本に一時帰国をして「見合い結婚」をし、妻を伴ってアメリカに再び戻った。経済的にそこまで余裕のない多くの男性は、後に述べるような「写真結婚」による結婚をし、新妻を呼び寄せた。こうして呼び寄せられた彼女たちこそが、二〇世紀初頭の日本人女性移民（以下、一世女性）の多くを占めた「写真花嫁」なのである。

## 伊木コツル――「写真花嫁」の先駆け

「写真結婚」の始まりは一九〇三年ごろだったと言われるが、「写真交換による」結婚がアメリカの移民局で初めて問題となったのは、日露戦争中の一九〇五年のことであった。広島県出身のコツルは、サンタクララ在住の伊木勘次郎の妻として日本で入籍をすませ、一九〇五年一月二〇日、サンフランシスコ港に到着した。彼らは日本の法律上では結婚していたが、「写真や手紙の交換だけで」会ったことも同居の事実もなかった。このためサンフランシスコの移民官はコツルを勘次郎の妻とは認めず、日本人メソディスト教会付属の女性ホームに拘束した(5)。日本領事らは、日本においては正式な結婚をしていると、合衆国商務労働省や移民局に抗議した。その結果、女性ホームの総督「レーキ女史（Margarita Lake）」を後見人とし、アメリカのしきたりにのっとった「結婚式」というデモンストレーションを行なうことで、コツルは勘次郎の妻として入国を認められた(6)。

このとき、なぜコツルが拘束されたかというと、移民局が、コツルを正式な妻ではなく売春婦ではないかと疑ったからである。アメリカでは、一八七五年に「ページ法（Page Act）」が成立し、中国人売春婦の入国を取り締まるのを目的として、売春婦の入国を禁ずる条項が盛り込まれていた。それにより、特にアジアからの売春婦の入国に目を光らせていたのである。コツルの場合、「写真結婚」は到着港の移民局で問題になったに過ぎず、外交問題としては取り上げられたわけではなかった。しかし、この事件をきっかけに、日本の外務省は、この後も同様のことが起きることを予測し、大きな問題にならないうちに介入して解決しようとしていた(7)。日本政府がこの「写真結婚」を正式なものと認め、妻の入国をアメリカに認めさせようとした背景には、売春婦ではないことを証明しながら、コツルに続く女性移民の数を増加させようとする政府の思惑があった。実際、この後の「写真花嫁」たちは、伊木夫婦と同様、アメリカでの結婚セレモニーを経て、夫婦と認められるようになった(8)。

## 「写真花嫁」と「紳士協約」

「写真結婚」は、一九二〇年に日本政府がいわゆる「淑女協約」（Ladies' Agreement）によってそれを禁止するまでの短い期間の事象である。しかし、「写真結婚」によって、多くの日本人女性がアメリカに移民し、日本人コミュニティの形成にいそしんだことを考えると、このコツルの結婚は意義深い。コツルに倣って、「写真結婚」が一般化し、それによる日本人女性の渡米は増加の一途をたどったからである。合衆国の国勢調査に

表1　日系社会における女性数

| 年 | 全日系人人口 | 男性 | 女性 | 未婚女性 | 既婚女性 |
|---|---|---|---|---|---|
| 1900 | 24,326 | 23,341 | 985 | 570 | 415 |
| 1910 | 72,157 | 63,070 | 9,087 | 3,506 | 5,581 |
| 1920 | 111,010 | 72,707 | 38,303 | 16,110 | 22,193 |
| 1930 | 138,834 | 81,775 | 57,059 | 33,129 | 23,930 |

（出典）アメリカ合衆国国勢調査、および Yuji Ichioka, "America Nadeshiko: Japanese Immigrant Women In the United States, 1990-1924," *Pacific Historical Raview,* vol. 49, no. 2, (1980), 91頁より作成。

よると、表1のように、日本人既婚女性の数は一九一〇年に五五八一人だったのが一九二〇年には二万二一九三人と四倍に増えている。次頁の表2は、現地移民局による「写真花嫁」上陸数とされているが、同じ一〇年間に約七千人が上陸している。もっとも、入国審査官は、上陸段階で厳密な意味で「写真花嫁」であるかどうかの区別はつかなかったであろうから、この数字は呼び寄せられた妻の数の合計というのが正しい。

いずれにしろ、「写真花嫁」の渡米数は急増しているが、この背景には、日本人学童隔離問題に端を発する一九〇八年の「紳士協約（**Gentlemen's Agreement**）」がある(9)。一九〇六年四月のサンフランシスコ大地震を口実に、サンフランシスコ教育委員会が一〇月、日本人小学生をチャイナタウンにある東洋人学校に通わせることを決議した。日本政府は、この日本人学童隔離問題に対して、アメリカ連邦政府に厳重に抗議し、サンフランシスコ市に措置を撤回させた。しかし、同時に、日本政府は新たな労働移民をアメリカへ送らないことを約束もした。これが、「紳士協約」である。

この「紳士協約」によって、日本からの移民には制限が加えられたが、家族条項が残されていたので、結果として「写真結婚」による「妻」の呼び寄せを増加させることになった。一九一一年一〇月、「紳士協約」締結後の日本人移民たちの状況を調査した近藤サンフランシスコ日本総領事代理は、「写真花嫁」に関し、詐欺的な行為に充分警戒はすべきであるものの、今し

表2　「写真花嫁」上陸数

| 年 | サンフランシスコ | シアトル | 合計 |
|---|---|---|---|
| 1912 | 879 | | 879 |
| 1913 | 625 | | 625 |
| 1914 | 768 | | 768 |
| 1915 | 823 | 150 | 973 |
| 1916 | 486 | 144 | 630 |
| 1917 | 504 | 206 | 710 |
| 1918 | 520 | 281 | 801 |
| 1919 | 668 | 267 | 935 |
| 1920 | 697 | | 697 |
| 合 計 | 5,970 | 1,018 | 6,988 |

（注）この表は原典のまま掲載した。各年の全ての数字が正しいとすれば合計はシアトルが1,048、総計が7,018となる。
（出典）在米日本人会編『在米日本人史1［復刻版］』PMC出版、1984年、90頁による。

ばらくは女性の渡航を増加させるという方針を採りたいとし、家庭を作り定住することに重点をおけば、「写真花嫁」の渡航による弊害は稀であると報告している(10)。「写真結婚」を奨励することで、日本人移民社会の風紀が守られ、中国からの移民の場合とは異なって、アメリカ政府による日本人移民の全面禁止のような事態に陥ることを回避できると考えたのである。

## 日本政府と日本人コミュニティの思惑

日本政府は「写真結婚」を推し進めていたが、この「呼び寄せ」に厳しい基準を設けてもいた。例えば、呼び寄せる男性側は、家族を扶養できる資産を持っていることを証明しなければならなかった。そして日本にいる女性側は旅券申請する六ヶ月以上前に夫の戸籍に入っていなければならなかった。これは売春婦の渡米を防ぐためであった。また女性はトラコーマや十二指腸虫症にかかっていないことを証明しなければならなかった(11)。日本政府自らがこのように直接移民問題に関与したのは、日清戦争・日露戦争に勝利し、国際舞台に一等国として登場しつつあった日本国家の国威を移民が汚すことを恐れたからであると言われる。そして、「写真結婚」を通して日本人移民が家族を形成することを促し、日本人移民の質を高め、アメリカ社会における日本人コミュニティの相対的地位の上昇をも考慮していた。

さらに、アメリカの日本人移民社会も「写真結婚」を望んでいた。例えばサンフランシスコの代表的な日本語新聞『日米新聞』社長の安孫子久太郎や、日本人キリスト教会、日本人ＹＷＣＡ関係者なども、日本人たちにアメリカに定着するように説いていた。彼らは、日本人排斥の原因の一つが、日本人移民の「出稼ぎ」的性格にあると考え、移民が家族を持ち定住するように奨めた。売春などの問題がなくなると排斥は弱まるだろうという思惑から結婚を奨励し、「写真結婚」で結婚相手を求めることが最良の方法であるとしたのである(12)。

日本人の移民男性にとっては、徴兵問題があり、「写真結婚」は好都合であった。妻探しのために日本に一時帰国したら、徴兵されるおそれがあったからである。外国に在住している日本人男性が、一時帰国して三〇日以上日本に滞在した場合、徴兵猶予の資格を失ったのである(13)。また、費用の問題も「写真結婚」に有利に働いた。日本に帰って妻を見つけてくるとなると、旅費とその間の稼ぎを失うことで最低数ヶ月以上の経済的な損失になった。見合いのための滞在期間などを含めると、時には約一年分の損失にもなった。生活費を除いた平均的な日本人の稼ぎは、先に述べたように約四九〇円であったが、渡航費用は一人約一五〇円もかかったのである(14)。一時帰国にかかる莫大な費用を節約するためにも、当時の日本で主流であった見合い結婚の変形である「写真結婚」が重宝されたのである。

## 「写真結婚」の手続き

一般的な日本人移民たちの「写真結婚」は、どのように進められていたのか。具体的にどのように手続きがとられたのであろうか。

アメリカに移民していた独身男性が結婚して家庭を持とうとした場合、現地には日本人女性が極端に少なかったので、アメリカで結婚相手を探すのは難しかった。表1のとおり、アメリカの日本人移民の数は、一九〇〇年には男性二万三三四一人に対して、女性は九八五人、そのうちの未婚女性は五七〇人、つまり全日本人移民人口の二・三パーセントしか独身日本人女性はいなかった。しかもそれらの女性の多くが日本人男性相手の売春婦であったとも言われている(15)。日本人移民たちが多く住んでいたカリフォルニア州では当時は異人種間の結婚が禁止されていたし、日本人自身も日本人以外との結婚を望まなかった。言葉の問題もあったであろうし、何より日本人移民（一世）たちが持つ「外国人」への否定的なイメージのためであったという(16)。

結婚を希望する男性は、故郷の親、親類、信用できる知り合いを頼って、妻にふさわしい女性を探してもらおうとした。写真と履歴書によって相手が見つかると、双方の家が了解したところで、女性の写真や履歴書などがアメリカに送られた。手紙でお互いの意思を確かめた後、女性の籍が妻として男性の家の戸籍に入れられ、花婿抜きの結婚式がとり行なわれた。日本人移民たちの戸籍は日本にあり、当時結婚は家長の許可によるものであったので、こうした結婚が可能であった。同時に、アメリカにいる「夫」は現地の日本領事館に「呼び寄せ」証明の発給申請を行ない、その証明を日本に送った。それを「妻」が地方庁へ持参し、旅券交付を出願した。入籍後六ヶ月以上待ってやっと渡航許可を得て、「妻」はアメリカに渡ることができた。

「写真結婚」は一九一七年まで、アメリカの国務省によって正式な結婚と認められなかったので、日本側の理解では正式な結婚であっても、日本人女性が港に到着した時点では、「夫婦」たちは正式な夫婦とはみなされなかった。日本で行なわれた夫ぬきでの結婚式も認められなかったので、日本人キリスト教牧師などの立会のもとで改めて結婚式を挙げなければならなかった(17)。このように複雑な「写真結婚」方式によって結婚せざるを得なかった日本人移民たちのため、件数が増えるにつれて、移民たちの社会では結婚の手続き一切を仲介する商売も行なわれ、その方法を詳しく説明する冊子も発行されるようになったほどである(18)。

## 「愛のない結婚」という偏見

「写真花嫁」、すなわち"Picture Bride"という英語が、写真一枚の交換によって結婚をした日本人女性を意味するかというと、それは正確ではない。むしろそれは、集団でアメリカの港に降り立った日本人女性たち全体に対して与えられた象徴的な「レッテル」であるという方が正しい。着物姿で船を降りてくる何十人もの日本人女性たちは、「写真花嫁」と呼ばれて、彼女らの集団写真が、次々と新聞に掲載された。「会ったこともない男性と、写真一枚の交換だけで「愛のない結婚」をする日本人女性たち」と現地の白人たちに非難され、蔑みの的となった(19)。当時のアメリカ社会では、結婚は当事者たちの「愛」に基づくものが理想とされていたからである。西海岸の「写真花嫁」に関する新聞記事では、結婚に際して家同士の結びつきが重視されていた日本の実情については、ほとんど言及されていない(20)。

しかし、実はヨーロッパからの移民たちの間にも「写真結婚」に似た形の結婚方法は存在していた。例えば*New York Times*の"231 Picture Brides on Wedding Liner"と題する記事は、トルコ、ルーマニア、アルメニア、ギリシャなどから、「写真の交換だけによる結婚」のためにアメリカにやってきた二三一人もの"Picture Bride"たちのようすを伝えている(21)。これらヨーロッパ系移民たちの「写真結婚」はまったく問題にされなかったのである。

すなわち、日本人女性の「写真花嫁」に関してのみ、アメリカ西海岸の人々が問題にしたのは、「写真一枚の交換による愛のない結婚」という事実だからではなかった。「紳士協約」以降、「写真結婚」によると思われる日本人女性たちの移民によって、日本人移民家族の数は急増し、日本人移民たちはコミュニティを形成し始めた。それが日本人移民脅威論を作り出し、激しい排斥へとつながったのだった。その結果、一九一三年にはカリフォルニア州において「外国人土地法（Alien Land Act）」が制定された。これは日本人移民の土地取得を禁止し、借地も制限するものであった。この規制を逃れるために、日本人移民一世たちはアメリカ市民権のある自分たちの子どもの名義で農地を取得し始めた。そのため現地では、さらに制限を強化する「土地法」の制定を目的とする運動が繰り広げられた。新聞などが港で船を降りる日本人女性たちに付与した「写真花嫁」というレッテルは、日本人排斥運動の際に現地政治家たちが利用するのに便利な「合い言葉」、「スローガン」となり、「写真花嫁」問題として構築されたのである(22)。なお、日本政府は、一九一九年一二月、カリフォルニア州における「外国人土地法（第一次土地法）」をさらに強化した新しい「第二次土地法」の成立を阻止するため、一九二〇年三月以降の「写真花嫁」への旅券発給停止を決定した。

## 「家」から解き放たれて

「写真結婚」という言葉の持つマイナスの語感も手伝って、港での一世女性たちの落胆ぶりを強調する研究が従来多かったことは否めない。港で初めて会った「夫」の姿は、日本で受け取っていた写真とはかなりかけ離れていることもあった(23)。アメリカにいる日本人男性たちは、首尾よく「花嫁」を迎えたい一心で若い頃の写真を送るなど、虚偽を含むことも多かったからである。そこには、無理矢理「愛のない結婚」をさせられた「かわいそうな写真花嫁」という共通した「まなざし」も見られる。しかしながら、大多数の女性たちは到着港で「夫」と会った後で逃げ出したりはしなかった。アメリカへの「嫁入り」であったにしても、家同士の結婚であり、同郷あるいは親類縁者の間での結婚であったため、日本にそう簡単に逃げ帰ることができなかった事情もあった。しかし、それ以上に彼女らのアメリカでの生活に対する期待が大きかったことも強調しておかなければならない。

明治時代に唱えられた「脱亜入欧」論が全国的に浸透するにつれ、欧米への漠然とした憧れとともに、先にアメリカへ行った親族から日本の実家に送られてきた「アメリカレター」や仕送り金額の多さは多くの女性を魅了した。また、当時の日本人移民社会では、誰かが親族の不幸などで日本に一時帰国をするときには、皆でお金を出し合って「いっちょうら」の服を着せて帰すこともあったと言う。そのような帰国者たちのあか抜けたようすにも彼女たちは目を見張った(24)。かつて「出稼ぎ」目的でアメリカに渡った男性たちと同様に、女性たちもアメリカに行ってお金を稼ぎたいと考えたとしても不思議ではない。また、当時の日本では一旦結婚してしまうと、女性は明治時代に確立した「家制度」に拘束され、舅、姑に仕えなければならなかった。とりわけ女性移民たちの多くは農家の出身であり、農家では働き手としての「嫁の役割」が期待された。多くの日本人女性たちはそのような日本から抜け出し、自らアメリカに行くことを希望したのである。

## 二　日系コミュニティにおける移民女性たち

### 働く女たち

結婚のためアメリカに渡った一世女性たちは、家庭を作り、日系コミュニティの形成に貢献したが、彼女らの生活はいかなるものであったか。まず、労働状況から見てみよう。一九二〇年の合衆国国勢調査によると、賃労働していた十歳以上の日系女性の割合は二〇・八パーセントで、白人女性の二〇・七パーセントとほとんど変わらない。しかしながら、一世女性たちは、夫と共に農場で働いたり、商売を共にやったり、あるいは小さな職場で働くなど、統計に表れない職場で働いていたことが多かったので、かなりの一世女性が家事以外の労働に従事していたと考えられる(25)。

また、職種はというと、一九三〇年の国勢調査では、日系女性の最も一般的な職業は農業で、賃労働していたと答えた女性の約三割にのぼっている。床屋、ウェイトレス、下宿屋、洗濯などのサービス業が二一・七パーセント。メイドなどの家内仕事が一七・七パーセント、貿易業一四・〇パーセント、製造業五・二パーセントと続き、教師や看護師といった専門職に就いていた者も四パーセントいる(26)。これらの数字には、二世の女性たちも含まれるものの、年齢を考えると、その大部分が一世女性であったといえる。

このように、一世女性たちの職業は、日系男性が就いていた職業とほぼ一致している。日系人の職業自体が限定されていて、日系人の男性と同じ職業だけにしか女性がつけなかったことが大きな理由である。農場、缶詰工場、製材所、洗濯屋、苗木屋、清掃業、小さなホテルなど、どこでも彼女らはまさに「二人三脚」で働いたのである。独身男性のための下宿屋を営む女性たちもいた(27)。これらの多くは日系移民相手の商売であった。

女性が長期的に仕事をしていたことにも特徴がある。例えば、都市部の一世女性たちの中には白人家庭でメイドをしていたものもいたが、アメリカ社会の中では最下層の一過性の職業であるこの仕事に、一世女性たちは第二次大戦前後を通じてかなりの長い期間就いていた。戦前は家計を助けるためであった。戦後は夫が亡くなった後、子どもたちが結婚してから自分一人で生きていくためであった。夫が十五歳から二十歳以上も年上のことも珍しくなく、未亡人となってから長生きする一世女性が多かったことも、この間の事情を物語っている(28)。

## 「女性酷使」の言説

最も多かった農夫の妻となった女性たちは、日の出から日暮れまで畑で働き続けた。彼女たちは、耕作、農薬散布、草取り、野菜の収穫などを分担し、夫たちはトラクターや馬に乗っての仕事を受け持った。夫が農場に出かける前から起きて、食事と食事の合間に忙しく畑を耕したのである(29)。多人数で畑で働く農夫たちのために、朝昼晩の食事の支度をするのも、一世女性たちの最も大切で大変な仕事の一つであった。また、一世女性たちにとってはたくさんの子どもを抱えての農作業は辛いものであった。お産の当日まで働き、産後も三日目から働き始めた。次から次へと生まれる子どもを畑に連れてきて、赤ん坊をおぶったり傍らに寝かせたりして農作業を続けた(30)。

こうして日曜日も休みなく農場で働く一世女性たちの姿は、しばしば「女性酷使」として現地アメリカ人に非難された。先に述べたように、確かに彼女たちの労働が厳しかったのは事実である。しかしながら、「女性酷使」という言説には、アメリカ社会の偏見も強く作用している。新移民が多数アメリカに到着した二〇世紀初頭には、実際には移民や労働者階級の女性は働いてはいたものの、白人中産階級では依然として男女の領域が分離されており、既婚女性が「一家の収入の一部を担う」という概念はあまり理解されなかった。むしろ、中産階級の既婚女性は、「消費」によって社会と強いつながりを持っていた。そのような時代背景のアメリカにおいて、農場で働く一世女性の姿が「女性酷使」というふうに捉えられたのは、「非文明の国日本」から来た移民への偏見によるものであった面も大きい。

新聞記事の中では、しばしば一世女性たちが多産であることを指摘し、「ウサギのように子どもを生む」などと非難された。具体的なデータを挙げ、白人女性と比べてその出産率を「脅威」として強調する記事もあった(31)。確かに日本人女性が多産であったことは否めないが、これは移民直後の他の移民たちにも見られた現象である。また、こういった記事などで使われたデータは、移民して間もない結婚したばかりの二十歳代の日本人女性と、結婚してかなり年月のたった者も含んだ十五歳から四十五歳までの白人女性全体を比較したもので、データとしてはかなり意図的なものであった(32)。

## 妻として、母として

当時の日系社会には、夫の暴力から逃れた日本人女性も確かに存在したし、そのような女性たちの幾人かが救済ホームに助けを求めることもあった(33)。また、当時の日本語新聞には、定住後に「駆け落ち」をしたという女性の記事や、女性の自殺の記事、あるいは「たずね人」として夫以外の男性と「駆け落ち」をしたという女性の広告が載ることもあった(34)。これらも、「写真結婚」ならではの悲劇として取り上げられることが多い。

しかし、これらの悲劇を「写真結婚」の特殊性に帰すべきではない。決して、個別の暴力は許されるべきではないが、全体としては、アメリカ社会の差別構造と、ジェンダーの交錯する問題として捉えるべきである。「男尊女卑」が深く染みつき、「男性」というジェンダーをしっかりと刻み込まれていた一世の夫たちが、「男の面子」を保つことができるのは家庭だけであり、妻に対してだけであった。アメリカ社会において差別的な扱いを受けていた夫たちは、家庭の中で妻を自分の下に置くことにより、精神的バランスを保っていた。妻たちが実際には家計を支えているという事実が彼らのプライドを傷つけ、潜在的に妻に頭が上がらないということが、妻たちに威張りちらしたり、時には暴力をふるう結果となったのである。実は駆け落ちがニュースになるということは、それだけ珍しかったともいえる。全体的に見て暴力は少なかったといえるのか、それとも女性が耐えることで表面化しなかったのかは判断が難しい。どちらにしても、ほとんどの一世女性が「子どものために」生き、家族を存続させたことはまちがいない(35)。

一世女性たちの功績は、当時どの人種よりも高かったと言われた二世たちの教育にも表れている。例えば、一九三〇年の調査によれば、十五歳〜二十歳の日系二世の就学率は八〇・一パーセントで第一位で、白人六七・三パーセントよりかなり高い水準である。大学卒業者の割合も、一般アメリカ人の三倍に及んでいる。成績に関しても、一九二七年から一九二八年の調査によれば、「優秀」及び「普通」の比率は、他の児童の三倍から一・五倍であったという(36)。また、一九二六年には、カリフォルニア州バークレー在住の二世、柳澤文恵が「アメリカ合衆国国旗」と題する全国的な懸賞エッセイで一等賞を取ったり、ロサンゼルス在住の二世、ジョン相磯がハリウッド高校を総代にて卒業したことなども、現地英字新聞に紹介されている(37)。一世たちは、アメリカの市民権を持つ二世の代になったとき、高い教育を受けていれば、きっと一世たちが受けたような偏見や差別はなくなるだろうと信じたからこそ、子どもたちに高い教育を受けさせようとした。一世女性たちの稼ぎと熱心さがなければ、二世たちにここまでの教育をうけさせられなかったであろう。

日本人女性移民は、これまで、「写真一枚で会ったこともない男性と結婚させられたかわいそうな「写真花嫁」という言説だけがクローズ・アップされがちであったように思われる。しかしながら、それは他者からの「まなざし」に過ぎない。実際には、彼女たちは自分の意思でアメリカに渡り、力強くアメリカ大陸に根を張り、日系コミュニティを発展させていったのである。現在の日系アメリカ人たちの礎を築いたのは、まちがいなく彼女たちである。「写真結婚」の「特異性」を強調するよりも、大部分の日本人女性移民が結婚を生涯にわたって継続させ、日系コミュニティの安定のために果たした役割がいかに大きいかという事実こそ重視されるべきなのである。

【注】

（1）当事者である日本人移民たちは、自分たちが「写真交換によって結婚したかどうか」にことさらこだわり、女性移民たちが「写真花嫁」であったかどうかを区別していた。一方で、日本の外務省は一九一九年に「写真結婚」を禁止する段階で「夫の在米中に入籍したる者をすべて『写真結婚』とする」という見解を出している。また、アメリカ側では当初から一貫して「写真結婚」を「写真一枚の交換による（野蛮な）結婚」と認識しているのにもかかわらず、日本政府はその「ずれ」を正すことはなかった。

（2）村山裕三『アメリカに生きた日本人移民』東洋経済新報社、一九八九年、二一―五頁。アラン・T・モリヤマ『日米移民史学――日本・ハワイ・アメリカ』PMC出版、一九八八年、一九頁。

（3）一九一〇年合衆国国勢調査。ユージ・イチオカ（富田虎男・粂井輝子・篠田左多江訳）『一世――黎明期アメリカ移民の物語』刀水書房、一九九二年、六五―七〇頁。飯野正子『もう一つの日米関係史』有斐閣、二〇〇〇年、二〇頁。

（4）鈴木譲二、『日本人出稼ぎ移民』平凡社、一九九二年、九五―一〇〇頁。

（5）サンフランシスコ領事上野季三郎より特命全権公使高平小五郎宛書簡「伊木勘次郎及同コツル両人ノ結婚ニ対シ合衆国移民官ガ無効ノ主張セン件」一九〇五年二月七日付、外務省外交史料館所蔵史料『日米間ニ於ケル本邦人結婚ノ効力取調一件　附加奈陀ニ於ケル本邦人結婚ノ効力ニ関スル件』（以下、『結婚効力取調一件』）。

（6）在米全権公使高平小五郎より外務大臣小村寿太郎宛書簡「伊木夫婦ノ婚姻ヲ当地移民官ニ於テ否認シタルニ付詰訓ノ件」、一九〇五年三月二一日付など、同右外務省史料。

（7）在サンフランシスコ領事上野季三郎より特命全権公使高平小五郎宛書簡「伊木勘次郎及其妻コツル結婚効力有無ニ関スル件」一九〇五年三月一日付、同右外務省史料。

（8）在サンフランシスコ領事上野三郎より外務大臣林薫宛書簡「日米間ニ於ケル本邦人結婚ノ効力ニ関スル件」一

九〇六年一一月二九日付、同右外務省史料。

（9）この経緯については、賀川真理『サンフランシスコにおける日本人学童隔離問題』（論創社、一九九九年）に詳しい。

（10）外務省編『日本外交文書・対米移民問題経過概要』外務省、一九七二年、三四二頁。

（11）イチオカ、一八四頁。

（12）Yuji Ichioka, "*America Nadeshiko*: Japanese Immigrant Women in the United States, 1900–1924," *Pacific Historical Review*, vol. 49, no. 2, (1980), p.341. 田中景「二〇世紀初頭の日本・カリフォルニア「写真花嫁」修業」『社会科学』第六八号、二〇〇二年一月、同志社大学人文科学研究所、三〇四頁。本書、山本恵里子論文参照。

（13）イチオカ、一八三頁。

（14）村山裕三、一九八九年、四七頁。

（15）Yuji Ichioka, "Ameyuki-san: Japanese Prostitutes in Nineteenth-Century America," *Amerasia*, vol. 4, no.1, (1977), p. 2.

（16）Paul R. Spichard, *Mixed Blood: Intermarriage and Ethnic Identity in Twentieth-Century America*, (The University of Wisconsin Press, Madison, WI), 1989, p. 42.

（17）外務省史料『結婚効力取調一件』。

（18）『ユタ日報』一九一七年八月一日、九月五日などの広告。

（19）*The Seattle Sun*, February 18, 1914.など。

（20）"Picture Bride Peril Growing," *The San Francisco Examiner*, March 25, 1916.など。

（21）*New York Time*, July 3, 1922.

（22）柳澤幾美「『写真花嫁』問題とは何だったのか」『異文化コミュニケーション研究』第七号、二〇〇三年三月、二二一頁。

（23）Forrest E. LaViolette, *Americans of Japanese Ancestry, A Study of Assimilation in the American Community* (The

Canadian Institute of International Affairs, Toronto, 1945), p. 14.など。

(24) 一九九六年四月、三重県志摩町片田にての筆者によるインタビューによる。志摩町片田には、アメリカやカナダに移民をし、戦後帰国した人々がいた。

(25) Evelyn Nakano Glenn, *Issei, Nisei, War Bride: Three Generations of Japanese American Women in Domestic Service*, (Temple University Press, Philadelphia, 1986), p.68. 一九二〇年アメリカ合衆国国勢調査。

(26) 一九三〇年アメリカ合衆国国勢調査。

(27) Evelyn Nakano Glenn, p. 69; 木下智子「日本人移民一世女性「ドメスティック・ワーカー」の考察」『栄泉アカデミア』第五号、二〇〇〇年一二月、栄泉大学人文学会編、一四六頁。メイ・T・ナカノ、三〇頁。

(28) 木下智子、二〇〇〇年一二月、一四六頁。

(29) *Issei Experience in Orange County California: Interview of Mine Yabuki Kaneko*, interviewed by Marsha Bode and Yukiko Sato, Oral History Program, California State University, Fullerton, p.23.; Eileen Sunada Sarasohn, *Issei Women, Echoes from Another Frontier* (Pacific Books, Publisher, Palo Alto, CA, 1998), p. 108.

(30) メイ・T・ナカノ、二八頁。新藤兼人『北米移民　ある女の生涯』岩波書店、一九九二年、一四頁。

(31) 例えば "Jap Birth Rate Rises," *Los Angeles Times*, Dec., 7, 1919など。

(32) 外務省亜米利加局『移民情報第九巻第八号北米日系市民概況』一九三七年、八―一〇頁。増淵留美子「一九一〇年代の排日と「写真結婚」」戸上宗賢『ジャパニーズ・アメリカン』ミネルヴァ書房、一九八六年、三〇四頁。

(33) 安武留美「北カリフォルニア日本人移民社会の日米教会夫人達――日系一世女性のイメージを再考する」『キリスト教社会問題研究』第四九号、二〇〇〇年一二月、六三頁。

(34) 例えば、「女房の雲隠れ」と題する記事（『ユタ日報』一九一七年八月二四日）や、「女の自殺」と題する記事（同、一九一七年一〇月五日）など。

（35）一九六〇年の調査によると、日本人移民第一世代既婚者の離婚率は、一・六パーセントにすぎないという（ハリー・H・L・キタノ（内崎以佐味訳）『アメリカのなかの日本人』東洋経済新報社、一九七四年、一二一頁）。

（36）外務省亜米利加局『移民情報第九巻第八号北米日系市民概況』一九三七年、四一―四三頁。

（37）"Japanese Girl, 13, Writes Prize Essay on U.S. Flag," *Illustrated Daily Herald*, May 5, 1926; "The Second Generation," *Los Angeles Times*, Jul. 19, 1926. 在サンフランシスコ総領事武富敏彦より外務大臣幣原喜重郎宛書簡「日系市民柳澤文恵ノ懸賞論文入選ニ関シ報告ノ件」、一九二六年四月一七日付、外務省外交史料館所蔵史料三門八類二項『本邦移民関係雑件北米ノ部第三巻』。在ロサンゼルス領事大橋忠一より外務大臣幣原喜重郎宛書簡「所謂第二世問題ニ関スル新聞切抜送付ノ件」、一九二六年七月二八日付、同右外務省史料。

## 【推奨関連文献】

メイ・T・ナカノ（サイマル・アカデミー翻訳科訳）『日系アメリカ女性――三世代の一〇〇年』サイマル出版会、一九九〇年

飯野正子『もう一つの日米関係史――紛争と強調のなかの日系アメリカ人』有斐閣、二〇〇〇年

粂井輝子『外国人をめぐる社会史――近代アメリカと日本人移民』雄山閣出版、一九九五年

ユージ・イチオカ（富田虎男・粂井輝子・篠田左多江訳）『一世――黎明期アメリカ移民物語』刀水書房、一九九二年

# 第七章　家からの解放

## 移民の娘の自立物語
## ――アンジア・イェゼルスカの『大黒柱《ブレッド・ギヴァーズ》』

徳永　由紀子

アンジア・イェゼルスカ（Anzia Yezierska）（一八八三年?―一九七〇年）の作品から読者がまず強い印象を受けるのは、その絶叫にも似た激しい語り口ではないだろうか。自らも一九世紀末の移民の大流入期にアメリカ合衆国に渡った、ロシア系ユダヤ人であったイェゼルスカは、移民たちの内面を伝える「スポークスウーマン」、特に、声をもたない移民女性たちの「声」であろうとした。

最初に活字になった作品である短編「無料の憩いの家」（"The Free Vacation House"）（一九一五年）以来、イェゼルスカは一貫して、ニューヨークの移民街、ロウアー・イーストサイドを舞台にした、ロシア系ユダヤ移民女性たちの物語を描いた。言葉も文化も宗教も異なるアメリカ社会において、自分が何者であるのか、どのように生きるべきかを、彼女たちは激しく、そして執拗に問い続ける。黄金に輝くと聞かされた「約束の地」、アメリカに対する期待と幻滅との間を行きつ戻りつしながら、彼女たちは、新世界における自分たちの居場所を懸命に探し求めるのである。

代表作『大黒柱《ブレッド・ギヴァーズ》――旧世界の父親と新世界の娘の闘争』（*Bread Givers: A struggle between father of the Old World and a daughter of the New*）（一九二五年）の主人公であり語り手でもあるサラ・スモリンスキーもまた、その一人である。貧しい移民一家の末娘であるサラは、副題に示される通り、新世界アメリカにあっても旧いユダヤの伝統を守り続けようとする父親との衝突を繰り返しながらも、苦学の末、やがて公立小学校の教師として自立して行く。本章においては、ユダヤ人移民の娘サラが、二〇世紀初頭のアメリカ社会においてどのようにして自立を果たそうとしたのか、その足跡を詳しくたどり、その途上にどのような問題が立ち現れたのかを確認したい。移民として、そして娘として、サラはどのような困難に立ち向かわなければならなかったのだろうか。

## 一　ロウアー・イーストサイドの移民一家

### 旧世界の父と母

一家は、タルムード学者(1)の父レブ、母シェナ、そしてベッシー、マーシャ、ファーニャ、サラの四人の娘から成る。大方のロシア系ユダヤ人移民と同じように、一家は貧困とポグロムに対する恐怖から逃れてアメリカへ移住してくる(2)。そしてこれも、ニューヨークにたどり着いたユダヤ人移民のほとんどがそうであったように、ロウアー・イーストサイドのユダヤ人移民街に落ち着く。その最も繁華な通りの一つ、ユダヤ人移民街の代名詞ともいうべきヘスター通りのむさくるしいテネメントに、一家は暮らしている(3)。

イェゼルスカ自身の父もタルムード学者であったが、スモリンスキー家の父親をタルムード学者として設定したことには、単に自伝的な要素が反映されている以上の重要な意味がある。タルムードを研究する学者や学生といえば、ユダヤ民族の宗教や伝統、文化の権威として、ユダヤ社会において、人々の信頼と尊敬を集める存在であり、レブは単に家族に対して絶対服従を強いる特権的な一家の長であることを越えて、何千年以上にもわたって男性優位を誇ってきたユダヤ社会やユダヤ文化の象徴となっているのである。サラの眼に、「ヨーロッパから持ってきたサテンの長衣」を着たレブの姿が、「まるで聖書からふと抜け出てきたよう」に映ることや、「イザヤ、エレミア、ソロモン、ダビデ全員が」レブの「年老いた顔に合わさっている」ように見えることに示されるように、レブの身体そのものが、まさしくユダヤ性を体現しているといえる。

　母のシェナはもともとは裕福な商家の娘であり、十四歳の時に、父親と結婚仲介人《マッチメーカー》が優秀なタルムード学者と見込んだレブと結婚したことになっている。東欧のユダヤ人社会の富裕層の間では、将来有望なタルムードの学徒を娘婿にすることが伝統的に好まれた。そうすることによって、男性の側は経済的な援助を保証され、家やシナゴーグにこもって研究と祈りに専念する生活が可能となり、女性の側もまた、身内にタルムード学者を擁することは一族の誇りとなった[4]。レブとシェナは、「働かない」学者の夫と、一家の経済活動を一手に引き受ける献身的な働き者の妻という、東欧のユダヤ人社会に典型的な学者の夫婦として設定されている。

　しかし、このきわめてユダヤ的であるかに見える一家に関して注目すべきことは、ユダヤ家庭において父の順当な後継者となるべき息子ではなく、十歳から二十三歳までの、年齢幅のある四人の娘たちが設定されていることである。イェゼルスカには実際には姉が二人、兄が四人いたことを考え合わせるなら、息子の排除はきわめて意識的に行なわれたといえる。このスモリンスキー家における息子の不在は、いったい何を意味しているのだろうか。

## 新世界の娘たち

アメリカ移住前は母親によって支えられてきたスモリンスキー家の家計は、移住後は全面的に娘たち、特に長女ベッシーの賃金労働によって支えられている。物語の冒頭でいきなり、上の三人の娘たちが揃って失職中であることが明らかとなる。一家はそのため家賃も払えず、食べ物を買うお金にも事欠くまでになり、見かねたサラがニシンの行商をしてわずかばかりの現金収入を得る。そのサラも十六歳という就労年齢に達すると、紙箱を作る工場で働き口を見つけ、嫁いだ姉たちに代わって家計を支えるようになる。

父親に経済的能力を全く期待できないスモリンスキー家ならずとも、二〇世紀初頭のユダヤ人移民の家庭においては、父親ひとりの収入だけでは家計を支えるのに十分ではなく、息子や娘の賃金労働に頼らなければならなかった。特に未婚の娘たちの貢献は目覚しく、移住前の東欧ユダヤ人社会においては、母親の補助としての役割しか与えられていなかった彼女たちは、移住後のアメリカ社会においては、賃金労働者として、母親に代わる、あるいは場合によっては一家の経済活動の中心となる役割を担うまでになる(5)。

したがって、スモリンスキー家における息子の不在とは、新世界において、移民の娘たちが賃金労働者として一家の稼ぎ手に浮上してきたことを、象徴的に物語っているといえる。そもそもこの小説の題名であるブレッド・ギヴァーズとは、イディッシュ語の broit gibbers をそのまま英語に訳したものであり、「パンを与える人たち」とはすなわち、英語の breadwinners と同じく、「一家の稼ぎ手たち」を意味すると考えてよい。しかし、父レブがそうであるように、二番目の姉マーシャが「私のブレッド・ギヴァー」と呼ぶ夫、モー・マースキーもまた、マーシャに渡すべき生活費を自分のスーツとコートを新調するのに使い果たしてしまうような、一家の稼ぎ手としての任を果たしていない夫である。働きづめに働いて一家の経済を支えていたのは、レブやモーではなく、ベッシーであり、サラであり、若き日のシェナであり、そしてさらには、ロウアー・イーストサイドのユダヤ人移民街に当時ひしめき合っていた大小の工場で、あるいはスウェット・ショップと呼ばれた小規模な下請けの作業場で、過酷な労働を強いられていた移民の娘たちである。Bread Giversという複数形は、この小説がサラただ一人の物語ではなく、男性に代わって実質的に一家の稼ぎ手としての力を持ちつつあった、あまたの移民の娘たちの物語でもあることを示している。

しかし依然として彼女たちは「声」をもつことができなかった。スモリンスキー家における息子の不在は、娘たちの置かれた困難な状況をさらに明らかにする。

## 二　葛藤

### 「私はアメリカ人」

サラと父親の対立は、姉たちの結婚問題をめぐって表面化する。父親は、例えば、「男性を通じてのみ女性は存在することができる」、「女性の最高の幸せは男性の妻、男の子の母となることである」等々、常日頃からトーラやタルムードを引用しては、女性が無能であり、無価値であることを繰り返し娘たちに言い聞かせている。娘たちは、長年にわたって聞かされ続けた、いやそれどころか十何世紀以上にもわたって受け継がれてきた、ユダヤ社会特有の圧倒的な男性優位の考え方に逆らえないでいる。家の中でサラがふと耳を澄ますと、必ずといってよいほど父親の祈祷の声や聖書の歌を歌う声が聞こえてくることに、父の支配がこの家のすみずみにまで行き渡っていることが、そして娘たちはその影響から逃れようがないことが示されている。

実際父は、サラの三人の姉たちの恋愛をことごとく潰し、それぞれ自分が選んだ男性と結婚させる。娘たちは意思や人格のある人間としては認められず、男たちの間で「売り買いされる」商品として扱われるのである。しかもその際、男たちの基準で、年齢と容姿、そしてさらには財産の有る無しにより勝手に商品価値を決められている。その中で母の立場は微妙に揺れ動く。父親に無批判に服従する時もあり、批判的な時もあり、娘たちの理解者にもなれば、しかしまた無神経な敵対者にもなる。結婚はジェンダーや年齢による考え方の差、そしてユダヤ的な価値観とアメリカ的な価値観との対立を浮き彫りにする格好の材料となっている。

そしてサラはついに、父と真正面から対決することになる。サラは父に向かって、自分は姉たちと違い、ユダヤ教の教えやユダヤ社会の伝統的な古い価値観に縛られないアメリカ人であるときっぱり宣言して、家を出る。父の支配する家から脱出するという、この象徴的な行為から、サラの自立物語はいよいよ展開するのである。サラはこの時十七歳である。

## 父との絆

しかしここで注目しなければならないことは、サラが、父親に反抗し、憎しみを抱くというそのことにより、犯罪者のような強い罪悪感を抱くことである。サラは父親に対して、一体感と言ってもよいような強い執着心を抱いている。父親とサラの関係が、副題に示されるような旧世界対新世界という単純な二項対立、あるいは世代間対立の図式に収まらないのはこのためである。サラにとって父との訣別がいかに困難であるか、言い換えればユダヤの伝統や文化との絆がいかに断ち切りがたいものであるか、その逡巡を示すかのように、サラと父との対決の場をイェゼルスカは改めてもう一度用意している。今度はサラ自身の結婚問題が焦点となる。

大学を出て教師になることを決意したサラは、ロウアー・イーストサイドでやっと見つけた一ヶ月六ドルの狭くて薄暗い、穴倉のような、それでもともかく「自分が閉めることのできるドアがある」、自分だけの部屋で自活を始める。クリーニング店で週給五ドルのアイロンがけの仕事をしながら、夜学に通うのである。そして、仕事に一〇時間、夜学に二時間、さらに勉強に二時間という厳しい日課を自らに課し、ひもじさにも耐え、時間を惜しんで勉強に励むサラの前に、三番目の姉、ファーニャの紹介で、マックス・ゴールドスタインなる青年が現れる。マックスは、アメリカに到着したばかりの移民たちがまず選ぶ職業であった行商を手始めに、様々な仕事につき、今ではロサンゼルス近郊の町でデパートを経営し、そのかたわら不動産に投資もするほどの財力がある人物、という設定になっている。彼がサラに語って聞かせる出世話は、典型的なユダヤ人移民の成功物語として、サラの自立物語の中に埋め込まれていることになる。彼はサラを、ヴォードビル・ショーや、ジャズのリズムに揺れるブロードウェイのダンスホール、音楽と光が溢れる華やかなレストラン等々、それまでサラには無縁であった享楽的な世界に連れ出し、サラに結婚を申し込む。

マックスとの出会いは明らかに、サラのセクシュアリティの目覚めと解放を促している。またカリフォルニアにおける物質的に豊かな家庭生活を約束され、サラはマックスとその世界に強く惹かれもする。しかし、結局はそれだけでは満たされないものを感じ、サラはやはり教師となる道を選ぶ。彼女は、一度は投げ出した机の上の本を掴むと、それが「まるで生き物であるかのように、抱きしめる」のである。

## 娘の孤独

サラは、現世的な快楽を捨てて学問を選んだことに、幼い頃から植えつけられてきた父親の教えが今や体内に沁みこんでいることを改めて確認し、父親との距離の近さを実感する。しかもサラがここで戒めとして、一杯のかゆのために弟ヤコブに相続権を譲る、旧約聖書のエサウの物語を思い出すことに注意すべきである。そこには、自分こそが父の最良の理解者であるというサラの自覚と自信、そして自分こそが父の後継者でありたいと願うサラの切なる気持ちが暗示されているからである。この時サラが、父の元へすぐにでも駆けつけたいと逸る気持ちを抑えながら、自分の部屋でじっと、父の方からサラを訪ねてくるのを待ち受けている姿は象徴的である。サラはそれほどまでに父の側からの接近、承認を期待している。

スモリンスキー家において、後継者としての息子がなぜ不在であるのか、もはや明らかである。それは、いくつかのエピソードが物語るアメリカ移住後の父の権威の失墜、マスキュリニティの危機、あるいは父自身の変容などによって示される、アメリカ社会においてユダヤ民族の文化や伝統を存続させていくことの困難や限界を意味しているだけではない(6)。イェゼルスカが固執した移民の娘という視点はここでさらに、不在の息子に代わって、それでは娘が後継者となることは可能かどうかを問おうとしている。

待ちわびたサラの前に、確かに、父は現れる。しかしそれはマックスとの結婚を断ったサラを非難するためであって、父の口から出てくるのは、相変わらずの女性蔑視の言葉であり、女性の最高の幸福は妻になることと母になることだという、トーラの説くユダヤ女性の生き方の強要である。サラは自分もまた姉たち同様、「売買される最後の未婚の娘」に過ぎなかったことを思い知らされる。サラの父の元への、言い換えればユダヤ性への回帰と、後継者として認められたいというジェンダーの越境の試みは、父の拒絶にあい、ここではあえなく失敗したことになる。

## 三　自立

### 移民女性と教育

サラはおそらくはニューイングランド地方のどこかにあると思われる大学に入学し、クリーニング店や缶詰工場で働きながら勉強を続け、四年後、卒業証書に加えて、「大学は私に何をもたらしたか」という課題のエッセイ・コンテストに優勝して獲得した賞金一千ドルを手に、再びニューヨークに戻り、公立小学校の教師となる。

やはりロシア系ユダヤ人移民作家であり、その草分け的存在として知られているアブラハム・カハーン（Abraham Cahan）の代表作、『デイヴィッド・レヴィンスキーの出世』（*The Rise of David Levinsky*）（一九一七年）は、ロウアー・イーストサイドの衣料産業を背景にした、アメリカ型成功物語のユダヤ系移民男性版である。無一文同然でアメリカに上陸した主人公デイヴィッドは、やがて業界を代表する裕福な衣服製造業者となる。『大黒柱《ブレッド・ギヴァーズ》』もまた、英語も話せない、貧しい移民の娘を主人公に、その社会的上昇を描いているという点では、ユダヤ系移民女性版のアメリカ型成功物語といってもよい。サラはデイヴィッドのような大金持ちになるわけではない。しかしイェゼルスカはサラに、ひとかどの人物《サムバディ》になろうという野心、勤勉さ、節約の心がけ、ガッツ、才覚、機転、機敏さ、といった、アメリカ型成功物語の主人公として不可欠な美徳や特質を具えさせているだけではなく、卒業と同時にわざわざ一千ドルという富を獲得させることによって、サラの大学教育、そして教師としての自立を、金銭で評価できるいわゆるアメリカ的な成功に結びつけようとしている。

ユダヤ人移民が教育熱心であったことはよく指摘されることである。教育を受けることこそは、移民たちがアメリカ社会に受け入れられ、さらに社会的な上昇を可能にする確実な道であった。東欧ユダヤ人社会には伝統的に、学問が重視される風潮があった。しかしそれはあくまで男子の特権であって、女子が教育を受ける機会は閉ざされていた。多くのユダヤ人女性たちをアメリカへと引き寄せた大きな理由の一つは、アメリカでは教育を受ける機会が女子にも平等に与えられていたことであった。教育は、ユダヤ人女性たちがアメリカにおいて獲得することができた自由と平等の象徴に他ならなかったのである(7)。

といっても、それが実現できるかどうかは、また別の問題であった。スモリンスキー家の四姉妹の中でも、実際に公立学校に通うことができたのは、一番若いサラひとりである。就労年齢にすでに達していた三人の姉たちは、いずれも家計を支えるために働きに出なければならなかった。また、小説の中でサラはどうにか全うするが、スウェット・ショップにおける一〇時間あるいはそれ以上にも及ぶ苛酷な労働のあとで、夜学へ通い続けることは大変な苦労であったし、家の経済状況から、不本意ながらも勉強を中断せざるを得ない場合も少なくなかった。

女性が高等教育を受ける機会はさらに限られたものであった。伝統の上からも、そして経済上の理由からもまずは男子の教育が優先され、ユダヤ人少女たちにとって教育は、やはりあくまで「贅沢」であり、それだけになおさら教師は憧れの職業だったのである(8)。

したがって家を出て自立をしようとしたサラの頭に、大学教育を受け、教師になろうという考えがひらめいたのも、ゆえなきことではなかったことになる。父親がタルムード学者であることや、漠然としたものであるとはいえ、もともとサラには何かを学びたいという強い欲求があったことが伏線になってはいるが、小説の流れの上ではやや唐突にも思えるこの選択には、ユダヤ移民女性たちの強い願望が反映されていたといえる。

## 白い大学町

サラの大学生活をここで詳しく見てみよう。父親に拒絶されたサラが辿ったのは、徹底したアメリカ化（より具体的にはアングロ・サクソン化）への道であったことが、明らかになるからである。

興味深いことに、サラの通った大学の所在地は、特定されているわけでも、架空の地名が付けられているわけでもない。しかし、「木々の緑が陰を落とす静かな通り」があり、「人込みもテネメントもなく」、「穏やかな顔とクールな眼」をした「本物のアメリカ人」が住み、静かで、ゆったり落ち着いた雰囲気がある、というその描写から、どうやらアングロ・サクソン文化が支配的なニューイングランドのどこかの街ではないかと推測できる。ヘスター通りを始めとするロウアー・イーストサイドの通りの名や、一家が一時期移り住むニュージャージー州エリザベスは明記されていることを思い起こすなら、イェゼルスカがこの大学町に具体的な名前をつけなかった、あるいはつけることができなかったという、そのことに意味があると考えるべきであろう。しかも、ニューヨークから一晩、列車に乗って行くような場所という設定には、そこがニューヨークの現実の移民社会とは隔絶した完全な別世界であることが示唆されている。夜行列車を降りたサラが、早朝の薄明の中で「妖精の国」のようだと思う美しい街は、現実の、あるいは現実を模したどこかの街というよりは、ユダヤの父と決裂せざるを得なかったサラがやっとたどり着いた、「本物の」アメリカを象徴する場所と考えるべきであろう。

しかし、だからといってそこは、サラにとって初めからいわゆる理想郷であったわけではない。サラはそれまで暮らしてきた移民の世界とは全く異質な新しい世界に接する中で、学内のダンスパーティのエピソードに端的に示されるように、自分は何者でもないこと、そこは自分が属す世界ではないことを思い知らされ、激しい疎外感に悩まされる。

彼女が言う「本物のアメリカ人」である他の学生たちと彼女自身との違いは、まず服装や外観の違いとして意識される。サラを驚かせるのは、大学生たちの石鹸のにおいがするような「こざっぱりした清潔さ」であり、手と首の「ミルクのよう」な白さである。自分が手押し車の行商人から買った灰色の服を着ているのに対して、学生たちは見たこともないような綺麗な色の、飾り気のない、真新しい、汚れもしわもない服に身を包んでいる。クリーニング店のむせ返るような蒸気の中で、汗にまみれてアイロンがけをして働いているサラには、学生たちはおよそ「人生の汚れた戦い」から無縁であるかのように見えるのである。

## 洗濯された世界

イェゼルスカは他の作品においても、アングロ・サクソン的ないわゆるアメリカ社会をやはり、一点の汚れもない、清潔な、白い、きれいな社会として提示している。そしてそのきれいな白い世界は、移民の「汚れた、疲れきった」手で、「洗濯をしてアイロンをかけられ」て形造られているのだ、と主張される。実際、主人公たちは多くの場合、洗濯やアイロンがけをして収入を得ている。

例えば「石鹸水」（"Soap and Water"）という短編において、語り手「私」もまた、サラのようにクリーニング店でアイロンがけの仕事をしながら、教師になるべく大学に通っている。しかし「私」は身だしなみに問題があるために、その名もミス・ホワイトサイドという学部長から教師として不適格とみなされる。イェゼルスカは「私」の口から、移民を閉め出す白い、きれいなアメリカに対する強い苛立ちと憤りと、しかしそれでもなお消えることのない、まだ見つからない「アメリカ」に対する期待と信頼を語らせ、結末においては、ミス・ヴァン・ネスという女性を登場させて、アメリカ女性と移民女性とのシスターフッドの可能性を示唆している。

短編「失われた「美しさ」」（"The Lost 'Beautifulness'"）の主人公であるハナもまた、汚れ物をきれいにする洗濯婦《ウォッシュウーマン》である。彼女は顧客であるプレストン夫人から「芸術家」と褒められるほど、洗濯物を美しく仕上げる腕前を持っている。プレストン夫人を天使のようだと憧れるハナは、スタイヴサント・スクウェアにある夫人の邸宅の台所とそっくり同じようになるように、節約してやっと買った白いペンキで、テネメントの薄汚い台所を白く輝く、美しい台所に塗り替える。ところがハナのこの行為が裏目に出て、台所が美しくなったという理由で、家主のローゼンブラットは家賃の値上げを言い渡す。結局ハナはアメリカの正義を信じた裁判にも負け、立退きを命じられるが、その前夜、白い台所を狂ったように斧で破壊してしまう。雨の降る中、路上に放り出された家財道具の傍らに蹲るハナの姿を捉えて、短編は終わる。

## 新しい服と新しいアイデンティティ

イェゼルスカはサラには、「石鹸水」や「失われた「美しさ」」に見出されるような、アメリカ社会やアングロ・サクソン系アメリカ人に対するあからさまな非難を語らせているわけではない。むしろ「自分自身を内も外も変え」、他の女子学生と同じようになる努力をさせている。毎週の給料から節約してはブラシ、手袋、靴とそれに合うストッキング、フェルトの帽子、という具合に一つ一つ必要なものをサラは買い揃えて行くが、この身なりを整えようというサラの強い意志とその涙ぐましい努力に、サラのアメリカ化が象徴的に描き出されている。

実際、服装や髪型は移民たちのアメリカ化の程度を測るバロメーターであった。到着したばかりの移民たちは「新参者《グリーンホーン》」に見られないように、一日でも早くアメリカ人のような格好をすることを心がけた。古い衣服を脱ぎ捨て、新しい装いに着替えることは、アメリカ人としての新しいアイデンティティの獲得を、外に向かって見せることを意味していた。エリザベス・ユーエンによると、移民の娘たちにとって、当時大量生産が始まっていた既製服を身につけることが、誰の眼にも「最も明白なアメリカ化のしるし」(9)となった。しかし、既製服産業の重要な担い手としてその只中にありながら、彼女たちに買うことができたのは、五番街やブロードウェイの洗練された店に並べられているような良質の高級品ではなく、移民街界隈の店や手押し車で売られている一番安いものに限られていた。

サラが初めて自分の外見を装おうとするのは、まだ大学に入学する以前に、クリーニング店で働く他の陽気な移民の少女たちの真似をしようとした時である。サラは、なけなしのお金をはたいて買った口紅と頬紅、白粉をつけ、ブラウスにレースの襟をつけ、帽子に赤いバラまでつける。しかしそれが内面と結びつかない「偽りの顔」でしかないことに気がつき、この時サラは、むしろ頑なまでに教育によって内面の充実を図ることに期待を膨らませる。化粧っ気のないサラを見たマックスが、「ヨーロッパから身につけてきた無垢をいまだにすっかりとどめている故郷の女の子のようだ」という印象を持つことにも現れているように、サラは周りの娘たちと違って、アメリカ人の顔を容易に付けることができないできたのである。そのようなサラをアメリカ化するために、イェゼルスカは白い大学町という閉じられた空間にサラを四年間、いわば隔離しなければならなかったといえる。

したがってエッセイ・コンテストの勝利者になったことは、サラが最終的に白い世界からその一員として、しかもその成功者として認められたことを意味する。「かれら」の拍手喝さいと「サラ・スモリンスキー、サラ・スモリンスキー」という歓呼の声でサラの大学生活は締めくくられ、再び彼女は夜行列車でニューヨークへ戻って行くが、そこにはキッド革の手袋をはめ、真新しい革の手提げ鞄を手にした、すっかり変貌したサラの姿がある。四年前、周りの乗客の目を気にしながらこっそりと、しかし貪るように、新聞紙に包んだニシンを食べていたサラが、今や食堂車でチョップとホウレン草、サラダを注文している(10)。そしてその膝には、きれいにアイロンのかかった、真っ白なナプキンが誇らしげに広げられ、サラがもはやアイロンをかける側の人間ではなくなったことが示されている。白い大学町のクリーニング店で四年間、せっせとアイロンをかけ続けたサラは、ユダヤ性という自らの「汚れ」と「しわ」をも消してしまったといえるだろう。

ニューヨークに戻ったサラは、何はさておき賞金の一千ドルでまず教師らしい服装を、それも移民街の目抜き通り、グランド通りではなく、五番街のデパートで買う。最高級のシンプルなダーク・ブルーのスーツから、帽子、靴、ストッキング、新しい下着、手袋、さらに美しいハンカチに至るまで、サラは生まれて初めて自分で完璧と思える装いを調える。姉のファーニャに、「一マイル離れたところからでも誰の眼にもサラが教師であることが分かるわ」と、嘲り気味に言われるくらいに、外見と中身が一致し、サラのアメリカ化が外面、内面ともに完成したことが暗示されている。

しかしこれがサラの最終到達地点ではなかったことは、「新世界」と題されたこの小説の第三部が、まだここから始まることに示されている(11)。

## 四　回帰

### 父との和解

サラは最終的にはユダヤ性に回帰する。そしてそれは断絶状態にあった父との和解という形で示されることになる。赴任したロウアー・イーストサイドの小学校の、サラの教室から、一七年前、十歳のサラが初めて大声でニシンを行商した、ヘスター通りの一角を眺めることができる。サラは出発点に戻ってきたことになり、このこと自体がすでにサラの向かうであろう方向を指し示していることになる。

しかし、大団円であるかに見えるこの父との和解は、サラの願望の充足というよりは、むしろ問題の在り処と、その根深さを示すものでしかない。確かにサラは父を再評価し、父との関係を修復するが、それはあくまで母親の死と、サラの結婚を経て初めて可能となることに注意しなければならないのである。

母親の死は、その時点ではサラ本人には未だ自覚されていない、ユダヤ性喪失の深刻さを物語っている。サラがアメリカ人としてのアイデンティティを保つことの方により重きを置いていることは、母の葬儀という場においてさえも、ユダヤ教のしきたりに従い、悲しみの表現として服の一部を引きちぎることを、家族でただ一人サラだけが頑として拒否することにも現れている。サラにとっては、ユダヤ社会のしきたりを守ることよりも、ダーク・ブルーのスーツという、文字通り新しく身につけたアメリカ人としてのアイデンティティが傷つけられるのを阻止することの方が、優先される。

しかしその一方で、母親の死に際してサラが神秘的な体験をしていることにも注意しなければならない。母が息を引き取るその瞬間に、母の眼から「愛情の光」がサラの眼に注がれ、サラは母親の魂が自分の魂に入り込んだように感じて気を失う。サラは母を失うと同時にその魂を受け継いだことになり、これ以降、例えば父親に対して、あるいは生徒たちに対しても、「娘の眼」ではなく、「母親の眼」で見るようになる。サラは父に対して母親、あるいは母親の代理人になったと言えばよいのだろうか。

そして、より直接的に父の再評価、父との和解へとサラを促すのは、サラが赴任した小学校の校長、ヒューゴ・シーリグである。ヒューゴは、アメリカで教育を受けた、アメリカナイズされたユダヤ人であり、しかもサラの出身地であるポーランドの小さい村の、すぐ近くに位置する、同じように小さい村の出身者であるという、アメリカ社会とユダヤ社会の間で揺れるサラの、いわば最大の理解者になり得る存在として設定されている。あるいはむしろサラのジェンダー違いの分身と言った方が適切かもしれない。二人は同じ土地の出身であり、同じ言葉を話し、同じ職業につき、ヒューゴは二人が「同じ血を引いている」ことを、ことさらに強調する。サラはこのヒューゴとの出会いを通じて、一度は失ったユダヤ性をいわば回復して行くわけであるが、それは例えば次のようなエピソードに明らかである。

ニューヨークへ戻ったサラが新しく借りた部屋は、「テーブルとベッドと整理ダンスと座り心地の良い椅子が二、三脚」あるだけの、「清潔で、風通しの良い空白」以外の何ものでもないような部屋である(12)。それはテネメントの薄暗さや窮屈さ、不潔さとはおよそ無縁の、ユダヤ性という「汚れ」を一切排除した空間である。部屋を訪ねたヒューゴは、「なんてきれいで何もないんだ」と、その「清潔な空白感」に目を見張る。そしてその翌朝、部屋を掃除していたサラは、ヒューゴの「泥まみれの足跡」を見つけるが、その残された「汚れ」を急いで消すどころか、いつくしむかのように、箒を動かす手を止めるのである。サラはここで、「汚れ」としてのユダヤ性を受け入れている。

また、次のような場面も、拭い去られたはずのサラのユダヤ性が、しかしいまだにサラの内部で生き続けていたことを、図らずも明らかにする。教室で子どもたちの英語の発音を「アメリカ風」に矯正している内に、singと発音すべき所を、サラ自身がつい無意識にsing-ggと訛って発音してしまうのである。公立学校の教師という仕事が、実は子どもたちのユダヤ性の抑圧の上に成り立っているものであることを示すと同時に、また一方では、教育をもってしてもアメリカ化し得ないものの存在に、イェゼルスカの目が向けられていることが示されているといえよう。

## ヒューゴという「息子」

そしてヒューゴ出現の重要性は何よりも、ヒューゴとの結婚によって、サラが父に待望の「息子」を与えることが可能になることにある。これは、父の正当な後継者としての資格を十二分に具えながら、「息子」にはなり得なかったサラが、その限界を突破するために取り得た次善の策であったといえる。しかもヒューゴ自身が、サラの父からヘブライ語を習うことを希望する。ユダヤ教の経典の言葉であるヘブライ語は、東欧系のユダヤ人が日常使用する言語であるイディッシュ語が「母の言葉」と言われるのに対して、「父の言葉」、「聖なる言葉」と言われ、伝統的に男子しか学ぶことができない言語とされてきた。ユダヤ文化において、ヘブライ語はマスキュリニティと結びつけられてきたと看做すことができる。

ユダヤの伝統はこうして、サラの目の前を素通りして、レブからヒューゴへ、父から「息子」へと手渡されたことになる。思えば、父によるあの自分本位の、四人の娘の結婚相手探しとは、つまるところ必死の「息子」探しだったのではないだろうか。そしてアメリカの息子ヒューゴの方もまた、サラと結婚することによって、探し求めていたユダヤの「父」を得たことになる。

父と娘の和解はしたがって、ヒューゴという「息子」を介在させることによって初めて、成立したといえる。そしてその時、サラはもはや娘ではなく、妻であり、そして母、あるいは母の代理人である。移民の娘の自立物語は、娘の消滅という結末を迎えたことになる。

ユダヤ人移民の父と娘の、対立から和解へと至る物語は、まさしくエスニシティとジェンダーが交錯する場であった。移民の娘は父と訣別し、ユダヤ人社会から離脱することによって、アメリカ社会における自立を果たす。しかし最終的に、娘は父の元に回帰する。ユダヤ人としてのアイデンティティを消し去ることはできなかったからである。しかしその時、娘は、母になることと妻になることというユダヤの旧来の価値観が要求する条件を、満たさなければならなかった。サラの行く手は明るいものではない。ユダヤの父たちの「影」は、サラに重くのしかかっているからである。

（付記）

イェゼルスカの生涯や経歴には不明な点が多い。一八八〇年から一八八三年の間に、ロシア領ポーランドの、プロックという小さなユダヤ人の町に生まれたと言われているが、正確な生年月日、生地は明らかではない。家族とともに、ニューヨークに渡ってきたのは、一八九〇年頃、アンジアが十歳の頃のことであったらしいが、これも正確なところは明らかではない。しかも、アングロ・サクソン系男性作家の作品が正統とされてきたアメリカ文学の世界においては、イェゼルスカは長い間、無視されてきた。最初の短編集『飢えた心』（*Hungry Hearts*）（一九一五年）、さらには第一作目の小説『テネメントのサロメ』（*Salome of the Tenements*）（一九二三年）が映画化され、一時は「スウェット・ショップのシンデレラ」と脚光を浴びるが、その後も『大黒柱《ブレッド・ギヴァーズ》』を含む小説をさらに五冊、短編集を一冊と、最晩年に至るまで作品を発表し続けていたにも関わらず、一九二〇年代半ばを頂点に、一九三〇年代にはすでに忘れられた作家となっていた。一九七〇年代後半からようやく始まるイェゼルスカの再評価は、アメリカ社会においてフェミニズム運動やマイノリティ運動がようやく浸透し、多文化主義（マルチカルチュラリズム）が台頭してきたことと連動している。

【注】

（1）タルムードとは、成文律法である旧約聖書と異なり、十数世紀にわたって口伝されてきたユダヤ民族の宗教上、生活上の律法をさらに数百年をかけて詳細に論じ、注釈をつけ、五世紀末に完成された聖典である。扱われる項目は、農業から祈祷、安息日や断食日、結婚、夫婦関係、民法、刑法手続等々、宗教上の掟、しきたりから日常生活の習慣まで広範囲にわたる。旧約聖書と並んでユダヤ民族の「アイデンティティの根源」とまで言われる。

（2）ロシア帝国内のユダヤ人たちは、ペイルと呼ばれたユダヤ人指定地区に住むことを強いられてロシア政府の弾圧と貧困に苦しんでいた。特に一八八一年のアレクサンドル二世暗殺に端を発する、ポグロムと呼ばれる、ロシア民衆による集団的な襲撃や虐殺、住居の破壊に対する恐怖は、ユダヤ人たちのアメリカ移住に拍車をかけた。一八八〇年代から一九一〇年代までの四〇年間にアメリカに渡ったユダヤ人の数は二〇五万人以上にものぼる。

（3）移民たちが住んだ五、六階建ての窮屈な安アパート。そこでの生活は、移民社会の息苦しさ、閉塞感を、しかしまた一方では、息が詰まるほどの親密感を表すものとして、『大黒柱《ブレッド・ギヴァーズ》』だけではなく、他の移民作家の作品においても度々言及される。本書、コラム「ファイヴ・ポインツとテネメント」参照。

（4）女性たちは持参金で小規模の商いを始める場合が多かった。Ruth Gay, *Unfinished People: Eastern European Jews Encounter America* (New York: W.W.Norton & Co., 1996).

（5）一九世紀後半の東欧ユダヤ人社会においては、男性は外で働き、女性は家事をするというジェンダー別の役割分担の境界は明確ではなく、女性もまたブレッドウィナー（一家の稼ぎ手）として、積極的に外へ出て働くことが奨励されていた。母親たちは、仕立屋、小売商、行商人として働き、娘たちはそれを助けた。しかし移住後、アメリカ社会に同化して行く過程において、中産階級的な価値観を受け入れ、あるいは一方では、ユダヤの習慣や伝統を継承する必要から、母親や既婚女性たちは家の中にいて家事に専念すべきであり、むしろ未婚の娘が外で働くべきと考えられるようになる。そして実際、当時工業化が急激に進んでいたアメリカは、娘たちの労働を必要としていた。彼女たちの多くは、ユダヤ人移民たちがニューヨークの主要産業になるまでに育て上げた衣服産業に従事した。ロシア系ユダヤ人移民家庭に関する一九一一年の調査によると、ニューヨークでは、十六歳以上のアメリカ生まれの娘たちの七四パーセント以上が賃金労働に従事していた。外国生まれの娘たちの就業率については、正確なデータが残されていないが、恐らくそれを上まわっていたと考えられる。

十四歳、十五歳の外国生まれのユダヤ少女に関しては、四〇パーセント近くが外で働いていた。Susan A. Glenn, *Daughters of the Shtetl: Life and Labor in the Immigrant Generation* (Ithaca: Cornell UP, 1990) に詳しい。

(6) 移住前には許されていたレブの特権的な地位も、アメリカ社会においては、次第に揺らぎ始めることになる。例を挙げるなら、母シェナは、他の多くの母親たちがそうであったように、家賃収入を得るために三人の下宿人を置くことにするが、そのために、はるばる海を越えて運んできた本類を、父が神聖な研究と祈りの場としていた表の一部屋から一掃して、台所という女性の場へ移してしまう。あるいはまた、シェナに先立たれたレブが再婚した相手は、「働かない」レブに業を煮やし、ついにはチューイング・ガムの行商までさせる。また、ユダヤの象徴のような父の、あまりにアメリカ的な変容を示す興味深い例としては、「父、アメリカでビジネスマンとなる」と題された第七章に描かれる、父親が食料雑貨店《グロッサリストア》を経営しようとして騙されるエピソードを挙げることができる。

(7) スーザン・グレンは *Daughters of the Shtetl* において、ユダヤ女性にとっての教育の重要性を再三指摘している。公立小学校や夜学などのいわゆる教育機関だけではなく、スウェット・ショップという過酷な労働の場においてさえ、また労働運動のただ中においても、ユダヤ女性たちが様々な勉強の場を獲得していった数多くの例を挙げている。

(8) アーヴィング・ハウは、教師がユダヤ少女たちの「最も望ましい」職と思われていたことを指摘している。Irving Howe, *The World of Our Fathers: The Journey of the East European Jews to America and the Life They Found and Made There* (London: Phoenx Press, 2000), p. 266.

(9) Elizabeth Ewen, *Immigrant Women in the Land of Dollars: Life and Culture on the Lower East Side, 1890–1925* (New York: Monthly Review Press, 1985), p. 25.

(10) もしこのチョップが豚肉であるとするなら、サラはきわめて非ユダヤ的な食べ物を食していることになる。

(11) イェゼルスカはサラの大学行きと四年間の大学生活に、ユダヤ移民たちが辿ったアメリカ移住とアメリカ化への道程を重ねあわそうとしている。さらに、コロンブスやピルグリム・ファーザーズに言及することによって、サラの、そしてユダヤ人移民の足跡をアメリカの歴史の本流に位置づけようともしている。

（12）サラのアパートは、ロウアー・イーストサイドの移民街よりも北に三〇ブロック行った、三〇丁目に位置するという設定になっている。これはサラが社会的上昇を果たしたことを示している。

【推奨関連文献】

Glenn, Susan A. *Daughters of the Shtetl: Life and Labor in the Immigrant Generation* (Ithaca: Cornell UP, 1990).
野村達朗『ユダヤ移民のニューヨーク――移民の生活と労働の世界』山川出版社、一九九五年
山田史郎他『移民』ミネルヴァ書房、一九九八年

# 第八章　マイノリティ女性の連帯

## 日系アメリカ女性史にみる多文化主義とコミュニティ活動
## ――「桑港日本人基督教女子青年会」をめぐって

山本　恵里子

## 一　「桑港日本人基督教女子青年会」の成立

### サンフランシスコと日系移民

サンフランシスコはアメリカ本土でも日本人移民がいち早く入り、コミュニティを築いた地であった。一八六〇年代に始まったアメリカ合衆国本土への日本人移民は、ハワイからの転航者の到着により、一九世紀末より急激に増加した。サンフランシスコは、一九〇〇年代初めには隣接のオークランドとともに日系移民の中心地となった。アメリカで一旗あげて故郷に帰ろうという「出稼ぎ」目的の男性による単身渡米が大半を占めていた。独身男性だけでなく、既婚者の単身渡米も多かった。

一九〇五年から『サンフランシスコ・クロニクル紙』などで排日の論調がたかまり、一九〇六年四月にはサンフランシスコ学童問題が起こった。この騒動が、セオドア・ローズベルト大統領も巻き込み、外交問題へと発展した結果、翌年いわゆる日米紳士協約（Gentlemen's Agreement）が結ばれ、日本からの労働移民が停止された。この結果、一九〇八年頃から、一世の間に定住志向が強くなった。帰国のめどの立たない独身一世男性に、アメリカへの定住志向が高まり、第六章で示されているように、「写真花嫁」を迎えるケースが急増した。また、日本に残る家族をアメリカへ呼び寄せる者もいた。男性労働者の移民は禁止されたものの、すでにアメリカにいる一世の男性が家族を呼び寄せることは可能であった。

## 「写真花嫁」の到来

写真花嫁は一九一一年頃から多くサンフランシスコに上陸した。正確な統計は残念ながら存在しないが、一九一二年には八七九人、一九一三年には六二五人の「写真花嫁」がサンフランシスコに到着したという記録がある。またそれによると、一九一二年から一九二〇年までの間の合計は五九七〇人にのぼっている(1)。大半は、九州・中国地方の出身者であった。アメリカでの新生活に夢をいだいてきた女性たちは、異なる言語や文化に接し、写真の交換による太平洋を渡る結婚の難しさに直面した。

次々と到着するこうした一世女性に、支援をしようという動きが一世コミュニティの中で始まった。キリスト教の宣教師も移民の支援に努めたが、移民女性により身近な援助を与えたのは、一世女性たちの中でも日本総領事館の官僚たちの妻や、日本で教育も受け、英語も堪能である、キリスト教会に通うという、いわゆるエリート階層に属する人々だった。彼女たちは、慈善事業にも熱心であった。

女性の援助に立ち上がった中心的リーダーの一人として、安孫子餘奈子《あびこよなこ》（一八八〇―一九四四年）が挙げられる。津田梅子の実妹である餘奈子は、当時サンフランシスコの日米新聞社社長で一世実業家の安孫子久太郎と、一九〇九年二月に横浜で結婚式を挙げ、七月に渡米した。写真結婚ではないが、紳士協約後、一世男性の結婚ブームとなる先駆けとして、安孫子夫妻の結婚は大きな意味を持った。安孫子久太郎は、日本人のアメリカ定住――アメリカ人と共存し、競争を避け、農業などでコミュニティを作るという形で――を唱えており、一九〇六年には米国殖産会社をつくりヤマト・コロニーを築いていた(2)。彼は、一八八三年にキリスト教に帰依して以来、メソジスト教会のリーダー的役割を果たしていた。餘奈子夫人もまた、津田家の文明開化的環境の影響のもと、少女時代に洗礼を受け、敬虔なプロテスタントであった。英語も堪能で西洋文明にも明るく、アメリカ生活への適応が早かった餘奈子は、久太郎の協力も得ながら、主に教会活動を通して、慈善的なコミュニティ活動を展開していった。

## キリスト教と移民コミュニティ

そもそもサンフランシスコでは、日本人移民コミュニティ形成の初期から、キリスト教が大きな役割を果たしていた。一八七〇年代からすでに一世の男性たちの中に、聖書を学び洗礼を受け、日本人のキリスト教団体を組織するものがでてきた。一八八六年には、「日本人基督教青年会」(Japanese Young Men's Christian Association) が設立された。分裂や統合を経ながらも、サンフランシスコの日本人によるキリスト教会は、初期の日本人コミュニティの中心的存在として発展することになった。仏教は一八九八年まで活動がなかったため、キリスト教が日系コミュニティに広がり、ネットワーク作り、移民へのサポートや慈善活動のエスニック団体として役割を果たしたのである。吉田亮によれば、一八八六年設立のメソジスト派は日本人教会中最大の組織で、一九〇〇年代にYWCAのような各種施設を整えていったと言う(3)。

日本人のメソジスト派は独立した教会として承認を受け、一八九三年パイン街に新会堂を新築落成して、近隣の日本人コミュニティにも伝道と教育を行なった。後に日本人メソジスト派に日本人長老派が加わり、一九一四年には、新たに「桑港日本人基督教会」が誕生し、一層発展してゆく。初期の日本人キリスト教牧師や活動家が取り組まなければならなかった一つの大きな課題は、売春・賭博の一掃といった風紀の矯正であった(4)。

排日運動が激しくなるにつれて、サンフランシスコ近辺の在米日本人たちは連帯を強めた。紳士協約締結の前後からは、排日対策や法的対処から新参移民の世話まで、同胞のための幅広い活動を行なうようになった。在米日本人会という一九〇八年に組織された団体（前身は一九〇五年設立の在米日本人連絡協議会）が、総領事館と緊密な関係を持ちながら、啓蒙や教育、妻子の呼び寄せに関する便宜、移民局などとの交渉といった様々な活動を行なった。

## 女性の女性による女性のための組織

一九一〇年代からの「写真結婚」の急増は、新たなコミュニティ活動の需要を生み出した。つまり、妻としてアメリカに留まり家庭生活を送っていく一世女性のため、アメリカで生きる術を教えることが必要となったのである。「写真花嫁」の中には、アメリカ生活を始める準備ができていなかったものも多かった。親の意志で結婚が決められることも多い時代であっただけに、「移民」することが本人独自の決断とは限らなかったし、自分の意志で移民を決めたとしても、出発前にアメリカ生活の知識が十分だった者は少ないからである。アメリカの言語や習慣は、一般の日本人特に農村部に住む人々にとっては縁遠いものであり、慣れない船旅の後、サンフランシスコの港に降り立った花嫁たちは、全く異文化の生活に直面したのであった。

写真花嫁などの日本女性の到着に際して、まず女性向けの寄宿舎が必要となった。港で移民局を出るや否や夫に対面する者もあれば、何日か待たなければならない場合もあったようで、新妻がサンフランシスコで待つ場合、不安を持たず滞在できる場所の確保が望まれた。そこで教会の慈善活動にいそしんでいた、日本女性が援助に立ち上がった。当時、教育を受けた中・上流階級の白人アメリカ女性は、移民や貧しい層に慈善活動を行なうのが盛んだったので、アメリカ文化への適応が早かったエリートの日本女性にも、同じような活動を行なう気運が高まった。これはサンフランシスコに限らず、後発で日本人コミュニティが発達し始めていたロサンゼルスでも同様であった。ブライアン・M・ハヤシ（Brian M. Hayashi）によれば、ロサンゼルスのキリスト教関係の「日本人婦人会」は、慈善活動と教育に重きを置いた白人女性のキリスト教組織の方針をモデルにしていたと言う(5)。人種やエスニシティを問わず、高等教育を受けた女性の活躍する場が限られていたこの時代、慈善や福祉関係は、女性の領域として認められていた数少ないもののひとつだった。報酬のためではなく、能力を発揮したいという思いと奉仕の精神が、このような女性たちを奮い立たせたのであろう。

一九一二年四月、「桑港日本人基督教女子青年会」（San Francisco Japanese Youg Women's Christian Association, 以後「女子青年会」と略記）の設立を目指し、二〇名の日本女性が発起人となって趣意書が発表された(6)。安孫子餘奈子は、総委員長として寄付金集めの音頭をとった。彼女は、姉の梅子が津田塾大学の前身、女子英学塾を開校・運営していくのを見ていたので、その西洋的な寄付金募集の方法に精通していたと思われる。餘奈子は、「女子青年会」のために何度も募金活動を行ない、大変な成果をあげた。この設立準備の運動では、彼女の指揮のもと、発起人たちは「ひろく同胞間より寄付を仰ぎ創立費五百九十六弗五十仙を得」たと言う。同時に、四〇余名が入会し、同年七月にはガーフ街の借家で事務所と寄宿舎を開くに至った(7)。『太平洋岸日本人ミッション年会記録』（*Official Journal of the Pacific Japanese Mission of the Methodist Episcopal Church*）によれば、「女子青年会」は、サンフランシスコＹＷＣＡの協力のもと、一九一二年七月二五日に作られ、若い女性のためのホームを設立したとある(8)。

「女子青年会」は、国際的組織としてのＹＷＣＡとも、またアメリカ国内のＹＷＣＡとも当初は組織的に無関係であり、独立した在米日本人向けの団体として発足した。当初の活動は、先にも述べたようにまず渡米してくる日本人女性むけの「婦人寄宿舎」の設置と運営であった。毎月新たに日本人女性が到着し、その必要性は高まる一方であった。財政はすぐに圧迫されたため、餘奈子は一九一三年に日本に帰国したおり、渋沢栄一はじめ有力者から当時千六百円余りの寄付を取り付けた。「女子青年会」の歩みを記した『回顧二十年』によれば、その他経営を助けてくれたのは「隠くれたる米人の同情者、日本人篤志家、友愛会（日米女性の「女子青年会」後援会）」であったという。また「女子青年会」は、到着する日本人女性と移民局の間のトラブルを解決する手助けもした。「複雑なる移民関係の事にも、当局［筆者注―移民局］の信用浅からず種々なる事件に参与してよき解決をなし」と、『回顧二十年』に述べられている(9)。写真結婚に対する風当たりが強くなっていく中、到着時だけはでなく、女性たちが定住するにあたり、文化的・言語的にも適応できるようサポートしていく必要があった。「女子青年会」創立二ヶ月後、英語学校が立ち上げられ、着物に慣れていた女性たちに洋裁の指導も始まった。後には音楽部を開き、声楽・ピアノも教えられた。

## 二　サンフランシスコＹＷＣＡとの連帯

### 排日運動の激化

「写真結婚」全盛期の一九一〇年代は、日系コミュニティは発展の時代にあったが、一九二〇年代になると移民法の制定により日本人コミュニティへの新しい移民の流入が制限された結果、コミュニティは拡大しなくなった。そして、既存の日本人コミュニティは、アメリカ社会にいかに根付いていくかを模索する時代に入った。また、アメリカ合衆国は、国際社会への関与をさらに強めていくものの、反面第一次世界大戦後、孤立化しようとしたことも事実である。こうした排外的な風潮から、アメリカ国内ではアメリカ化が強まり、移民やマイノリティに対して排他的で保守的な傾向が顕著になっていた。日系人に対しての排日運動はカリフォルニアで特に激しかったが、一九一三年には外国人土地法（Alien Land Law）で、「帰化不能外国人」の土地所有が禁じられた。農業で成功を収め始めていた一世たちを締め出そうとしたものである。これに対抗し、一世たちは土地を二世の名義にして、打撃を最小限に食い止めようとしたが、一九二〇年の改正法により、会社や子どもの名義で農業地を使うことさえも禁じられた。さらに排日運動の矛先は日本女性の入国禁止へと向かい、一九一九年にはいわゆる淑女協約（Ladies Agreement）により、一二月には日本政府が旅券の発給停止を公表し、その結果一九二〇年二月末で写真花嫁への旅券が停止されアメリカへの入国が不可能になった。そして一九二四年の移民法では日本からの移民が完全に止められた。

## インターナショナル・インスティテュートの設立

排日運動が激化する中、ＹＷＣＡの中からは、国際的な動きと、アメリカの様々な移民の存在に即した新しい動きがでてきた。それは「インターナショナル・インスティテュート」（International Institute）という、文化的多元主義に基づく、移民の子ども向けのセクションが設けられたことであった。レイモンド　Ａ・モール（Raymond A. Mohl）によれば、アメリカでは「アメリカ化」を推し進める公立学校での教育と並んで、家族・教会・コミュニティ組織等も重要な教育の場となったが、その方針は公立学校と同様の場合もあれば、異なる場合もあった。「インターナショナル・インスティテュート」は、都市における移民向けの社会奉仕団体として、多彩な人種・民族的多様性を重視して、移民を教育しようとする運動に発展した(10)。

「インターナショナル・インスティテュート」を提唱したのは、一九〇七年にシカゴ大学を卒業したイーディス・テリー・ブレマー（Edith Terry Bremer）だった。シカゴの女性労働組合で働いた後、ニューヨークのYWCA本部に職を得た彼女は、移民の少女や女性のためのソーシャル・ワーカーとなった。彼女は移民の持つ文化を尊重し、アメリカ社会への適応を促す方が効果的であるとして、YWCAの傘下に「ニューヨーク・インターナショナル・インスティテュート」を設立した。これは一九二〇年代までにアメリカの多くの都市に広がり、五五を数えるに至った。サンフランシスコ支部もその一つで、ロサンゼルス支部とともに西海岸の代表であった。

ブレマーの「インターナショナル・インスティテュート」の考えは、当時のアメリカ化の強まったアメリカでは、画期的であった。移民の持つ文化的伝統はアメリカの財産であると考え、アメリカ的なものや福音主義的な考えを押し付けることなく、グループ内でのリーダーの下にまとまりながら、移民の適応を図るものであった。これは、ブレマーがシカゴで接していた、ジェーン・アダムス（Jane Addams）を含むリベラル派同化主義者（liberal assimilationist）のソーシャル・ワーカーの考えを、もっと多元論的に推し進めたものであった。ブレマーは一九二〇年代前半には、移民はその文化的伝統を大切に守り、奨励し、二世にも伝えるようにするべきだという考えに立ったプログラムを推奨した(11)。

「女子青年会」は、本来一世女性の提唱による組織として活動していたが、このブレマーの「インターナショナル・インスティテュート」の理念に重なるところが大きかった。そのため「女子青年会」のリーダーたちは、一九二〇年六月にサンフランシスコYWCAに加入することを決めた。それはホスト社会の有力な大組織が持っているノウハウを得ると同時に、自分たちの民族文化的背景に即した方法で、自らの持つネットワークを活用することを可能にする（外務省が頂点で、労働者移民が底辺にいるという、非民主的な構造ではあったが）と、判断したからである。ホスト社会側のサンフランシスコYWCAにとっても、既に稼動している組織と、そこで活躍している、教養のある日本人リーダーを活用することは、「インスティテュート」の目標にも適っていたと考えられる。特に激しい差別や排日運動にさらされる日本人移民女性を、「インスティテュート」は温かく見守り、アメリカ社会への適応可能な人々と見なしたのである(12)。これに引き続き、ロサンゼルスでも似たような日本人向けのＹＷＣＡが一九二一年に発足し、同種の活動を始めた。

## 三　二世の成長と「桑港日本人基督教女子青年会」

### 『二世部隊』

移民した一世たちがアメリカに定着していくにつれ、日本人移民社会は新たな時代を迎えた。二世が続々と誕生し、彼らをどのように育てるかがコミュニティの大きな課題となった。アメリカ市民権を持って生まれながらも、アメリカ社会では大きな差別と立ち向かわなければいけない二世に、一世世代は様々な期待をいだきながら、最善の環境を与えようと努力した。人種的特徴から、ヨーロッパ系のように簡単に同化ができないだけに、「日本人」「大和民族」の伝統を継承しながら、特殊性を生かしたアメリカ人になることが、期待される道であった。それは親の祖国の文化的伝統に誇りを持つことでもあった。

「女子青年会」は、多くの二世が誕生し始めた事態に対応し、一世に対するのとは異なった事業を始めた。一九一六年には「二世部隊」をつくり、英語には問題ない二世少女のため、日本語や日本の文化（お茶・お花など）のクラスを提供した。アメリカの学校での教育と差別体験から、日本文化を疎む傾向のある二世に、茶道などをとおしてそのすばらしさを教え、素養を身に付けさせようとした。学齢期の二世が増えるにつれ「二世部隊」への参加者は急増し、「女子青年会」の活動の大きな割合を占めるようになる。一九二〇年にはすでに場所が手狭になり、より大きな場所への移転を考え始めた。基金や募金で成り立っており、独自の活動をしている組織であるため、経済基盤はいたって弱かった。けれども一世女性リーダーたちは、この活動が一世のためのみではなく、二世を日本の文化や価値観を備えた有用なアメリカ市民に育てるためにも、重要な役割を果たすと確信していた。移民コミュニティと白人組織の微妙なバランスと協力関係の中、「女子青年会」は、新しい施設の購入にむけて動き始めた。

資金の調達では、まず日本人コミュニティから寄付を募った。移民たちだけでなく、現地の日本企業が大きな頼りであった。餘奈子の日記によれば、彼女は、他の一世女性たち（藤田ら）と、横浜正金（後の東京）銀行、三井、住友、東洋汽船などを回り、あるときは一日で六百ドルもの募金の約束を取り付けた。また、夫久太郎の取り仕切るリビングストン日系コミュニティからは七四四ドルを集めるなど、日本人コミュニティから六千五百ドル集めた。またホスト社会のＹＷＣＡリーダーたちからも協力を得た。ＹＷＣＡリーダーたちは、募金をコミュニティ・チェストに預け、それを「女子青年会」が資金として別枠で使えるように便宜をはかった。さらに、不足分は借金したが、一九三一年一月に全額返済したとある。

新しい施設を購入する上で、問題は土地財産の所有権にあった。排日土地法とも呼ばれた外国人土地法が改正され、幼い二世の名義での購入も難しくなっていたからである。「帰化不能外国人」の一世リーダーたちは、ガイ・Ｃ・カルデン（Guy C. Calden）という日本人側に立ってくれる弁護士に何度も相談した。餘奈子の日記によれば、最終的には一九二〇年六月三日、ＹＷＣＡの評議委員会に小池夫人とともに出席し、「女子青年会」の「家」は、サンフランシスコＹＷＣＡを法的信託人（legal trustee）とし、その名義で購入するとの合意に至った。trusteeというのは、法的所有者となっていても、実質上の受益者のために、それを監督する役目を果たすものである。「ロサンゼルス日本人基督教女子青年会」が一九二二年に建物を購入した際にも、親組織のロサンゼルスＹＷＣＡと同様の取り決めを行ない、この際にはロサンゼルスＹＷＣＡ理事会の議事録にその合意の詳細が記録されている(13)。

「女子青年会」は、サター街一八二六番の中古の家を購入し、一九二一年三月に移転した。自分たちの会館として、この場所はサンフランシスコの一世・二世女性たちの大切な場所となった。「少女部（Girls Club）」としての活動を通し、二世が「来るべき在米日本人社会の婦人の中堅となり、日本人とアメリカ人との間に正しい理解ある関係を展き、進んで東西文化融和の楔ともなり、国際的におおいなる使命を果たさんとする将来の在米日本婦人の揺籃」となることを目指した(14)。また、二世を受け入れない白人組織が多かっただけに、「女子青年会」は、二世少女たちが社会活動の機会と喜びを得、同世代のネットワークを作る場となった。

しかし、サター街移転当初から一〇年もたたないうち、既存の建物の老朽化と手狭さが問題となり、一九二〇年代後半には新築の話がでた。餘奈子のほか、小池濱子、大澤益子などがサンフランシスコＹＷＣＡと交渉し、新築計画への許可・賛同と支援を取り付けた。日本人部会として、二万ドルの予算が与えられたが、そのうち日系コミュニティから集められたのは三千五百ドルだった。紆余曲折を経ながら募金運動を続け、一九三二年三月に建設が始まった。著名女流建築家、ジュリア・モーガン設計による二階建ての会館は、九月に完成した。入り口の塀は東洋風、建物は淡いピンクの小粋な外観で、内部には二五〇名収容可能な講堂から図書室、十数人用の寄宿舎、クラブ室、和室も有するものだった。会員たちは、「女子青年会」の設立二〇周年とともに、新会館完成を祝った。

一九三〇年代を通し、この新しい会館で、多くの二世女性・少女たちが各種の活動に参加した。茶道からバスケットボールまで、日本語と英語での種々のプログラムがあった。雲行きが怪しくなる世界情勢と高まる反日感情の時代に、二世たちはサンフランシスコＹＷＣＡの白人リーダーたちの人種を超えた慈善と友愛を感じ取って育っていった。

## 第二次世界大戦の波紋

一九四一年一二月、悲運にも日系コミュニティは日米開戦により大きな試練に直面した。日本人移民の資産は凍結され、夜間外出禁止令も出された。そして一九四二年春に始まった強制収容で、西海岸の日系人は一世とともに、アメリカ生まれの二世も、遠く離れた各地の収容所に送られ、サンフランシスコの日本街は事実上消滅した。タンフォラン収容所に送られた安孫子餘奈子は、例外的にクエーカー教徒の知人の計らいで助け出され、フィラデルフィアで病気療養をしたが、一九四四年、当地で亡くなった。戦時中、主たちのいない「女子青年会」の施設は、他者の手に委ねらた。

戦争が終わると、日系アメリカ人コミュニティは新たな時代を迎えた。ヨーロッパ戦線で文字通り命を張って忠誠を示した二世の功績もあって、日系人に対する差別が和らぎ始め、次第に日系人の職業選択・居住地域の幅が広がっていった。多くのサンフランシスコ日系人は、強制収容所を出た後に、日本街には戻らなかったので、日本街の日系人コミュニティの中心としての役割は弱体化した。二世のネットワークは存続したが、地理的な連帯は薄れ、三世・四世へと世代が推移するにつれて、サンフランシスコ近辺の日系人と日本街との関りは一層薄れた。

他方、アフリカ系アメリカ人が戦時中職を求めてサンフランシスコ地域に移り住んだ。「女子青年会」の会館は、「ニホンマチＹＷＣＡ」として、九歳から十四歳の女子学生のための学童保育とメンターシップ・プログラムが運営されるようになり、「危険率の高い」(at risk―すなわち問題の多い)アフリカ系アメリカ人少女の救済を中心としていた。一九六一年にサンフランシスコＹＷＣＡは、隣接するサター街一八三四番地の土地を一万二千五百ドルで購入し、「ニホンマチ・リトル・フレンズ」という保育園（託児所）に、その園庭として大半を使わせた。「リトル・フレンズ」は日本語・英語のバイリンガル託児所であった。その他にポリネシア・ダンス・グループも使用するようになった。

## 四　日系コミュニティのシンボルとして

### サター街旧「女子青年会」会館売却騒動

一九九〇年半ばになって、コミュニティにとっての大事件が起きた。一九九六年、サンフランシスコＹＷＣＡ（この段階での正式名称はサンフランシスコ－マリン－サン・マテオ郡ＹＷＣＡ）が、自らが所有する二つのビルを売却する意図を公表し、その一つが日本街にあるジュリア・モーガン設計の旧「女子青年会」の建物だった。一九二〇年の購入以来その法的な所有者はサンフランシスコＹＷＣＡでありながら、取り決めでは日系コミュニティに属しているはずだった。建物の所有権を主張して譲らないサンフランシスコＹＷＣＡに対して、日系側は、法的信託人としての役割を逸脱する行為だとして強く反発した。サンフランシスコの日本街コミュニティが中心となって、「破られた信頼」（Broken Trust）という旗印で抗議運動が始まり、売却を阻止するため裁判所に訴えでた。一マイノリティ集団が、長い歴史と伝統を持つホスト社会の組織に――それも、排斥されていた時代には助けの手を差し伸べてくれたという恩義のある団体に――挑戦状を叩きつけることとなった。

日本街にたつ旧「女子青年会」の歴史的なビルの価値は、今や一六〇万ドルとも一七〇万ドル（約二億円）ともいわれた。日系側は「財政難で、ずっと借金ばかり」と酷評されるサンフランシスコＹＷＣＡの台所事情を理解しないわけではなかったが、建物売却の話は、信託者としての役割に徹するという約束に対する「裏切り行為」だとして、当時のことを知らない日系三、四世までもが敏感に反応した。この問題に対して、サンフランシスコの三つの日系キリスト教会（統一長老派・パイン統一メソジスト派・聖公会［監督派］）からなる「桑港部会日系アメリカ人宗教連盟（以下「桑港部会」と略記）」、（Soko Bukai Japanese American Religious Federation）が、運動の中心となった。一九九六年九月にはサンフランシスコYWCAが一応サター街の建物を売り物件からはずすこととしたが、その所有権をめぐり、「桑港部会」は一九九七年九月に裁判所に提訴した。「桑港部会」対YWCA訴訟事件という稀に見る、系列団体内での――しかも宗教的で社会奉仕的使命感をもった組織内での――マイノリティ対マジョリティの裁判事件となった。

被告側のサンフランシスコYWCAも対決姿勢をとり、摩擦は高まる一方だった。一九九九年二月には、日系と中国系の祖先を持つマイケル・ヤキが、日系アメリカ人強制収容令発布の記念行事で、日系側の主張を正しいとする考えを述べた。これに対して市の補助を一部受けた配布物に、日系側をサポートする意図の文面が印刷されたのは公費の乱用だとして、YWCAディレクターのキャロル・ニューカークが苦情の手紙を出した。今度はヤキが抗議すると、ニューカークは態度を一変させ、自分の手紙で日系アメリカ人を脅迫するつもりも怒らせるつもりもなかったとして、「（サンフランシスコ）YWCAは当市の歴史を通して常に日系女性を支援してきた」と主張した。

このニホンマチYWCAプログラムの恩恵を受けていたアフリカ系アメリカ人は、この建物売却騒動が持ち上がった当初は、サンフランシスコYWCAとの話し合いに加わっていた。後に参加を辞退することになるが、サンフランシスコYWCAリーダーの弁では「アフリカ系と日系アメリカ人コミュニティは背負っている課題が異なる」、すなわち利害・方向性が一致しないのが理由だったと言う(15)。

不動産価格が戦前とは比べ物にならないほど上昇したサンフランシスコで、あまり活用されない施設を維持していくのは確かに大きな問題ではあった。サンフランシスコＹＷＣＡ側は、「年間三〇人の少女へのサービスのため、四万ドルを使っている」として、無駄の多い現状を訴えた。けれども、所有権の所在を無視して、売却をすすめるということが問題であった。実はサンフランシスコＹＷＣＡはクレイ街にある中国系ＹＷＣＡの建物も同時に売りに出したのだが、こちらは中国系アメリカ人歴史協会（Chinese-American Historical Society）が買い取ると申し出たため、早くに一件落着した。サンフランシスコＹＷＣＡの希望額より少し低い七六万ドルで話がまとまったと言われる。

## 日系コミュニティの歴史的ランドマーク

問題となった旧「女子青年会」の建物売却話については、日本文化コミュニティーセンター（JCCC: Japan Cultural and Community Center）がまず指揮をとり、そのエグゼキュテブ・ディレクターのポール・オオサキが一二〇万ドルで買い取ると申し出たが、サンフランシスコＹＷＣＡ側が受け入れなかった。

サンフランシスコＹＷＣＡは信託者か所有者かという議論が続く中、ＹＷＣＡ理事長リンダ・ヒルズは、譲歩して二世の「感情的所有権」（an emotional sense of 'ownership'）なら認めると発言し、二世の怒りをかった。「女子青年会」の建物には確かに思い出が詰まっていた。八十歳をはるかに超えたような二世女性たちが、「あの場所は特別な場所である」と主張し、そこに行くといつも過去の思い出が次々と湧き上がると語った。同時に、日系コミュニティが取得したという意識も強かった。例えば女性誌『ミズ』の記事では、ウタ・ヒロタとミチ・オオヌマの談話を紹介している。二人とも少女時代の多くの時間をサター街一八三〇番地で過ごし、母親たちが一九三二年のビル新築のため、日系コミュニティの人々がなけなしのお金を募金してくれたのをよく覚えていると述べた。多くの二世女性が同様の思い出を共有していたと言う(16)。

二〇〇一年に入り、双方は歩み寄りのための交渉を続けたが、半年後決裂した。サンフランシスコＹＷＣＡ側は所有権を主張して譲らなかった。日系コミュニティは、同年七月サンフランシスコで「裏切られた信頼」の名称で集会を開き、三百人ほどがＪＣＣＣに集まった中、モーガン設計のビルは日系コミュニティの所有物であり、自分たちの歴史の一部だと訴えた。参加者の年齢層は広く、老人からベビーカーに乗った幼児までいた。『アジアン・ウイーク誌』（*AsianWeek*）によれば、五〇年以上もＹＷＣＡの活発なメンバーであった年配女性は、この出来事について、落胆した表情で、「残念だ（It's a shame.）」と述べたと言う。サンフランシスコ州立大準副学長キャロル・ハヤシノは、ニホンマチＹＷＣＡは「単なる一建造物ではなく、日系アメリカ人コミュニティの重要な史跡（historic landmark）だ」とした。

ベイ・エリアの日系三世・四世の女性たちは、経済的に恵まれ、教育の機会も与えられ、専門職にも進出していける時代を享受していた。日系の男性も同じであった。彼らにはエスニック・コミュニティにこだわって生きる必要などこれまでなかった。けれども、エスニック・コミュニティの歴史的遺産が危機に曝されるという事態に直面して、エスニシティ意識が高まり、結束していった。裁判手続きを進めながら、メディアや集会を通して社会に訴える運動を続け、署名や募金も広く日系コミュニティから募った。日系組織を通して、またインターネットにより、ベイ・エリア以外にも呼びかけた。

### サンフランシスコYWCAとの和解

カリフォルニア大学ロサンゼルス校（ＵＬＣＡ）のユウジ・イチオカ（Yuji Ichioka）教授は、排日土地法の観点から、サンフランシスコＹＷＣＡの所有権の主張は筋が通らないとして、専門家証言者の立場から「桑港部会」をサポートした。彼は、一世女性たちの募金活動や白人リーダーとの交渉内容を証拠として挙げることにより、実質上の所有者は日系コミュニティであったことを証明できると確信していた。主たるリーダーだった安孫子餘奈子は、(姉の津田梅子同様)日記をほぼ毎日欠かさずつける人であったが、その膨大な量の日記は、息子ヤスオの妻のリリィ・アビコの好意ですべてＵＬＣＡ図書館のスペシャル・コレクションに寄贈されていた。餘奈子がおそらく自分のメモや備忘録として、一日一行から数行ほど走り書きした記述が、死後半世紀以上たってから脚光を浴びることになった。

「桑港部会」側弁護士、ドン・タマキとベンジャミン・Ｋ・ライリーは、歴史的資料と歴史家の証言を用いて、日系コミュニティの所有権を主張していった。ＹＷＣＡの当時の議事録には、「trustee」という言葉が現われていないかったため、サンフランシスコＹＷＣＡは日系側に所有権がないと主張していた。二〇〇二年二月中旬、日系側はまず歴史的資料の証言者を立て、三月二〇日に証拠尋問（deposition）の予定を組んだ。第一番の証言として、餘奈子の日記の翻訳を含む膨大な資料を相手方に提示し、ＹＷＣＡが「trustee」にすぎなかったことを証明する戦略であった。

この予定が決まって間もない二〇〇二年二月二三日、急遽和解が成立した(17)。揺るぎがたい証拠を前にＹＷＣＡが折れたのである。この勝利のニュースに日系コミュニティが沸いた。「カリフォルニアの歴史に深く根付いた所有権争議、解決する —— アジア系移民が土地所有を禁じられていた頃の苦い思いを彷彿とさせる法的争いは、ＹＷＣＡが日本街のシンボル的建物を日系コミュニティに譲り渡すことで解決」と報道された。「一世女性の勝利！」（"Victory for Issei Women!"）という見出しで、この「桑港部会」に有利な和解を、過去からの遺産の勝利と称える報道もあった。

正確な金額は公表されなかったが、サター街の建物は日系側が買い取ることになった。サンフランシスコＹ

ＷＣＡが、破れかけた信頼を最後に破らず保ったことは、多くの二世女性に安堵をもたらした。ＹＷＣＡに長年の感謝を保ち続けることが可能になったのである。差別の厳しい時代に、自分たちのコミュニティを見守ってくれたＹＷＣＡ組織は、一世女性たちの信頼できる姉妹であったのだから。世代が交替し、人種・エスニック関係が大きく変化したサンフランシスコで、新たな関係を考えながらも、過去の人々の思いと生きているものの接点があることを感じずにはいられない。

一世女性による、一世と二世女性のためのコミュニティ施設は、戦前大きな役割を果たし、そして今日「日系の歴史における重要な建物」として、シンボル的存在である。サンフランシスコの日本人一世が、後世の日系女性のためにと設立し、戦前コミュニティとともに発展・定着していった「桑港日本人基督教女子青年会」は、一世と二世の大切な活動の場であった。マイノリティとして差別されながらも、自分たちの文化的伝統と民族の共通性を生かした「女子青年会」で、白人たちとも距離を置きながらも友好的関係を保ち、活動してきた。戦争・強制収容・戦後の再定住という苦難の時代を乗り越え、日系社会がより豊かで差別の少ない時代を迎えたとき、その施設は三・四世の生活には意味を持たなくなっていた。

しかし、この建物売却騒動で、そこがシンボルとして大切な場であると、若い日系世代が認識するに至り、コミュニティ運動が起こったことは、注目されるべき点であろう。自分たちの曾祖母が、祖母が、または母が——もしくは血縁はないが、同じ日系の先達が——若かりし頃貴重な時間をすごした「エスニックな場所」として、また日系コミュニティが苦労して手に入れた貴重な「コミュニティの資産」として、あまり利用されなくなっていた場所が、意味を持ち始め、保存するための運動が生まれた。何十年も、実質的にも機能的にも存在感が小さかったはずの場を、「白人に譲れない」「これは私たちの歴史の一部だ」と主張することで、日系コミュニティとして結束したことは、たとえ行動に深く関わったのが一部の日系人であったにしろ、その意味は大きいであろう。七〇年の歴史を経て、二世の思い出の場がエスニック集団のレガシー（遺産）として残ることになったのである。

売却反対運動の中、ある三世の述べた、「この建物は日系アメリカ人三世と過去をつなぐ、象徴的な意味の場所である」（The building provides a symbolic sense of place, connecting third-generation Japanese Americans to the past.）の持つ意味は深い。「桑港日本人基督教女子青年会」は、多文化主義的なヴィジョンをみせていた「インターナショナル・インスティテュート」と関わりながら、エスニック・アイデンティティの高揚を目指してはいたが、サター街の建物が、後世になってこのような形で貢献するとは、予想だにしていなかったであろう。新会館の完成時、会長の藤田は次のように書いていた。

今日新会館の竣成を見て、並びにその開館式を挙行し、明日の我等の社会に提供しいさゝかなりとも貢献せんことを期して居ります。本会の創立当時新渡米の若き母のふところに抱かれてゐた幼き子女はすでに成長し吾等民族の一線に立ち国際的な責任を負ひ此アメリカの社会に華々しく飛躍せんとして居ります、若き我等の後継者の貴い将来の鍵の、その一つを委ねられた本会は益々その存在の意義に努力したいと祈るものであります。

彼女たち一世女性が、二世女性の将来に希望を託し、確保した建物が、日系コミュニティの心の共有財産として、連帯を促すシンボルとなった。これから来るべき世代が、このエスニックな遺産――エスニック・レガシー――をどのように受け継ぐのか、サター街の建物がどう存続してゆくのかは、まだ誰にもわからない。

## 【注】

（1）新日米新聞社『米国日系人百年史』サンフランシスコ、一九六一年、一六頁。本書、第六章、表2「写真花嫁」上陸数、一五〇頁参照。

（2）Valerie J. Masumoto, *Farming the Home Place* は、安孫子久太郎の創設した日系農業コミュニティの一つ、コーテズについて書いており、その中で安孫子家の影響力の強さを述べている。

（3）吉田亮『アメリカ日本人移民とキリスト教社会――カリフォルニア日本人移民の排斥・同化とE・Aストージー』日本図書センター、一九九五年、三三―三四頁。

（4）新日米新聞社『米国日系人百年史』サンフランシスコ、一九六一年、一九九頁。とくに独身男性の多い移民社会では、売春やギャンブルが蔓延っていた。サンフランシスコでは、グランド・アベニュー付近に売春宿が多く散在し、パイン街のみでも一二軒あったという。これは国際的にも日本人の名誉を損ねるとして、同胞の矯風運動にキリスト教関係者が力をいれた。後に日本国内での廃娼運動に活躍する久布白《くぶしろ》落実《おちみ》も、まず宣教師である夫とともにサンフランシスコに住み、矯風運動に活躍した。

（5）Brian Masaru Hayashi, *For the Sake of the Japanese Brethren: Assimilation, Nationalism, and Protestantism among the Japanese of Los Angeles, 1895–1942* (Stanford: Stanford University Press, 1995), pp. 945–6. ハヤシは、ロサンゼルスの「日本人婦人会」は、二〇世紀はじめは廃娼運動に力を入れていたが、一九一六年には、キリスト教を中心に日本人女性間の交友を暖める方へ、目的が移行してきたと述べている。こちらも写真花嫁による一般女性の急増で、コミュニティにおける家庭婦人間の交流・教育の場が必要になったための変化と思われる。

（6）これに先立ち、サンフランシスコ美以（メソジスト）英和学校では、「一九一二年三月より女性対象の司法クラスを開始」したとある。吉田前掲書、三九頁。

（7）桑港日本人基督教女子青年会『回顧二十年』、一二頁。

（8）Pacific Japanese Mission, Methodist Episcopal Church, *Official Journal, Aug. 29 – Sept.2, 1912* (Los Angeles), p. 24.

（9）『回顧二十年』、三頁。

（10）Raymond A. Mohl, “Cultural Pluralism in Immigrant Education: The YWCA’s International Institutes, 1910 – 1940,” in Nina Mjagkij and Margaret Spratt (eds.), *Men and Women Adrift: The YMCA and the YWCA in the City* (New York: New York Uuniv. Press, 1997), pp. 111 – 113.

（11）Mohl, p. 112.

（12）相互扶助組織が移民コミュニティのなかで形成されるのは決して珍しくない。ヨーロッパ移民の間でも見られ、ユダヤ系・アイルランド系などの例がよく知られている。

（13）Los Angeles Y.W.C.A., “Minutes of Board of Directors,” Sept. 27, 1922（カリフォルニア州立大学ノースリッジ校所蔵）。この書面では、ロサンゼルスＹＷＣＡは支部である日本人ＹＷＣＡのために、trusteeとしてその資金を管理し、インターナショナル・インスティテュートと日本人ＹＷＣＡが、九千五百ドルのイースト・サード街の不動産物件の購入に使われると明記されている。また日本人ＹＷＣＡの不動産は、名義はロサンゼルスＹＷＣＡではあるが、その資金面と管理面の義務と権利において、日本人ＹＷＣＡにのみあると書かれている。

（14）『回顧二十年』、六頁。

（15）Tara Shioya, “Japantown Asks ‘Y’: The YWCA’s Financial Straits Reveal Layers of a Neighbor’s History,” *SF Weekly.* (Oct. 16, 1996), http://www.sfweekly.com/issues/1966 – 10 – 16/news.html, Sept. 14, 2001.

（16）Julie Felner, “Unlikely Foes Face off,” *Ms.* (Aug./ Sept. 1999), pp. 28 – 9.

（17）これは筆者の証言（deposition）の日程であった。この直前の和解は予期されぬものであった。

## 【推奨関連文献】

飯野正子『もう一つの日米関係史――紛争と協調のなかの日系アメリカ人』有斐閣、二〇〇〇年
飯野正子・亀田きぬ子・高橋裕子編『津田梅子を支えた人びと』有斐閣、二〇〇〇年
小檜山ルイ『アメリカ婦人宣教師――来日の背景とその影響』東京大学出版会、一九九二年
吉田亮『アメリカ日本人移民とキリスト教社会――カリフォルニア日本人移民の排斥・同化とE・A・ストージー』日本図書センター、一九九五年

COLUMN

# 社会主義フェミニズムの先駆者、ジョセフィン・コンガー=カネコ

大橋 秀子

アメリカで、「フェミニズム」という言葉がはじめて登場するのは、一九〇六年の『レビュー・オブ・レビューズ（*Review of Reviews*）』に掲載された「ヨーロッパ諸国におけるフェミニズム」であるという。一九一〇年代には、「フェミニズム」の正確な定義を求める論争が多くの雑誌で繰り広げられた。また一九一四年には、フェミニストたちが「私にとってフェミニズムとは何か」といったテーマの講演会をニューヨークで再三に開催している。このフェミニズムの萌芽期に、社会主義思想とフェミニズム思想の融合に苦闘した女性に、ジョセフィン・コンガー=カネコ（Josephine Conger-Kaneko）がいる。彼女は当時の唯一の社会主義フェミニスト誌『ソーシアリスト・ウーマン（*The Socialist Woman*）』を発行して、女性たちの社会意識の覚醒をめざした。彼女は、女性の政治参加の必要性を次のように述べている。

「女性に選挙権を与えるべきではない。なぜなら女性は武器を持つことができないからだ」といわれる。私は男性にこそ選挙権を認めるべきでないと、言いたい。（中略）なぜなら男性がトーチや銃剣を身につけて「家庭のために、祖国のために」と歌いながら行進するとき、男性の「家庭」は家や土地を意味し、「祖国」は国王や支配者階級を意味してきたからだ。女性が同じ歌を歌うなら、私たちは家族全体の鼓動、両親、子どもなど、人間の鼓動を感じて歌うだろう（後略）。

COLUMN

コンガーは「男性の言葉には彼らの占有意識が潜んでいる」とジェンダーを論じ、女性が求めているのは真のヒューマニズムであると主張した。彼女は綱領に「男女の平等」を謳う当時唯一の政党、アメリカ社会党の一員だった。しかし党員の多くは、女性が直面している課題は社会主義社会になれば解消すると考えて、女性問題を軽視しがちだった。彼女は、男女間の不平等や対立が残る限り、社会主義社会になっても社会の安定はないと主張して、フェミニズムの立場にたった社会主義思想を論じ続けた。

コンガーは一八七二年、ミズーリ州北部に位置するセントラリアで出生した。彼女の生家は南北戦争以前から南部に住む生粋の民主党員の家系であった。エマソンやカーライルに熱中する文学少女として生育した彼女が社会主義思想に目覚めるのは、同州トレントンに開校されたラスキン・カレッジへの入学がきっかけである。社会改良思想の実践を旨としていた同校で社会科学を学び、卒業後は週刊の社会主義紙『アピール・ツー・リーズン（Appeal to.Reason）』の記者になる。同新聞は平均五〇余万部の発行部数を持ち、特別号では四一〇万部という、当時の世界記録を誇示していた。コンガーはここで「『アピール』紙の賢明な女性読者たちへ（Hints to *Appeal's* Wise Women）」という女性欄を担当し、女性の覚醒を謳う詩やエッセイ、あるいは各地の女性運動の動向を紹介した。この女性欄を読んだ女性たちはコンガーに共感のメッセージを送った。それはスタートして二、三ケ月の間に一千通以上にも達するものだったという。コンガーは次第に、女性のための女性の新聞が必要だと考えるようになっていった。

その後、シカゴのセツルメント運動の取材などから、人種や民族問題など幅広い社会問題に関心を寄せるようになったコンガーが、金子喜一と出会う。金子は、明治の社会主義者の堺利彦から「アメリカにおける最古、最大の平民新聞寄稿家」と評されていた社会主義者だった。『平民新聞』『六合雑誌』などの日本の諸雑誌にアメリカ社会主義の動向を伝え、またアメリカの新聞や雑誌に日本の情報を紹介するなど、彼は日米社会主義交流史の上で欠くことのできない人物である。二人は頻繁に手紙を交換し、社会観や人生観を論じ合って、結婚の決意を固めていく。結婚は一九〇五年一〇月、日本人排斥運動や黒人の隔離などに象徴される激しい人種差別が進行していた時代であった。社会主義フェミニズムの発展を期していた二人は、一九〇七年六月シカゴで『ソーシアリスト・ウーマン』を創刊する。一二〇人の予約購読者でスタートするが、一九〇九年三月に『プログレッシブ・ウーマン（*The Progressive Woman*）』（一九一三年一一月に『カミング・ネーション（*Coming Nation*）』と再改題）とタイトル変更した頃から定期購読者が増加し、一九一〇年六月には一万五千部、参政権運動などの特集号では一〇万部余の発行を記録した。雑誌はヨーロッパの国々はもとよりアジアや南アメリカなど世界各地で読まれた。日本でも幸徳秋水や堺利彦ら平民社の関係者あるいは福田英や今井歌ら先進的な女性たちの間で購読された。

人種やジェンダーの平等を階級の平等と同等に位置づけようと試みたコンガーの営為は、十分な評価を受けているとはいい難い。しかしながら、彼女を含む多くの女性たちの苦闘がフェミニズムの発展につながったことは、忘れられてはならないだろう。

ジョセフィン・コンガー＝カネコ
*Little Love and Nature Poems (1904)*から

【推奨関連文献】
有賀夏紀著『アメリカ・フェミニズムの社会史』勁草書房、一九八八年
篠田靖子著『アメリカ西部の女性史』明石書店、一九九九年
L・サージェント編　田中かず子訳『マルクス主義とフェミニズムの不幸な結婚』勁草書房、一九九一年

COLUMN

# ハリエット・ボウスロッグ――弱者の側に立った白人女性弁護士

高木(北山)眞理子

美しい黒髪に端正な顔立ち。すっきりとしたスーツをきちんと着こなし、ハリエット・ボウスロッグ弁護士は胸をはって法廷に立った。一九四六年のハワイ砂糖プランテーションにおける大規模なストライキの最中に、労働者側の弁護のために登場したハリエットの姿は、ハワイ住民の誰にとっても印象的だった。ハリエットの巧みな弁護のおかげで、ストの真只中、多くの場合いいがかりに近い理由で逮捕された労働組合員は、誰も刑務所に送られずにすんだ。これまでは、警察は経営側の利害に立つのが常で、経営側に不都合な人間を逮捕して組合から引き離してきた。またいったん捕まった者は、厳しい有罪判決を免れなかった。そこでこの時、実際警察に連れて行かれた仲間が刑務所に送られずにすんだことに、労働者は驚きかつ喜び、ハリエットに感謝した。

一方で、それまではハワイの司法、立法、行政の三機関全てに対して絶大なる影響力をもっていた砂糖産業にかかわる五大財閥関係者は、ハリエットという女性の弁護士の登場にとまどったらしい。当時、ハワイの法廷には女性弁護士はほとんどおらず、裁判官といえば白人男性であった。彼らはこの白人女性弁護士に対して、「女」を「見下す」典型的な男の態度をとったという。だが実際は、「女なんかに何ができるものか」とタカを括っていた男性裁判官や弁護士は、ハリエットの理路整然とした弁護にたじたじとなった。ハリエットは、「女性」だからこそほかの誰にもできない仕事ができると信じて、「弱者」の側に立ち続けたのである。それは並みの人間にはできない、勇気と行動力を必要とする仕事であっただろう。

ハリエットは、砂糖関係の五大財閥の白人が権力を握り、多様な移民からなる労働者が劣悪な労働条件のもとに働かされ、疎外されている封建的なハワイ社会を、すこしでも民主的な平等な社会に変えたいと思った。彼女は、成長しつつあった労働組合ＩＬＷＵの顧問弁護士として力を尽くした。そればかりか、個々の貧しく、無力な人のための仕事も積極的に引き受けた。大企業に土地を不当に奪われたと訴える先住民ハワイ系の土地返還訴訟。夫の虐待に悩む女性の離婚訴訟。貧しいがゆえに弁護料の払えない人々には「無料で」仕事を引き受けた。

特に戦前から戦争直後にかけてのハワイは白人優位があからさまで、白人に危害を及ぼした非白人の犯人は、厳罰を受けるのが当然であったが、非白人または貧者に危害を及ぼしても、権力をもつ白人は、なんらかの形で厳罰を免れるのが通例であった。一九四八年、多くのハワイ住民が注目する事件が起こった。脱獄囚の二人、メイジャーズとパラキコ（James Majors, John Palakiko）が、ハワイの名門家系の白人女性ワイルダー夫人（六十七歳）を絞殺した容疑で逮捕されたのである。二人ともハワイで生まれ育った貧しく素行も良くない青年で、従来の通例どおり極刑を免れないだろうと思われた。案の定死刑判決を受けた二人だったが、この二人を弁護するため、ハリエットが立ち上がった。彼女にとって、これは「不当」であり、なんとしても「正さなくてはならない事件だったのだ。

この事件を見ながら、ハワイの年長の日系人は、一九二八年に一人の日系青年がおこした事件を思い出していた。それは、勤勉だが貧しく内向的だった十九歳の日系二世マイルス・フクナガが、豊かな白人家庭ジェイミソン家の一人息子を誘拐・殺害した犯人として逮捕され、日系コミュニティのみならずハワイ社会全体を驚愕させた事件だった。フクナガがこのような凶悪な事件を起したのには、身代金を手に入れて貧乏な親を助け

COLUMN

たいというそれなりの理由があったのだが、裁判では彼の家庭環境や精神状態は全く配慮されなかった。フクナガの裁判はたったの四日、陪審員の審理はたったの二時間、そして死刑宣告がなされてから死刑執行までは二週間ほどしかなかった。この当時の非白人の「命」の軽さが現れていたのではなかろうか。

今回のメイジャーズとパラキコの事件でも、やはり死刑判決となったが、ハリエットは、警察が取調べ中自白を強要した事実をつかみ、判決の不当性を訴えた。新たな死刑施行日が決まるごとに延期をとりつけ、減刑を要求し続けた。最終的に一九五四年六月、時のハワイ知事キングが減刑を承認し、一九六二年になって二人はついに釈放された。ここにこぎつけるまで、メイジャーズとパラキコはなんと五回の死刑施行日を乗り越えたのだった。このプロセスで、ハワイでは死刑廃止の議論がおこり、他の州よりもはやく、ハワイは死刑を廃止する方向へ進んだ。ハワイの死刑廃止にはハリエットの影響力が大であったといえるのである。

五大企業関係者やその息のかかった政治家、弁護士からは異端視されたハリエット。しかし、ハワイ社会が前近代的、封建的ともいえる社会から脱却し、より民主的な社会に変貌をとげた陰に、ハリエットの力があったことは、今は誰もが認めている。ハリエットは、弱者のための弁護士として仕事を続け、一九九八年に八十五歳で亡くなった。

【推奨関連文献】

高木眞理子『日系アメリカ人の日本観――多文化社会ハワイから』淡交社、一九九二年
Matsuda, Mari J. (ed.). *Called from Within: Early Women Lawyers of Hawaii*. (Honolulu: University of Hawaii Press, 1992)

COLUMN

# 『ラモーナ』――先住民を救う第二のストウ、ヘレン・ハント・ジャクソン

武田 貴子

一八七九年秋、ヘレン・ハント・ジャクソン（Helen Hunt Jackson）は、ポンカ族インディアン首長スタンディング・ベアとその仲間がインディアン部族の窮状を訴える演説をボストンで聞いた。一八三〇年のアンドルー・ジャクソン大統領の下でのインディアン強制移住法とそれに続く「マニフェスト・デスティニー（明白なる運命）」のかけ声に促された白人の西漸運動は、先住民やメキシコ人から生命や土地を奪い、文化を根こそぎ叩きつぶすことで達成された。一八六〇年代から八〇年代にかけて西部は、自らの生活圏を文字通り死守しようとする先住民と彼らの土地を奪おうとする白人の後ろ盾であった政府騎兵隊が激しく争う戦場となったのである。合衆国政府の非道なやり方に激怒したジャクソンは、先住民に関する資料を徹底調査し、一八八一年四五〇頁以上に及ぶ『恥辱の世紀』を出版し、政府の先住民に対する裏切り・弾圧の歴史を明らかにした。

政府に働きかけ、自ら「インディアン問題特別調査委員」にもなったジャクソンだったが、先住民の苦境にもっと多くの人の関心を引きつける必要を感じた。ストウ夫人の『アンクル・トムの小屋』にならって、小説の執筆を思い立った彼女は、一八八三年の秋、天啓のようにプロットを思いつき一気に書き上げた。「もしストウ夫人が黒人のためになしたことの百分の一でもインディアンのためになすことができたら、ありがたく思います」と翌年一月一日付けの手紙にしたためている。こうして書かれたのが、『ラモーナ』である。出版後は大きな反響を呼び、ベストセラーとなって、舞台化、映画化もされた。

## COLUMN

『ラモーナ』の舞台はかってメキシコ領であった南カリフォルニア、この地の大農園を営むスペイン系のモレーノ一族を中心に物語は始まる。農園を仕切るモレーノ未亡人、その一人息子フェリーペ、一家に引き取られている美しい娘ラモーナ、栄華を誇った一家も、カリフォルニアがアメリカ合衆国の一部となってから、衰退の一途にある。白人に見えるラモーナには、本人も知らない出生の秘密があり、実のところは先住民との混血娘であった。モレーノ未亡人の姉ラモーナは、婚約者がありながら他家に嫁ぎ、裏切られた婚約者はすさんだ生活の中で先住民女性との間に娘を得て、忘れられない女の名を取ってラモーナと名付けた。死を直前にして、婚約者はかっての恋人に幼い娘の養育を頼むが、彼女もまた病に倒れ、妹のモレーノ夫人にラモーナを託したのだった。

ラモーナは今や十九歳、天使のような美しさである。フェリーペは密かに、彼女に好意を寄せているが、ラモーナは農園に出入りする先住民の青年アレッサンドロに恋する。二人はモレーノ夫人の反対を押し切って、駆け落ちをするが、アレッサンドロの住むインディアン部族の土地も白人に巧妙に奪われ、その土地から追い出されてしまう。親戚を頼って、カリフォルニアを南下し、つかの間の幸せを得たものの、その土地もまた白人に奪われてしまう。次々と襲いかかる苦難に、アレッサンドロは精神に異常をきたし始め、ついには馬盗人と間違われて殺されてしまう。一方、ラモーナとアレッサンドロの行方を捜していたフェリーペは、瀕死になったラモーナをようやく探し当てる。ラモーナを彼女の娘とともに、モレーノ農園に連れ戻すが、その農園もアメリカの横暴によって土地を奪われ、フェリーペはメキシコへと移住をはかる。その地でようやくラモーナの愛を得て、結婚する。

『ラモーナ』には、白人の横暴な土地収奪のあり方と先住民の窮状を訴えるというジャクソンのメッセージと、大衆に読まれるためのラブ・ロマンスという二重の負荷が課せられていた。反対にあいながらも、混血娘ラモーナが先住民アレッサンドロとの恋を成就させて、しかし、その幸せを次々と白人の横暴によってうち砕かれていく様を、ジャクソンは克明に描き出すことで先住民の窮状を訴えつつ、同時に大衆のセンチメンタルな感情を刺激するという悲恋のロマンスを生み出した。出版直後、ジャクソンは大衆の目がラブ・ロマンスにだけ向けられ、先住民に対する同情の声が聞こえないことに不満を抱いたが、結局のところ、先住民問題を解決しようとする端緒となったことは事実である。

今日作品をエスニシティとジェンダーの観点から見ると、ジャクソンのそれらに対する意識が複雑であることに驚かされる。白人と先住民の結婚がまだタブー視されていた一九世紀末に作者が、混血娘ラモーナを主人公に置いたのは先住民と白人を結ぶ絆として意図したのだろう。しかし、出生の秘密を知らされて、アレッサンドロと同じ血を持つことを喜んだラモーナが、結局白人フェリーペの愛を受け入れるという、もう一つのラブ・ロマンスに、作者が白人・男性優位のヒエラルキーから逃れえなかったことが見え隠れしていることも否めないのである。

【推奨関連文献】

Helen Hunt Jackson, *Ramona* (Boston: Robert Brothers, 1884)
武田貴子、緒方房子、岩本裕子『アメリカ・フェミニズムのパイオニアたち』彩流社、二〇〇一年

COLUMN

# メアリー・M・ベシューンとブラックキャビネット

太田 美幸

第二次ニューディール期には、近年、公民権運動の萌芽期としての新たな評価が与えられつつある。全国黒人向上協会NAACPなどの組織がそれまで個別に行なっていた自立の活動を、ニューディール期に設立された全国青年局（NYA）黒人部の部局長メアリー・マクロード・ベシューンと、彼女に率いられた連邦政府内黒人指導者集団ブラックキャビネットが、政治勢力として統合し、黒人運動に具体的な実践という経験の場を与えたからである。

ベシューンは、全国黒人女性活動家であり、実業学校の設立者として、ブッカー・T・ワシントンの協調的な経済的自立路線の継承者として知られていた。しかし、一九三五年黒人女性の統括組織全国黒人女性会議NCNWを設立し、W・E・B・デュボイスの自主独立路線への接近を明確にした。翌一九三六年、彼女は「総合的自立的な黒人プログラムを通して、黒人青年のアメリカ社会への連合と参加を促進する」ことを目標として、全国青年局黒人部局長という連邦政府行政官の道を選択した。このように、デュボイスとワシントンの基本原理を融合し、黒人指導者の育成と実践によって体制内改革を目指すという独自の思想を確立して、ベシューンが政治家としてのスタートを切ったのは六十一歳のことである。

ベシューンの実践は、まず黒人問題連邦会議FCNA（黒人新聞がブラックキャビネットと紹介）の出席者が当初は三五人中七人のみであったことが示すように、内部分裂していた連邦政府内黒人行政官を団結させることであった。彼女は、組織作りのために、自分はエレノア・ローズヴェルトとの親交を利用して連邦政府とのパイプ役になり、カフェテリアの黒人行政官への開放などすでに局内で実力を持っていた多数派のロバート・ウィーヴァーを中心とした高学歴の若いメンバーに、肌の色・性別・宗教に関係なく平等に実務を分担させた。こうして彼女は「ママ・ベシューン」と呼ばれるほど信頼を集め、二〇名を超えるメンバーの団結に成功した。

さらに貧しい南部生まれの黒人女性として少数派に属すベシューンは、多数派以外の黒人男女に対しても連邦政府行政官への道を切り開くため邁進した。それが、ブラックキャビネットが全国黒人組織および黒人を結ぶネットワークを実現した一九三七年の第一回黒人と黒人青年の問題に関する全国会議である。これはベシューンが『ピッツバーク・クーリエ』紙に、ウィーヴァーが『オポチュニティー』誌に活動を記述しているが、政府と黒人を結びつけるために彼らが選択した情報公開の方針をも反映している。

この会議を議長として主催したベシューンは、全国青年局の公認を勝ち取り、六つの全国黒人組織の会長による演説のみならず、エレノア・ローズヴェルト自身による演説をも実現した。会議には、東部地域を中心に二〇州から八九人の黒人指導者が参加し、彼らを通して、また多くのマスコミを通じて、ブラックキャビネットと州黒人指導者との連帯が、一般の黒人にも知らされた。

これらの演説の後に、会議のメーンイベント、経済・医療・法律など最重要で緊急の問題に関する四部会が、開かれた。これらの部会での審議は、全国黒人向上協会のワルター・ホワイトなど全国黒人組織の代表が司会し、ウィーヴァーなど若手メンバーの助言で進行したが、このことは連邦政府と黒人大衆組織の指導者が連帯する第一歩が標されたことを示している。

COLUMN

この黒人と黒人青年の問題に関する全国会議以後、有力なメンバーがもっと重要な役職に転任し、後を会議参加者を含む新たに登用された黒人の男女メンバーが継承した結果、一九三九年までに黒人指導者の四〇人以上が連邦政府のほとんどの部や局に職務を得て、重層的に組織を拡大していった。そして彼らは一九三〇年代後半から一九四〇年代にかけて、全国黒人組織や黒人も参加した黒人自立に向けた州プログラム活動を展開することによって、公民権運動期への礎を築いたのである。

【推奨関連文献】

秋元英一『ニューディールとアメリカ資本主義』東京大学出版会、一九八九年
上杉忍『公民権運動への道――アメリカ南部農村における黒人のたたかい』岩波書店、一九九八年

# 第三部

# 記憶し記録されるエスニシティ

スー族のパウワウの祭

# 第九章　場所をめぐる記憶

## アメリカ先住民と記憶の景観
## ——リトルビッグホーン戦場とサンドクリーク虐殺地

内田 綾子

### 一　国立史跡とアメリカ先住民

本章では、一九世紀後半にアメリカ先住民と合衆国が衝突した二つの事件、リトルビッグホーンの戦い（一八七六年）とサンドクリーク虐殺（一八六四年）の跡地をめぐる近年の動きを検討し、今日の先住民にとってこれらがいかなる意味を持ち、さらにアメリカの公的記憶が彼らの歴史意識とどのような折り合いを見せているのかを考察する。史跡や博物館など公共の場でマイノリティの文化や過去がどのように表象され、語られているかは、社会の文化・歴史観を探るひとつの指標といえよう。内務省国立公園局が管理する国立史跡や記念物は、合衆国民の公的記憶を形成し、コンセンサスを反映するという点で文化的・政治的に重要な役割を担ってきたが、近年ではこれらが誰にとっての、何のための記念なのかが問われるようになってきている。とりわけ一九世紀の西部開拓史上、合衆国騎兵隊が先住民と衝突し、虐殺を行なった跡地の表象と意味づけは複雑である。これらの場所で国立公園や国立史跡として指定されているものは、全米でも二〇程度にすぎず、残りの多くは歴史の闇に埋もれている(1)。長らく先住民はこのような史跡を解釈する主体とされてこなかったが、一九六〇年代以降、先住民運動の高まりとともに、従来の歴史解釈や文化的表象に対して異議を唱えるようになってきた。人々は現在の観点から過去を捉えなおす一方で、記憶を通じて自らの位置を確認する。その意味で、記憶は人々のアイデンティティと深く関わっているといえよう。先住民との対話・交渉によって、西部史をめぐる記憶の「景観」(landscape) にどのような変容が生じてきているのかを跡地の分析を通して探っていきたい。

## 二　リトルビッグホーン戦場論争

### 戦場の記憶

モンタナ州東南部のクロウ族保留地内に位置する「リトルビッグホーン戦場国立記念施設」は、一八七六年に合衆国陸軍が平原インディアンの部族と戦って大敗を喫した地として内外に知られ、毎年三〇万人以上の観光客が訪れる。一世紀以上にわたり、大佐G・A・カスター (George A. Custer) をはじめとする第七騎兵隊の英霊を悼み、陸軍への忠誠心を育む巡礼地であり続けたが、近年、その性格は変容をとげつつある。リトルビッグホーンの戦いとは、一九世紀後半、西部の土地資源を求めて進出した合衆国の軍勢に対して、スー (ラコタ) 族の族長シッティング・ブル達の率いる平原インディアン連合軍が反撃を収めた歴史的に稀有な事件である。合衆国政府は一八六八年にワイオミング州ララミー砦で条約を結び、スー族の聖地ブラックヒルズ (現在のサウスダコタ州西端) を含む広大な土地をスー族保留地として約束していた。しかし、まもなく一八七四年、ブラックヒルズで金鉱を発見すると、政府は開拓者の移住を促し、ブラックヒルズの買収を申し出た。スー族はこれを条約違反として非難し、保留地内に閉じ込められることを拒んだため、両者の間に緊張が高まっていった。一八七六年春にシッティング・ブルの一団が部族の狩猟地であった現在のモンタナ州東南部パウダーリバー付近に移動したところ、シェリダン陸軍中将は、彼らを保留地に引き戻すために軍を派遣し、これに加わったのが約六百人の士官・騎兵から成るカスター大佐の第七騎兵隊である。カスターは合衆国陸軍史上、最年少の二十三歳で少将となり、南北戦争や他のインディアン討伐戦で有能な軍人として名を馳せていた。一八七六年六月二五日、カスターの部隊はリトルビッグホーンのインディアン集落の急襲を試みたが、二千人以上のスー族やシャイアン族、アラパホ族の連合軍に取り囲まれてたちまち全滅し、約二一〇人が死亡した。カスターの死は合衆国独立百周年に沸きあがる首都ワシントンに衝撃を与え、以後、平原部族に対する一連の武力制圧が一八九〇年のウンデッドニー虐殺事件に至るまで行なわれていった(2)。

その後のリトルビッグホーンの戦いをめぐる文化状況は、事件がアメリカ人に与えた心理的インパクトの大きさを物語っている。戦場は一八七九年に合衆国戦争局が管轄する国立墓地に指定され、二年後に陸軍犠牲者のための慰霊塔が建てられた。カスターの遺骨がウエストポイントの国立墓地に移されてからも、跡地は「カスター戦場」として陸軍兵士の英霊を称える巡礼地となっていった。カスターは生前から体験記を書いたり、インタビューを受けるなど大衆の人気を集めていたが、死後、妻エリザベスが発表した伝記などによってカスター神話が定着していった。リトルビッグホーンでカスター部隊が先住民に包囲されて倒れる場面は、西部開拓史のエピソードで頻繁に語られ、数多くの絵画やイラストのテーマとなった。とくに、バドワイザーで知られるビール会社の広告ポスター「カスターの最後の抵抗」は一九世紀末以来、全国の居酒屋や食堂を飾り、第二次世界大戦中には陸軍省が各地の軍兵舎に大量のコピーを配布して士気を高めるために利用した。二〇世紀の大衆小説や西部劇、映画もリトルビッグホーンの戦いを繰り返しとりあげ、「野蛮なインディアン」を制圧するために命を捧げた英雄カスターの悲劇は、荒々しいフロンティアを克服して国家統合をはかった合衆国の栄光、マニフェスト・デスティニーの歴史観を支えていったといえる。

このように一方的な戦争解釈と表象に、先住民側の視点や声が入り込む余地は久しくなかった。一九二五年、跡地での五〇周年式典を翌年にひかえて、シャイアン族兵士の遺族であるトマス・ビーバーハート夫人が合衆国陸軍省に先住民兵士のための記念碑建立を請願したが、長年回答は得られなかった。跡地の名称は、一九四〇年に陸軍省から国立公園局へ戦場の管理が移ってからも「カスター戦場国立記念施設」としてカスターの名を冠していた。一九五二年に設けられた歴史博物館とビジターセンターではカスターや第七騎兵隊の奮闘を伝える展示内容が中心であった。犠牲になった合衆国兵士の手記や証言、遺品が並ぶ一方、先住民についてはシッティング・ブルに関する短い説明と武器や衣装、装飾品以外に歴史的資料や証言の展示は無かった。戦勝地でありながら、カスター一色のリトルビッグホーンを訪れる先住民は少なく、スー族やシャイアン族の長老たちも、カスター信奉者や政府からの圧力を感じて戦いの記憶を公で語ろうとはしなかった(3)。

## 先住民による異議申し立て

カスターを中心とした戦争観と表象が揺らぎ始めたのは、一九六〇年代に先住民の意識覚醒が高まり、主流の歴史解釈に異議を唱えるようになってからである。リトルビッグホーンの戦いで命を落とした約六〇人の先住民兵士は、戦闘後、仲間や親族によって部族の風習に従って付近の渓谷に弔われたが、これらの死者にも陸軍兵士と同様の名誉を与え、戦場跡地に慰霊碑を建立すべきだという声が先住民の若い世代を中心にあがるようになった。一九七二年にＡＩＭ（American Indian Movement）の活動家たちは、合衆国政府に公正な先住民政策を求める抗議運動「破られた条約の旅路」の一環として、先住民兵士を称える慰霊銘板を跡地に据えようと試みた。また一九七六年のカスター戦跡での百周年式典の際には、苦悩のシンボルとして星条旗を逆さに携えてデモを行ない、従来の戦場解釈に対して抗議した。この時期に新たに登場したのが、先住民抑圧のシンボル、マニフェスト・デスティニーの尖兵としてのカスターのカウンターイメージである。スー族の歴史家で法律家でもあるヴァイン・デロリアが一九六九年に発表した先住民運動の先導書『カスターは汝が罪ゆえ死せり』（*Custer Died for Your Sins*）では、タイトルに聖書の言葉とカスターの名が象徴的に用いられている(4)。対抗文化が盛り上がる中、翌一九七〇年の映画『小さな巨人』において、カスターは白人文化の退廃を象徴する、傲慢な軍人として登場する。

先住民側としばしば衝突してきた国立公園局は、これらの動向を受けてカスター礼賛の跡地をより中立的な史跡へ変えようとする姿勢を見せはじめた。ビジターセンター内にある歴史博物館は一九六〇年と一九八六年に改修されたが、よりバランスのとれた展示や案内が模索された。特に国立公園局はカスターの名を冠する名称について変更を検討したが、リトルビッグホーン協会やカスター戦場歴史博物館協会といった全国に広がるファンの強硬な反対にあって、議論が進まなかった。彼らの圧力のもと、ベストセラーとなった先住民抵抗史、ディー・ブラウン著『わが魂を聖地に埋めよ』（一九七一年）をビジターセンターで販売することもままならない状態が続いた(5)。

その後も戦場跡地の解釈をめぐるカスター信奉者と先住民側の緊張は続いた。一九八八年の一一二周年式典では、ＡＩＭリーダーのラッセル・ミーンズたちが跡地にのりこみ、国立公園局の許可を得ないまま、先住民兵士のための約九〇センチ四方の慰霊銘版を跡地のシンボルである陸軍兵士慰霊碑の付近に埋め込んだ。「合衆国騎兵隊と戦って勝利をおさめたインディアン勇士の名誉を称える。彼らは女性や子どもらを大量殺戮から救い、我々の領土、条約、主権を守ろうとした。」と刻まれた銘板は、陸軍兵士の霊を冒涜するとして論争を呼んだ。国立公園局はまもなくこの銘板をとりはずしたものの、先住民側の歴史観を示す資料として、ビジターセンター内に展示する措置をとった。跡地を訪れる観光客の多くは先住民兵士の慰霊碑建立には共感したが、慰霊銘版のメッセージと埋められた位置については疑問視する声が多かった。緊張を和らげようと国立公園局は一九九〇年、ユート族とチェロキー族の血をひくバーバラ・ブーハーを先住民初の施設監督官に任命したが、ブーハーがより中立的な戦場名称への変更と先住民慰霊碑の建立に賛同すると、カスター支持者が一斉に批判を投げかけたのである(6)。

## 戦場の名称変更

長年の対立と論争を経て、一九九一年、ついに戦場の名称変更と先住民慰霊碑建立にむけての法案が連邦議会に導入された。これを強く後押ししたのが、当時コロラド州下院議員であったベン・ナイトホース・キャンベルである。北シャイアン族の出身で、リトルビッグホーンで戦った曽祖父をもつキャンベルは、以下のように語った。「今日、カスター戦場ではインディアンの視点がまったく反映されていない。……歴史はたいてい勝利した側が記録していく。だから悲劇の跡地をめぐるインディアンの見解はおよそ異なっている」。従来の偏った名称「カスター戦場国立記念施設」は、地名に基づく「リトルビッグホーン戦場国立記念施設」に改めるべきであり、また、先住民慰霊碑は、自らの伝統と生活を守るために戦った先住民の姿を照らし出し、戦争の解釈に奥行きとバランスをもたらすはずだと主張した(7)。

カスター支持派は、先住民慰霊碑について「次に何が来る？　真珠湾に日本人の、アラモにメキシコ人の慰霊碑でもつくることになるまいか」と反論したが、名称変更についてはいっそうの抵抗を見せた。一九九一年六月にモンタナ州で開かれた上院公聴会で変更反対派と支持派が議論を交わした。元施設監督官J・コートやカスター戦場歴史博物館協会、M・ワロップ上院議員等の反対派の言い分は、「カスター戦場」という名称は一八七七年から使われており、それを変更することはカスターを冒涜して「歴史を修正する」ことになり、観光産業にとってもマイナスというものだった。一方、西部史の歴史家R・アトリーなどの変更支持派は、国立公園局が管理する戦場として個人名を冠した「カスター戦場」は異例で、よりバランスのとれた歴史解釈を促すためにも地名リトルビッグホーンを採用すべきと主張した。また、カスターの名は戦場以外にもすでに地元の各地で使われていることから、観光への影響は限られていると反論した(8)。そもそも名称変更をめぐる論争がこれほど加熱したのは、名称に伴う歴史的記憶のヘゲモニー性に発しているといえよう。カスターの名を冠した戦場は、これまでおのずと主流の歴史解釈の優位性、戦争をめぐる記憶のコントロールを支えてきた。名称を変えることは従来の歴史観を修正し、解釈に変換を迫ることになる。しかし、コロンブスのアメリカ到着五百周年を翌年にひかえ、先住民との和解を意識し始めた世論は、もはや一九世紀的な名称を支持しなかった。多くの論争を経て、キャンベルが導入した法案は一九九一年一二月、ついに立法化し、跡地は「リトルビッグホーン戦場国立記念施設」へと正式に改称され、先住民の慰霊碑建立にむけて諮問委員会が組織された。

## 先住民兵士の慰霊碑建立

名称の変更はただちになされたが、慰霊碑の実現には時間を要した。一九九四年に戦いに参加した各部族の代表を含む一一人の諮問委員会が設置され、慰霊碑のデザインと場所を検討することになった。当初、建設費は個人・団体による献金でまかなう予定だったが、宣伝不足もあって期待通りに集まらなかった。国立公園局は戦場への入場料値上げに踏み切ったが、その後、モンタナ州の代表団が連邦政府からの資金獲得のために議会にはたらきかけた。その結果、二〇〇一年一〇月、内務省予算の中に二三〇万ドルの慰霊碑建設費が認められて翌年四月に着工し、二〇〇三年六月二五日の一二七周年記念日に約四千人が見守る中、除幕式が行なわれた。五百以上の懸賞作品の中から選ばれた慰霊碑のデザインは、「協調による平和」をテーマに、先住民の歴史的役割と犠牲を顧みる空間として、戦場跡地全体の解釈にバランスと和解をもたらす意味がこめられている。先住民慰霊碑は陸軍兵士の慰霊碑から北西に六八メートルほど離れたところに位置し、平原インディアンの円錐形住居ティーピーを模して古代様式の土塁で囲まれた円形空間である。東側の入り口から足を踏み入れると中央に儀式を行なう赤土の広場があり、北側の壁には馬にまたがって出陣しようとしているスー族とシャイアン族、アラパホ族の三人の勇士、そして最後の一人に盾を手渡す先住民女性の姿を象ったブロンズ像が跡地の風景を背景に立っている。内壁には第七騎兵隊の斥候を務めたクロウ族とアリカラ族も含めた各部族の犠牲者名と当時の様子を伝える慰霊銘板がとりつけられている。南側の壁に設けられた門からは、ちょうど陸軍兵士の慰霊碑が視角に収まる構造になっている。そこを通じてかつて敵同士だったスピリットが交流するというイメージであり、先住民の英霊を慰める一方で、合衆国との和解も示唆されているのである(9)。

今日、ビジターセンターでは、博物館での展示以外にパークレンジャーによる戦場解釈の案内、教育プログラムが実施されている。博物館の充実や史料保存の改善など課題を多く残しているリトルビッグホーン戦場であるが、今後、先住民の記憶も含めて戦場をどのように複眼的に表象して位置づけ、合衆国の公的記憶の中に反映させていくのかが注目される。

## 三　サンドクリーク虐殺地の顕彰

### サンドクリーク虐殺事件

先住民の史跡をめぐる近年のもうひとつの動きとして注目されるのが、サンドクリーク虐殺地の国立史跡としての顕彰である。一八六四年一一月二九日に現在のコロラド州で起こったサンドクリーク虐殺は、犠牲となったシャイアン族とアラパホ族の間で世代をこえて語り継がれてきたが、合衆国の公的歴史では長らくとりあげられることがなかった。リトルビッグホーンがカスター戦場として、一九世紀末から国立史跡として扱われたのに対し、サンドクリークは長年、慰霊碑もないまま「景観」に埋もれてきたという点で対照的である。サウスダコタ州のウンデッドニーと並び、サンドクリークは合衆国が近年、顕彰にむけて取り組み始めた虐殺地の先例として重要な意味をもっている。

コロラド・テリトリーにおける白人移住者と先住民の対立は、各地で発生した状況と共通点がある。一八五八年にゴールドラッシュが起こると大勢の開拓者が移住し、農業や放牧、商業活動に着手したが、まもなくバッファロー等の狩猟経済に依拠する先住民の生活と衝突するようになった。一八六四年にJ・エバンズ知事は、南シャイアン族とアラパホ族に保留地と引き換えに彼らの狩猟場を明け渡すよう要求し、合衆国騎兵隊大佐J・シビントンに指揮を委託した。議員当選を目指していたシビントンは、元牧師でありながらインディアン討伐に乗り出し、鉱山労働者から成る民兵を率いてシャイアン族の集落を襲い、ライオン砦近くに移住するよう命令した。ブラック・ケトルは指示どおり、約五百人から成る彼のバンドを移動させ、砦から四〇マイル離れたサンドクリークに落ち着いた。ところが、一一月二九日早朝、シビントンは約七百名の民兵を引き連れて集落を急襲し、ブラック・ケトルの星条旗と白旗を掲げた休戦の意志表示にもかかわらず、虐殺を開始した。その結果、一五〇名以上の先住民がサンドクリークの川岸で亡くなったが、その三分の二は女性や子どもであった。事件後、シビントンの一団は百人以上の先住民の遺体から剥ぎ取った頭皮を勝利の証として掲げながらデンバーの町を行進したという。後にこの事件は、その周到さ、残忍性が東部に伝わって非難を呼び、シビントンは連邦議会で尋問を受けたが、すでに事件前に軍の任務期限が切れていたという理由から罪に問われなかった。一方、事件を目撃してシビントンを告発した兵士のひとりはまもなく暗殺された。連邦政府は一八六五年のリトル・アーカンソー条約でシャイアン族とアラパホ族の遺族に補償金を約束したが、これは実行されなかった。サンドクリーク虐殺から辛うじて逃れたブラック・ケトルらも、四年後の一八六八年一一月、オクラホマ・テリトリーのワシタ川で、カスター大佐率いる第七騎兵隊によって殺害された(10)。

## 世論の変化

跡地は長らく、過去の負の記憶を消し去るかのように百年以上にわたって沈黙を守ってきた。一九五〇年に地元の市民がサンドクリーク虐殺跡地を含む広大な土地を見下ろせる崖にささやかな石碑を建てたが、映画『ソルジャー・ブルー』（一九七〇年）がサンドクリーク虐殺を当時のベトナム戦争のイメージに重ね合わせて描いた後も、地元で事件が問われることはなかったという。虐殺地の大部分は私有地だったが、先住民の骨や骨董品目当ての侵入者がたびたび跡地を掘っては荒らしていった。これらの遺物は考古学的価値があり、マニアや一部の博物館などに高値で売れたからである(11)。

一九九〇年代に入ってサンドクリーク虐殺地の顕彰にむけて大きな弾みとなった背景には、先住民の墓地や遺骨の扱いをめぐる世論の変化があった。一九世紀後半、医学・人類学・考古学などの学問が発達する中、先住民の遺骨や遺品は研究資料として戦場や墓場から持ち去られて地下室に保管され、博物館で標本として展示されてきた。一九七〇年代以降、先住民側が宗教的見地からもこのような扱いに異議を唱え、祖先の骨や遺物に対する倫理的扱いを求めるようになった。その結果、一九八九年に「アメリカインディアン国立博物館法」、翌一九九〇年に「アメリカ先住民墓地保護返還法」（NAGPRA）が成立し、全米の博物館にコレクションとして保管、展示されている先住民の骨等を要請があり次第、部族や遺族に返還することを定めた。一九九三年、シャイアン族の遺族は、スミソニアン研究所自然史博物館にサンドクリーク虐殺地から持ち去られた骨が残っていることを知り、祖先の遺骨返還を求めた。これらの骨は、軍医や兵士が虐殺地から持ち帰って陸軍医学博物館に標本として収めたもので、その後、カンザスやコロラドなどで集められた他のシャイアン族の骨とともに自然史博物館に保管されていた。返還の対象となった一八人の遺骨のうち五人がサンドクリークでの犠牲者のものであった。自然史博物館を訪れたシャイアン族の代表は、祖先の霊を鎮める儀式を行なって遺骨をオクラホマ州へ持ち帰り、南シャイアン族本部近くの墓地に多くの参列者が見守る中埋葬した。このような遺骨返還事業は、先住民が犠牲となった歴史的事件や跡地にアメリカ市民の目を向けさせることになった(12)。

これを裏づけるかのように、一九九六年にはメソディスト教会がデンバーでの全国集会で、アラパホ族とシャイアン族に対しサンドクリーク事件に関する公式謝罪を行なった。虐殺を指揮したシビントンがメソディストの平信徒牧師であったためである。この全国集会で、オクラホマ州のシャイアン族とアラパホ族の間でメソディスト牧師を務める先住民のA・ディアは、シャイアン族の親たちが今日でも子どもたちに虐殺事件について語り継いでいる事実を指摘し、過去の過ちを直視していく必要を説いた(13)。

## 鎮魂の地へ

こうして、一九九八年、サンドクリーク虐殺地の顕彰にむけた第一歩として、国立史跡としての適合性を調査する法立が成立したが、それを積極的に後押ししたのが、かつてリトルビッグホーン戦場の法案をうながしたキャンベル上院議員だった。キャンベルは上院における唯一の先住民出身議員としてインディアン問題委員会の議長も務め、先住民に関わる諸問題に取り組むようになっていた。とくにサンドクリーク虐殺は地元コロラド州で起こり、シャイアン族の祖先も犠牲となっていることから、虐殺地の顕彰には積極的であった。国立公園局はシャイアン族・アラパホ族の遺族や部族代表、地元の土地所有者とともにプロジェクト委員会を結成し、考古学的・歴史的調査を開始した。一八ヶ月にわたる調査の結果、多くの証拠が跡地から発見されたため、二〇〇〇年七月にキャンベルは、サンドクリーク虐殺地を正式に国立史跡とする法案を導入した。九月に開かれた上院公聴会では、北シャイアン族遺族会の代表とコロラド歴史協会の研究者が証言を行ない、キャンベルはコロラド州の民家で見つかった二通の古い手紙を紹介した。それは、シビントンの民兵団に加わった二名の兵士のもので、一方は事件を告発したことで後に暗殺されたS・S・ソウルの手紙である。手紙はシビントンらの周到な準備とともに、現場での凄絶な光景を伝えている。「インディアンの男女、子どもは頭皮を削がれ、指輪をとるために指を切断された」。「文明人と称している兵士が跪いた幼い子どもの頭を叩き割っているのは見るに忍びなかった。……ある怪我した女性は手斧で止めを刺される際、腕をあげて身を守ろうとしたところ、片腕をたたき切られ、もう一方の腕をつかまれて頭上に斧を振り下ろされた」(14)。捨て身で抵抗してきた男性たち、絶望の果てに子どもを殺して自殺した母親、勝利の証として遺体の一部を切り取る兵士の姿などが伝えられている。公聴会でキャンベルは声を震わせて手紙を読み上げ、事件を「前代未聞の残虐行為」と非難した。

二〇〇〇年一一月七日、キャンベル議員をはじめとする遺族の訴えがかなって、サンドクリークの一万二四八〇エーカーの土地を国立史跡とする法律が成立した。冒頭の趣旨には、サンドクリーク虐殺地が、合衆国にとってフロンティアの軍事史・先住民史上重要な跡地であり、先祖代々の土地で自らの生活様式を守ろうとした先住民の苦闘の象徴であることが確認されている。跡地を今後国立史跡として発展させ、虐殺事件について一般市民に理解を促していく過程で、コロラド州とともにシャイアン族・アラパホ族と協力していくことが約束されている。特に注目すべき点は、犠牲者の遺族やその部族が跡地で行なう「伝統的・文化的・歴史的儀式」を尊重し、また、遺骨や遺品の再埋葬に彼らの意見を重視すると定めていることであろう。遺族らは入場料を免除され、儀式のプライバシーを守るために跡地の一部は当面非公開にされる(15)。このような配慮は、一九九八年から跡地調査のプロジェクト委員会に遺族などの先住民メンバーが加わって、国立公園局に提言を行なってきた結果といえる。

翌二〇〇一年九月にサンドクリーク虐殺地は正式に国立史跡として登録され、連邦政府は跡地の私有地買収のために三〇万ドルを準備し、国立公園局の人類学者をサンドクリーク国立史跡プロジェクトのマネジャーに任命した。その後、国立史跡の施設を整えるために土地の確保が進められているが、リトルビッグホーンの先住民慰霊碑のように実現まで時間を要するかもしれない(16)。しかし、サンドクリークをめぐるこの一連の動きは、アメリカの歴史観に奥行きをもたらすひとつの重要な契機と思われる。法制定に尽力したキャンベルは以下のように語った。「不名誉ながらアメリカは、長年にわたり過去の過ちから目を逸らしてきたが、今ようやくそれを直視してサンドクリークの犠牲者を顕彰する勇気を得た。我々はひとつの国民として不寛容を許さない。罪なき人々の血に染まった跡地を国立史跡にしても過去はとり返しがつかないが、現在の癒しの象徴となるだろう」(17)。この言葉を裏づけるように、一九九九年からは毎年、虐殺の起こった一一月二九日にシャイアン族とアラパホ族の遺族らによる記念マラソンが催されている。長距離を走り抜くことによって犠牲者の霊を慰め、事件について広くアピールする試みである。出発前には祈りとともに、シャイアン族の族長ホワイト・アンテロープが死に際に口ずさんだという「旅立ちの歌」が捧げられ、若者や子どもたちに部族の記憶を語り継ぐ機会となっている。また、二〇〇二年一一月の一三八周年慰霊式では、コロラド州庁舎前の退役軍人記念碑の下にサンドクリーク犠牲者のための慰霊銘版がとりつけられた。記念碑と古い記念銘版はサンドクリークを含む一九世紀のインディアン掃討戦や南北戦争で戦った民兵を称えていたが、元上院議員B・マルティネスの働きかけで古い銘版をとり変えることになったのである。しかし、シャイアン族とアラパホ族の遺族はあえて古い銘版を残すことを望んだ。その下にとりつけられた新しい銘版には「記念碑は事実を誤って伝えた」という言葉とともに、サンドクリークの犠牲者を悼むメッセージが刻まれている(18)。

リトルビッグホーン戦場とサンドクリーク虐殺地にみられるように、アメリカ先住民と合衆国が衝突した跡地は今日、先住民の記憶を甦らせることによって、新たな対話と和解の機会をもたらしている。長い間沈黙を守ってきた先住民は、AIMやキャンベル議員などの働きかけを通じて、自らの視点を公的歴史に反映させようと努めてきた。その結果、従来の史跡は徐々にその歴史的意義がとらえ直され、これまで公式の「景観」から消し去られていた跡地の再発見も促されてきた。よりバランスのとれた複眼的な文化の表象・史跡のあり方が模索されているのである。ただ、これらはまだ過去を表象・発信する側の動きであり、実際にこれらを受容・解釈する人々の間での認識の深まりには時間を要するかもしれない。リトルビッグホーンにおける根強いカスター崇拝にみられるように、先住民の視点を国立史跡という公的記憶に反映させることには、依然として抵抗があることも事実である。しかしながら、リトルビッグホーン戦場は複数の歴史的記憶をひとつの場所に収める実験所であり、一方、サンドクリークは犠牲者の鎮魂の地であると同時に、合衆国に負の記憶と教訓を呼び覚ます役割を担っている。過去をめぐる意味の対立や矛盾をありのままに提示し問いかけることで、より豊かな歴史認識と自己・他者理解に至ることができるのではないだろうか。今後、これらの地が記憶の和解にむけてさらなる対話を促していくことが期待される。

**【注】**

（1）Hubbard Cobb, *American Battlefields: A Complete Guide to the Historic Conflicts in Words, Maps, and Photos* (New York: Macmillan, 1995), p. 296.

（2）リトルビッグホーンの戦いについては研究が豊富だが、中でも Charles E. Rankin (ed.), *Legacy: New Perspectives on the Battle of the Little Bighorn* (Helena, MT: Montana Historical Society Press, 1996) が充実している。

（3）Herbert Coffeen, *The Teepee Book*, vol. 2, no. 6 (Sheridan, WY, 1916); Rankin (ed.), *Legacy*, pp. 209–270, p. 290; Cobb, *American Battlefields*, pp. 316–7; C. Richard King, *Colonial Discourses, Collective Memories, and the Exhibition of Native American Cultures and Histories in the Contemporary United States* (New York: Garland Publishing, 1998), p. 63, pp. 67–72.

（4）Rankin (ed.), *Legacy*, p. 286, 309; King, *Colonial Discourses*, p. 64; Vine Deloria, Jr., *Custer Died for Your Sins* (New York: Macmillan, 1969).

（5）Rankin (ed.), *Legacy*, p. 310; James Welch with Paul Stekler, *Killing Custer: The Battle of the Little Bighorn and the Fate of the Plains Indians* (New York: Penguin Books, 1994), p. 47; Dee Brown, *Bury My Heart at Wounded Knee* (1971). ディー・ブラウン、鈴木主税訳『わが魂を聖地に埋めよ —— アメリカ・インディアン闘争史』草思社、一九

七二年。

（6）Rankin (ed.), *Legacy*, pp. 102 – 3, 309 – 314; Russell Means with Marvin J. Wolf, *Where White Men Fear to Tread: The Autobiography of Russell Means* (New York: St. Martin's Griffin, 1995), pp. 489 – 491.

（7）"Wounded Knee Memorial and Historic Site, Little Big Horn National Monument Battlefield," S. HRG.101 – 1184, *Hearing before the Select Committee of Indian Affairs, United States Senate,* 101st Cong., 2d sess., Sept. 25, 1990 (Washington, D.C.: Government Printing Office, 1990), pp. 12 – 13, p. 51.

（8）Rankin ed, *Legacy*, pp. 311 – 13; "Little Bighorn Battlefield National Monument," 102d Cong., 1st sess., Senate Report, pp. 102 – 73, October 3, 1991, pp. 8 – 9.

（9）Brian Stockes,"American Indian Memorial at Little Bighorn Close to Reality," *Indian Country Today,* October 22, 2001, January 15, 2002 <http://IndianCountry.com/?2723>; Bob Reece, "Indian Memorial: 'Peace through Unity,'"Friends of the Little Bighorn Battlefield, July 13, 2003, July 16, 2003 <http://www.friendslittlebighorn.com/Indian%20Memorial.htm>

（10）サンドクリークの事件については以下を参照。 Patrick M. Mendoza, *Song of Sorrow: Massacre at Sand* Creek (Denver, Colo.: Willow Wind Pub. Co., 1993); Robert Scott, *Blood at Sand Creek: The Massacre Revisited* (Caldwell, Idaho: Caxton Printers, 1994).

（11）Verlyn Klinkenborg, "The Conscience of Place: Sand Creek," *Mother Jones Magazine,* (November/December 2000), January 16, 2002 <http://www.motherjones.com/mother_jones/ND00/sand_creek.html>.

（12）Andrew Gulliford, *Sacred Objects and Sacred Places: Preserving Tribal Traditions* (Boulder, Co: University of Colorado Press, 2000), pp. 33 – 38.

（13）"Delegates apologize for 1864 Sand Creek Massacre led by Methodist lay preacher," 1996 United Methodist General Conference, April 22, 1996, January 19, 2002 <http://www.umc.org/genconf/NEWS/massacre.html>.

（14）Sand Creek Letters by S.S. Soule (December 14, 1864) and Joe A. Cramer (December 19, 1864), *indianz.com*, September

15, 2000, January 19, 2002 <http://www.indianz.com/SmokeSignals/Headlines/showfull.asp? ID=edu/9152000-1>; United States Senate, Committee on Energy and Natural Resources, Subcommittee on National Parks, Historic Preservation and Recreation, September 14, 2000, S. Hrg., pp. 106–901.

(15) Sand Creek Massacre National Historic Site Establishment Act of 2000, Public Law 106–465, November 7, 2000, S. 2950, Sec. 8 & 9.

(16) Deborah Frazier, "Sand Creek site vote today" *Rocky Mountain News,* November 26, 2002, March 15, 2003 <http://www.rockymountainnews.com/drmn/state/article/0,1299,DRMN_21_1569686,00.html>; National Park Service, "Sand Creek National Historic Site," February 26, 2003, March 15, 2003 <http://www.nps.gov/sand/index.htm>.

(17) "Campbell Sand Creek Bill Becomes Law," The Office of Colorado U.S. Senator Ben Nighthorse Campbell Press Release, November 9, 2000, January 14, 2002 <http://www.sandcreek.org/Project/campbell.htm>; Brian Stockes, "Sand Creek Historic Landmark a Reality," *Indian Country Today,* November 8, 2000, January 16, 2002 <http://IndianCountry.com/?563>; "Campbell's Sand Creek Bill Ready for Presidential Signature," U.S. Senate Committee on Indian Affairs Press Release, Oct 23, 2000, January 18, 2002 <http://indian.senate.gov/106press/102300.htm>.

(18) "Runners Keep Memories of Sand Creek Alive," *The Billings Gazette,* August 3, 2000, January 16, 2002 <http://www.billingsgazette.com/wyoming/20000803_ycheyene.html>; Deborah Frazier, "138 Years after Sand Creek, 'Our People are still Here,'" *Rocky Mountain News,* November 30, 2002, March 16, 2003 <http://www.inside-denver.com/drmn/state/article/0,1299,DRMN_21_1578561,00.html>.

**【推奨関連文献】**

富田虎男『アメリカ・インディアンの歴史』雄山閣出版、一九九六年
ディー・ブラウン、鈴木主税訳『わが魂を聖地に埋めよ――アメリカ・インディアン闘争史』草思社、一九七二年
アーリーン・ハーシュフェルダー、猿谷要監修、赤尾秀子・小野田和子訳『ネイティヴ・アメリカン――写真で綴るアメリカ先住民史』ＢＬ出版、二〇〇二年

# 第十章

## 諸階層のシンボル

### メキシコのグアダルーペの聖母崇拝

川田 玲子

## 一 グアダルーペの聖母崇拝

現在メキシコで最も崇拝の対象とされているのは、図1の「グアダルーペの聖母（Virgen de Guadalupe）」である。後述する聖母出現物語によると、スペインによる「メキシコ征服」（一五二一年）のちょうど一〇年後にこの聖母が出現したことになる。もっとも、出現自体の有無に関して教会内でも見解が分かれているうえに、崇拝の始まりが確証できる史料も発見されているわけではない。しかし、一六世紀の中頃にはその名が広まりはじめ、時を経て次第に崇拝熱が高まっていったことを残存の史料から窺い知ることができる。

このグアダルーペの聖母崇拝の「総本山」が、メキシコ市の「グアダルーペの聖母大寺院」で、聖母出現物語において、聖母が出現したとされる「先住民のマント」が祀られている。そしてここは、メキシコの人々にとって「救いの空間」であり、「安らぎの空間」である。

スペイン人による征服以後メキシコでは、スペイン人、クリオージョ（アメリカ大陸生まれのスペイン人）、先住民、混血といった複数の階層が共存してきた。この複雑なメキシコ社会と共に歴史を刻んできたグアダルーペの聖母崇拝は、様々な階層にどのように広がっていき、また、どのような時の流れを経て現在の姿に至ったのであろうか。本章では、図像で跡付けながら、グアダルーペの聖母崇拝の歴史を探ることにする。

## 巡礼の地「グアダルーペの聖母大寺院」

グアダルーペの聖母大寺院はメキシコ市北部にあり、年間数千万人ともいわれる参拝者が訪れる、国内で最も有名な巡礼地である。メキシコ市は、アステカ帝国の大祭儀都市テノチティトランの跡地、テスココ湖上に浮かんだ島に建設された。その後のメキシコ市の拡張とともにテスココ湖の埋め立てが進められ、スペインの征服から数世紀を経た今では、湖は跡形もない。図2に見られるように、現在グアダルーペの聖母大寺院がある場所は、当時の島から北の方角に当たる湖畔で、「テペヤック」という小さな丘であった。

図1　グアダルーペの聖母大寺院に祀られるグアダルーペの聖母

最初は小さな祠が置かれただけであったが、すぐに教会堂が建てられた。一六世紀中頃の史料によると、この教会堂は「グアダルーペの聖母教会」と呼ばれ、いたって簡素なものであった[1]。一六〇九年から一六二二年にかけて、この教会堂の近くに石の教会堂が建立され、さらに一六四九年になると、最初の教会堂が取り壊

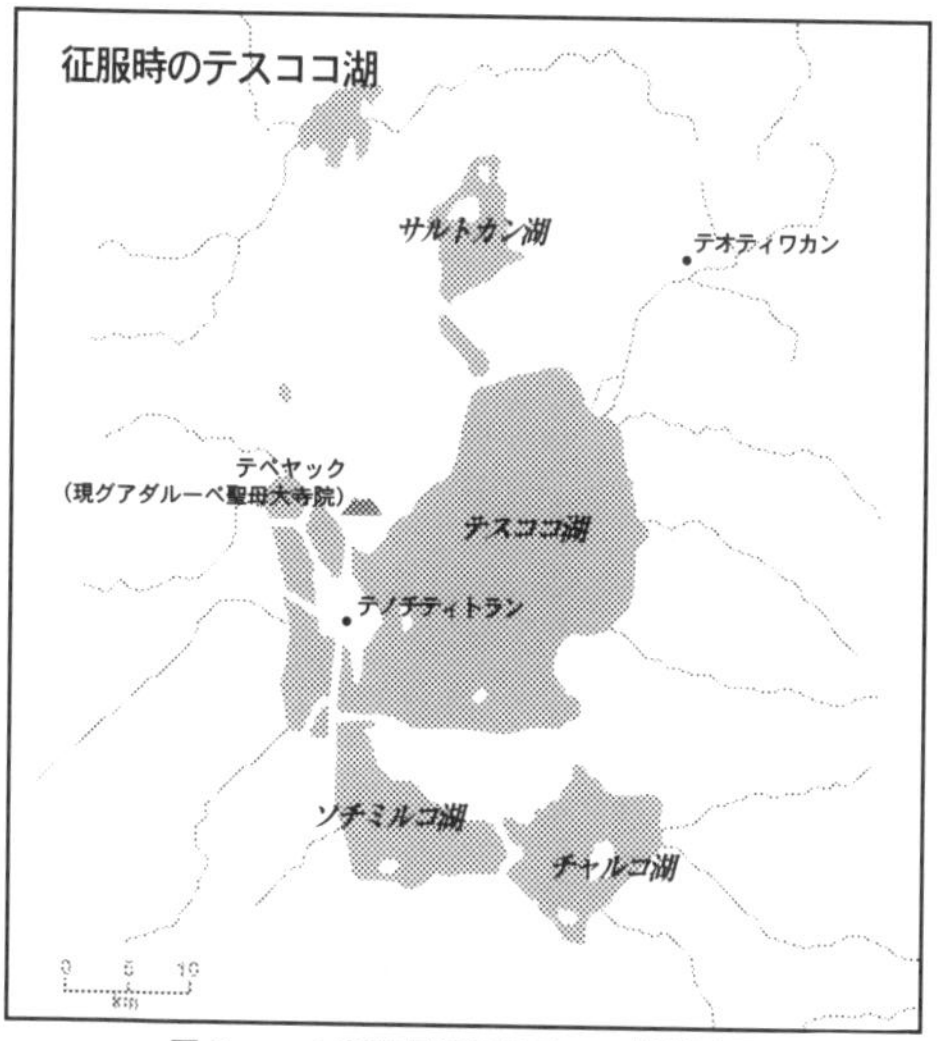


図 2　一六世紀初頭のテスココ湖付近図

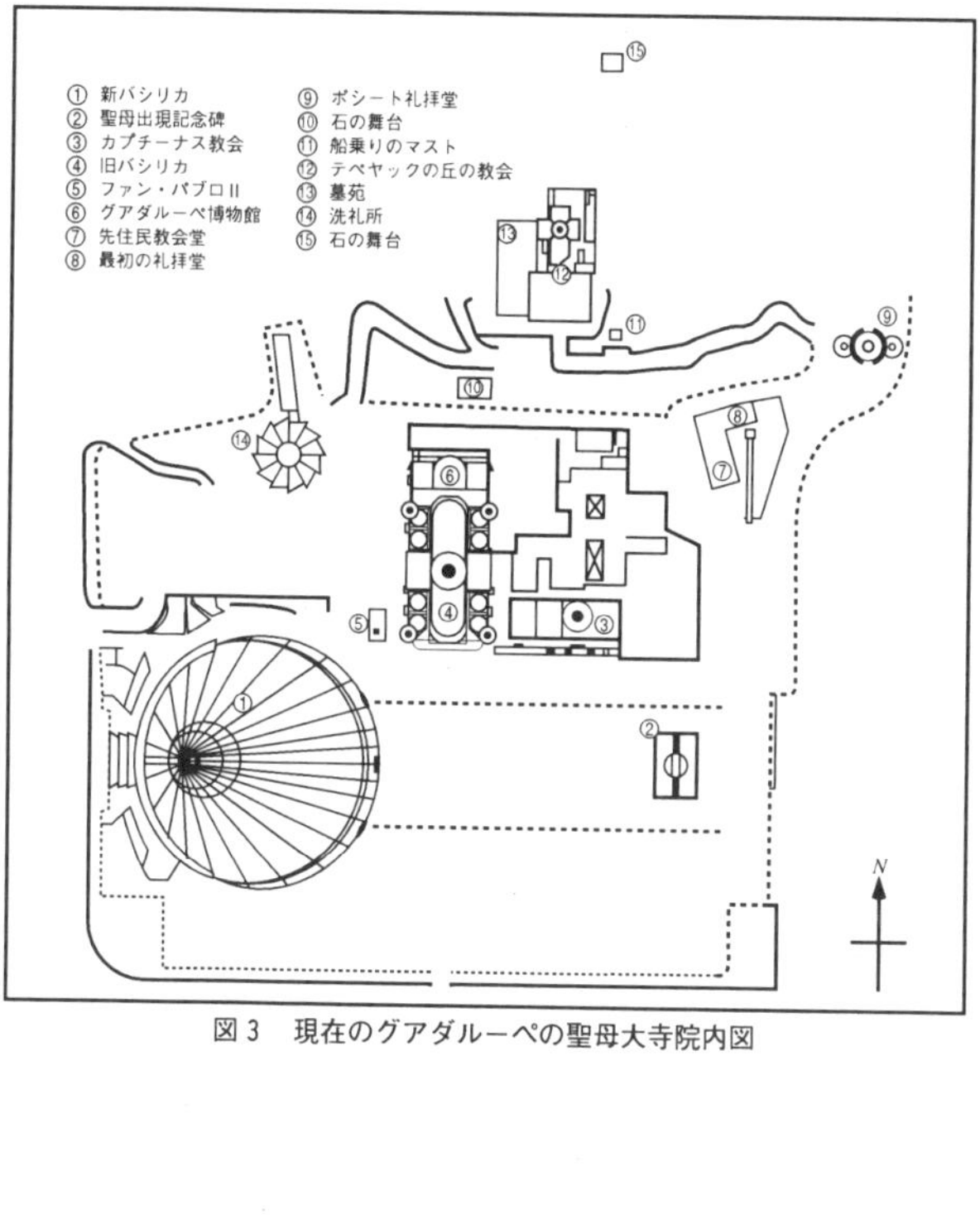


図 3　現在のグアダルーペの聖母大寺院内図

され、かわりに先住民のための礼拝堂が建てられた。一七〇九年には石の教会堂も石造りのバシリカ（民間信仰の大教会堂）へと姿を変えた。教会堂建造工事はその後も続き、一八世紀中頃には、現在見られる主要建造物が建ち並んだようである。そして、一九七六年には、旧バシリカの近くに一万人を収容する壮大なドーム型新バシリカも完成した。

図3に見られるように、グアダルーペの聖母大寺院の敷地内には、教会堂のほかに、後述するグアダルーペの聖母の出現の様子を物語る舞台、メキシコ史に名を残す人々が眠る墓地、主にグアダルーペの聖母絵を展示する博物館などが設けられている。また、ガレオン船のメインマストも奉納されている。これは、グアダルーペの聖母に航海の無事を願った航海士たちが、無事に帰国できたことを感謝して捧げたものである。残念ながら、老朽化が著しくなった一八世紀のマストは取り壊され、セメント造りのマストが代用されている。毎年、聖母の祝日にあたる一二月一二日には盛大な祝典が繰り広げられ、メインの広場では数日間にわたり様々な催しが行なわれる。とりわけ目を惹く催しは、先住民による踊りの奉納である。香を炊き、羽の頭飾りや木の実の足飾りで装い、先スペイン時代の踊りや音楽を捧げる情景は、征服以前の時代を蘇らせる。

## グアダルーペの聖母出現物語

グアダルーペの聖母崇拝の中核をなす「聖母出現物語」の大筋は次のとおりである。

一五三一年一二月九日から一二日にかけて、テペヤックの丘にグアダルーペの聖母が出現した。メキシコ市に向かうため、丘を通っていた先住民ファン・ディエゴ（Juan Diego）の前に突如現われた聖母は、「私のために教会堂を建てるようにと、スマラガ司教（Zumárraga）に伝えなさい」と命じた。驚いたフアン・ディエゴは聖母の言葉を、急ぎ司教に伝えに行くが、司教はその話を疑い、何か証拠を持ってくるようにファン・ディエゴに約束させた。丘に戻ったファン・ディエゴが司教の言葉を聖母に伝えると、聖母は「それでは丘のうえに咲く花を司教に届けなさい」と彼に命じた。テペヤックの丘は岩山であったから、花など咲いているはずもなかったが、ファン・ディエゴが周りをみると、見知らぬ花（現在「スペインのバラ」と呼ばれる）が咲いていた。そこで彼は花を摘んで羽織っていたマントに包み、司教のもとに急ぎ走った。司教が見つめる中、花を包んでいたマントを静かに開くと、そこには聖母の姿が浮かび上がった(2)。

登場人物について若干の説明を要しよう。まず、聖母を目撃したファン・ディエゴとはナワトル語を話す先住民で、テペヤックの丘に近いクアウティトラン村の出身者と伝えられているが、その実在を証明する史料は見つかっていない。

これに対し、スマラガ司教はスペイン出身の実在の人物であって、一五二八年にスペイン国王により初代メキシコ市司教に任命され、一五四六年には初代メキシコ大司教にも任命された高位聖職者（在職期間一五四六年〜一五四八年）である。

### 語りはいつ頃からか

この聖母出現物語はいつ頃から語られ始めたのであろうか。

活字となったもっとも古い聖母出現物語として紹介されるのは、クリオージョ神父ミゲール・サンチェス（Miguel Sánchez）による『メキシコ市に奇跡的に出現した神の母、グアダルーペの聖母』という説教集である。

一六四八年に印刷されたもので、前述の物語とあら筋が同じこと、登場人物の氏名、舞台となる場所の名称、出現の日時が記されており、さらにそれらの名称、日付が現在語られる聖母出現物語と同一ということから、聖母出現物語の原型と言われている。

一方、サンチェスの説教集は、形を変えつつ語り継がれてきたいくつかの話をまとめただけに過ぎないとする見方もある。実際、一六世紀中頃にナワトル語で語られていたとされる聖母出現物語がいくつか紹介されているが、こうした伝承の起源を特定するのはもとより困難である。紹介されているものも、伝承の物語を後世に記述したものであるので、初期の口承内容を忠実に伝えているかは明らかでなく、また伝承が始った時期や作者も不確かである(3)。

また、一六世紀中頃に先住民アントニオ・バレリアーノ（Antonio Valeriano）が書いたと言われる物語『グアダルーペの聖母出現の物語』は、あら筋も詳細も前述の物語と同じであるが、残存しているものは、一世紀程の間に幾人かの手に渡った手書き原本の複写といわれ、手書き原本そのものではない。その上これは、グアダルーペの聖母大寺院のクリオージョ司祭であったルイス・ラッソ・デ・ラ・ベガ（Luis Lasso de la Vega）がナワトル語とスペイン語で一六四九年に発表した『神聖なる出来事』と中身が全く同じで、近年の研究ではどちらが原本といえるのか判断が難しいとされている。

## 『一五五六年の調査報告書』

聖母出現物語が語られるようになったことが、グアダルーペの聖母崇拝の始まりと重なるであろうことは推測できるものの、その語りの始まりはいまだ明らかではない。そこで、ここでは聖母崇拝の初期にあたる一六世紀中頃の公的史料をもとに当時の崇拝の状況を捉えておきたい。

グアダルーペの聖母崇拝に関する最も古い公的史料のひとつとして、『一五五六年の調査報告書』が挙げられる(4)。この調査報告書は第二代大司教アロンソ・デ・モントゥファル（Alonso de Montúfar）が最高裁判所にあたる「アウディエンシア（聴聞院）」に提出したものである。

大司教は、カトリック教会から正式に認められていない『テペヤックのグアダルーペの聖母崇拝』を同年九月六日のミサで奨励したとして、二日後の八日にフランシスコ会管区長フランシスコ・デ・ブスタマンテ（Francisco de Bustamante）によって聖フランシスコ教会・聖母生誕祝賀ミサという公的な場で非難された。それを知った大司教は憤慨し、ブスタマンテの言動を詳しく調査した。

この調査報告書はグアダルーペの聖母崇拝の状況を調査対象としたものではないが、間接的にせよ、当時の崇拝の状況を窺い知ることができる貴重な史料といえ、一六世紀中頃にテペヤックの丘の教会でグアダルーペという名の聖母が祀られていたことや、グアダルーペの聖母は病気をなおすという話がうわさとなって人々が聖母のもとに集まっていたことが記されている。また、管区長ブスタマンテが、「テペヤックの丘の教会に祀られている聖母は先住民が描いた聖母絵に過ぎない」まやかしとし、聖母出現を否定したことも記されている。この調査報告書からは、少なくとも、グアダルーペの聖母が当時既にスペイン系の人々の間で崇拝されていたことが推測できる。

## 初期の聖母絵

グアダルーペの聖母の初期の姿に関しても、特定が難しい。現在グアダルーペ大寺院に祀られているグアダルーペの聖母は既に図1で紹介したが、星柄の蒼いマントを纏った褐色の肌の聖母である。両手を合わせ、背後に太陽輪が見える。聖母は王冠を冠っておらず、赤・白・緑の三色の羽の天使が担ぐ三日月の上に立っている(5)。これが一五三一年一二月一二日に先住民ファン・ディエゴのマントに浮かび上がったグアダルーペの聖母と言われているものである。この他に、一六世紀に描かれたと紹介されるグアダルーペの聖母絵もないわけではない。筆者の知る限りでは、教会関係者により二点紹介されている。一点は一九九六年に発見された一枚のコディセ（絵文書）、もう一点は聖母出現の場面が描かれた木片であるが、その製作年代はいずれも推定で、作者も不詳である(6)。この二作品に描かれている聖母はグアダルーペ大寺院に祀られている姿と良く似ている。

一方、一六世紀の史料にみられる「テペヤックの聖母はスペインの聖母と似ているのでグアダルーペの聖母と呼ばれている」という記述から(7)、テペヤックの丘の礼拝堂には当初スペインの「エストレマドゥーラのグアダルーペの聖母」が祀られていたとも言われている。一般に「エストレマドゥーラのグアダルーペの聖母」といえば、肌が真っ黒で、さらに幼子イエスを抱いており、メキシコのグアダルーペの聖母絵とは似ても似つかない。その他、「グアダルーペの聖母は『無原罪の御宿りのマリア』の姿のようであった」という見方もある。「無原罪の御宿りのマリア」は、一七世紀前半にスペインのセビーリャで頻繁に描かれた聖母で、太陽の光を纏い、青い星柄のマントとピンクの服を着ているケースが多く、グアダルーペ大寺院に祀られている姿と共通の要素を持っているが、肌は褐色ではない。また、一七世紀前半の一連の銅版画に描かれたグアダルーペの聖母は、細部で多少の違いが認められるものの、共通しており、当時既に複写版の絵姿がほぼ定まりつつあったことが推測できる。これらは、「無原罪の御宿りのマリア」と良く似ている。

果たしてグアダルーペの聖母は当初どのような姿であったのであろうか。

## 二　クリオージョの聖母

### メキシコ化された聖母

メキシコでは、グアダルーペの聖母の他、数多くの聖母が祀られている。メキシコ征服者エルナン・コルテス（Hernán Cortés）は「ロス・レメディオスの聖母」とともに海を渡った。その他、各修道会の修道士はそれぞれが異なるスペインの聖母を持ち込んだ。「ロレートの聖母」、「ラ・メルセーの聖母」、「カルメンの聖母」などがそれである。当初、スペイン系の人々にとってグアダルーペの聖母も伝統的なスペインの聖母のひとりであったと考えられる。現在のグアダルーペの聖母の肌が褐色であることから先住民との繋がりを強調する傾向がみられるが、聖母の肌が当初から褐色であったかどうかは定かではない。また、当初から褐色であったとしても、スペインのラス・ビジャエルルーカスの褐色の聖母（サン・ルーカス教会に祀られている）などに見られるように、聖母の肌が褐色であることはスペイン人にとって何ら異質ではなかった(8)。

現在に伝わるグアダルーペの聖母絵は、肌は褐色であるが、明らかにスペイン系であり、またグアダルーペの聖母に同伴する先住民フアン・ディエゴの姿も征服者コルテスに似たスペイン人男性風として描かれているものが多い。これまでの調査によれば、フアン・ディエゴが先住民の男性風に描かれ始めるのは、一八世紀に入ってからのことである。

果たして、グアダルーペの聖母崇拝にどのような変化が見られるのであろうか。

フランス人社会学者ジャック・ラファーユ（Jacques Lafaye）は著書『ケツアルコアトルとグアダルーペ』（一九七四年）で、次のように述べている。グアダルーペの聖母崇拝は一六世紀末に少しずつ変化していった。

例えば、当初グアダルーペの聖母の祝日はいわゆる「聖母誕生の祝日（一三世紀に定められたマリアの祝日のひとつ）」である九月八日、あるいは九月一〇日であったが、この時期に一二月一二日となった。またテペヤックに祀られていた聖母の絵姿も、この時期に、スペイン系ではあるが、スペインの伝統的な聖母の絵姿ではなく、メキシコ独自の絵姿に変えられたという。ラファーユはこれらの現象を「グアダルーペの聖母のメキシコ化」と説明する。この、「グアダルーペの聖母のメキシコ化」によって、本国の伝統的な聖母を崇拝していたスペイン人はグアダルーペの聖母崇拝から離れていき、対照的に、クリオージョによるグアダルーペの聖母崇拝はいっそう強まったと、指摘する(9)。この聖母のメキシコ化は、スペインの聖母との差別化と考えることができる。それは、同じスペインの血を汲むにもかかわらずスペイン人から蔑視されるクリオージョがこの聖母に自らを重ね合わせることであり、誇りを維持するための試みであった。

## 苦悩するクリオージョ

グアダルーペの聖母崇拝において見られるスペイン人とクリオージョの前述のような差異は、一六世紀最後の四半世紀以降顕著になっていった両者間の摩擦に起因するといえる。

当時の最高官職はメキシコ副王領を治める副王であった。副王はアウディエンシアの長も兼ねていたが、その職はスペイン人に限られた。アウディエンシアの職員も同様にスペイン人であった。同じスペイン人の血が流れていてもアメリカ大陸生まれであるクリオージョに与えられた官職といえば、社会的ステイタスが一段低いメキシコ市参事会の役職であった。聖職においても、メキシコ・カトリック教会の大司教職には代々スペイン人が任命された。クリオージョの手に届く聖職はせいぜい一般の司祭職であった。

さらに、多くのクリオージョの子息がスペインへ勉学の旅に出ているが、彼らが幼少時にスペイン本国同様の教育を受けられなかったため、スペイン人から無教養人として侮蔑され、アメリカ生まれであるが故になまけもののとののしられることは一般のクリオージョと変わりはなかった。また、資産家のクリオージョの娘の間では、結婚相手には金持ちのクリオージョではなく、貧しくてもスペイン人を選ぶのが常識となっていた(10)。このように、努力しても報われることの少なかったクリオージョは嫉妬心や憤りのやり場に困惑していた。

クリオージョのこういった心情の一例として、一六世紀後半の有名な一四行詩ソネート（soneto）を作者不詳であるが、紹介しておこう。

我がメキシコの地へ

海を渡ってスペインからやってくる。
何の後ろ楯もない、がさつな男。
見栄っ張りで、金もない。

信じられないような取り決めで
すぐに大金と名誉が与えられる。
他のやつらは、シーザーやウェルギリウス
菩提樹と樫の二つの王冠。

他のやつらは、靴紐や小物を

通りで売り歩いていた。
もう伯爵で大金持ち。

挙げ句に、
尊敬や贅沢や財産を手に入れた場所を愚ろうする。
サンルーカルで網を引いていたやつが(11)。

スペイン人が持つ特権や優越感に対するクリオージョの対抗意識が次第に大きくなっていったが、クリオージョはこのような辛苦の感情を自らのアイデンティティの探究へと向けた。彼らは自分が生まれ育ったメキシコに誇りを持ち、アステカ文明を賞賛した。スペインによる征服への批判も表明された。その他、彼らの知識を結集した百科辞典の出版なども試みられた。とはいえ、息子のひとりが聖職者になることがクリオージョ家族の誉れであったような、宗教が至上のものであった時代に、学問ではなく宗教こそがアイデンティティのもっとも重要な関心事であったことは想像に難くない。このような時代に、メキシコ独自の聖母を求め、自らのアイデンティティをそれに投影したとしても不思議はない。

## 認知された聖母

一六二九年、当時まだ湖水に囲まれていたメキシコ市はそれまでにない大洪水に見舞われた。その水害対策として、グアダルーペの聖母に白羽の矢が立った。聖母はテペヤックの丘の教会からメキシコ市大聖堂内の礼拝堂に移され、水害の収まる一六三四年まで祀られたが、これがグアダルーペの聖母が果たした記録上最初の公的役割である。

さらに、既に紹介したクリオージョ神父サンチェスの説教集『グアダルーペの聖母出現物語』であるが、これは当時まだ正式に認知されていなかったグアダルーペの聖母崇拝の正当性を表明するものでもあったといえる。サンチェスはグアダルーペの聖母を新約聖書「ヨハネの黙示録」中の「太陽の女」に重ねて説明した。これはグアダルーペの聖母をいっそう神聖なものとする新しい解釈で、同時に、グアダルーペの聖母が、スペインの聖母ではなくメキシコの聖母であり、最初のクリオージャ（メキシコ生まれのスペイン女性）であるとも記した。サンチェスのこの解釈はクリオージョの愛国心の芽生えを指摘するものであり、この時点でグアダルーペの聖母は半ば公的にクリオージョのシンボルとなったと、推測できよう。

## メキシコ紋章の上に

サンチェスの解釈は一八世紀以降の聖画に取り入れられた。メキシコ美術史家ハイメ・クアドゥリエージョ（Jaime Cuadriello）は、「テノチティトランからの展望――鷲女」（一九九五年）で、グアダルーペの聖母絵を分析したが、彼によれば、サンチェスの解釈をいっそう発展させた一連の聖画で、グアダルーペの聖母がメキシコ紋章の上に高々と描かれている作品が一〇点ほど見つかっている。図4は一七三七年にグアダルーペの聖母がメキシコ市参事会でメキシコ市守護聖母として選ばれたことを記念する聖画である。このほか、一七四六年にはメキシコ副王によってメキシコ全土の守護聖母として選ばれたが、やはりメキシコ紋章を伴ったグアダルーペの聖母絵が描かれている。

図4　メキシコ市守護聖母としてのグアダルーペの聖母の誓い

この「サボテンの上に止まった鷲が蛇を喰わえた」図柄のメキシコ紋章は、一般に、アステカ帝国の都テノチティトランの表象と言われているが、その形成過程の全容はまだ明らかにされておらず、先住民文化の純粋な表象かあるいはスペイン文化との融合による表象であるのかは不明である。確かなことは、征服以後、主に一六世紀に描かれたコディセ（絵文書）にテノチティトランの表象として頻繁に描かれ、植民地時代には、そのときどきにメキシコ市章としてあるいはメキシコ全体の表象として用いられていたこと(12)、そして、独立後、メキシコの国章として定められたことである。ちなみに、正式なメキシコ市章は、スペイン国王カルロス一世（ドイツ皇帝カルロス五世）が一五二三年にメキシコ市に授与したものであり、植民地時代から現在に至るまで変わることなく公式市章であり続けている(13)。

グアダルーペの聖母絵とアステカ文化を代表するメキシコ紋章の併用は、征服以前の文化と自分たちの出自を結び付けたクリオージョのアイデンティティの表現の一つであったと考えられる。同時に、クリオージョのシンボルとしてのグアダルーペの聖母のイメージ強化をも意味していよう。

## 三　メキシコのシンボル

### メキシコの聖母

一八一〇年九月一五日の夜半にメキシコ市北北西およそ五百キロメートルに位置するグアナフアト州のドローレス村で、クリオージョ神父ミゲール・イダルゴ（Miguel Hidalgo）が当時のスペイン人支配層に抵抗する民衆蜂起を起こした。イダルゴの掲げたスローガン、「くたばれ、スペイン人。万歳グアダルーペ」のもとに、図5のようなグアダルーペの聖母が描かれた団旗が掲げられ、この旗の元に民衆が集結したと言われている。蜂起の中心はクリオージョであったが、彼等は数字的には少数派であったため、蜂起に勝利するためには数でまさる混血メキシコ人との団結が必要不可欠であった。混血メキシコ人の支援を獲得する手段としても、当時既に社会全体で崇拝されていたグアダルーペの聖母は重要な存在であった。

独立後に施行された一八二四年憲法には政教一致が明記された。そして国民の祝日が決定される際に、グアダルーペの聖母の祝日である一二月一二日は「国民の宗教祝日」に定められ、国を上げて祝われることになる。こうして、反乱軍のシンボルであったグアダルーペの聖母は独立国家メキシコの公的シンボルのひとつとなった。

## 階層を超えて

一九世紀半ばになると、メキシコ改革の一環として定められた一八五七年憲法において、政教分離の原則が明記された。これにより、国家と教会の摩擦は次第に大きくなっていったのであるが、グアダルーペの聖母の祝日は国民の祝日から削除されることはなく、シンボルとしてよりいっそう注目されるようになる。例えば、フランスのメキシコ干渉時代（一八六一年―一八六七年）の「プエブラ戦争」（一八六二年五月五日）でメキシコ軍は勝利をおさめたが、その際、グアダルーペの聖母は、植民地時代においてスペイン人の代表的な聖母であった「ロス・レメディオスの聖母」とともに軍の旗印として掲げられた。

図５　一八一〇年にイダルゴ神父が掲げたとされる団旗

かつてグアダルーペの聖母とは、スペイン人にとってはスペイン・カトリック教会の流れを汲む聖母のひとりであり、クリオージョにとってはアメリカ大陸生まれのクリオージャ聖母であった。現段階では、先住民と混血の人々にとってのグアダルーペの聖母崇拝に関しては、まだ研究が十分進んでいないが、先住民にとってはアステカの地母神トナンティンとの繋がりが強い聖母であったであろうし、混血にとってはスペイン文化と先住民文化から生まれた混血の聖母という意味合いが強かったと考えられる。このように異なる階層からそれぞれ別個の存在意義を与えられていたグアダルーペの聖母が、階層を超えて人々を統合する役割を担ったのはこの頃からである。

## 新たなタイトル

一八九五年ローマ教皇はグアダルーペの聖母の戴冠式を挙げ、一九一〇年には「アメリカ大陸の守護聖母」と認定した。その他、同年起こったメキシコ革命において、農地改革を目指し農民を率いて戦ったサパータ軍では、グアダルーペの聖母絵がシンボルとして用いられた。

革命のさなかの一九一七年には新憲法が制定された。一八五七年憲法の流れを汲んだこの新憲法においても政教分離が明記され、新たに制定された国民の祝日からはグアダルーペの聖母の祝日は抹消された。しかしグアダルーペの聖母のシンボルとしての役割は続いた。一九四五年にはローマ教皇ピウス一二世がグアダルーペの聖母を新たに「アメリカの女帝」と呼ぶなど、その存在はさらに強調された。多様な人種で構成されるメキシコ社会の要としてのグアダルーペの聖母の役割はその後もいっそう重要性を増していった。

## 四　近年の動向

### 研究動向

以上がグアダルーペの聖母の崇拝史であるが、その中で示されたグアダルーペの聖母はクリオージョのシンボルとしての聖母であり、一般によくいわれる「褐色の肌を持つ先住民の聖母」ではない。実際、二〇世紀半ばに始まったグアダルーペの聖母崇拝研究においても、メキシコのナショナルな意識形成におけるクリオージョのグアダルーペの聖母崇拝という点に焦点が当てられた。

では、現在先住民族の間に見られる「グアダルーペの聖母崇拝」はいつ頃からどのように始まったのであろうか。

この点に関しては、近年漸く着眼されるようになってきたところである。一八世紀以降の先住民人口の拡大にもかかわらず社会の外の周辺に追いやられていた先住民を、周辺とはいえ、ようやく社会の内に位置付ける動きが出てきたことがその要因ともいえよう。二〇〇〇年より年一回、歴史人類学国立学校（Escuela Nacional de Antropologia e Historia）で開かれている「グアダルーペの聖母崇拝に関する歴史・人類学研究会」で、先住民系の人々のグアダルーペの聖母崇拝の現状が一部発表され始めている(14)。残念ながら、現段階では先住民によるグアダルーペの聖母崇拝史は断片的にしか把握されておらず、先住民の聖母崇拝の歴史的位置付けは今後の課題である。同様に、混血メキシコ人とグアダルーペの聖母崇拝に関しても今後の研究が待たれる。

最後に、最近のグアダルーペの聖母崇拝に関連する出来事を紹介しておきたい。二〇〇二年七月三一日、グアダルーペの聖母物語の登場人物の一人であり、準主役でもある先住民フアン・ディエゴがローマ教皇フアン・パブロ二世より列聖され、「先住民聖人」が誕生した。実際、先住民聖人の誕生はメキシコのみならずラテンアメリカのカトリック史において初の経験である。「先住民」という言葉が新聞紙面を埋めつくし、グアダルーペの聖母と先住民の絆はいっそう深まったかのように見える。しかしながら、大寺院に掲げられたのはスペイン人風に描かれた先住民ファン・ディエゴであり、列聖式では非先住民系メキシコ人の姿が目立ったことなどから、「先住民不在の列聖式」という評価も見られた。

また、二〇〇二年一一月一五日の日刊新聞「ラ・ホルナーダ」紙上に「抵抗を意味するマスクをつけた聖母の絵姿」が掲載された。これは、一九九〇年代中頃より先住民問題が表面化したメキシコ南部チアパス州アクティエール村民が描いたグアダルーペの聖母である。

一方、メキシコ・カトリック教会が、メキシコ国民の「救いの空間」であり、「安らぎの空間」であるグアダルーペ大寺院の役割を変えようと試みているのも事実である。二〇〇二年一二月のメキシコ市議会においてグアダルーペ大寺院の拡張工事申請が受理され、その予算および基本設計作成に向けて審議がなされることになった。これら一連の動向は、先住民聖人誕生を機会に、メキシコのグアダルーペの聖母大寺院を「メキシコの巡礼の地」から「世界的巡礼の地」に発展させるための試みと言われている。

グアダルーペの聖母崇拝をめぐって、「先住民化」と「世界的観光化」が同時進行しているようである。

## 【注】

（1）この教会堂は第二代メキシコ大司教アロンソ・デ・モンツファル（在メキシコ一五五四―一五六二年）が建てたと言われている。

（2）川田玲子「メキシコの聖母グアダルーペの崇拝に関する『一五五六年の調査報告書』について」『名古屋短期大学紀要』第三〇六号、一九九七年、六八頁参照。

（3）川田玲子「メキシコ・グアダルーペの聖母」『ラテンアメリカ・カリブ研究』第五号、一九九八年、二―三頁参照。

（4）川田玲子「メキシコの聖母グアダルーペの崇拝に関する『一五五六年の調査報告書』について」、六九―七三頁参照。

（5）一般に図1の聖母絵では、王冠を冠っていないとされるが、意図的に消されたのではないかと問われ、論争を巻き起こしたことがある。

（6）制作年に関しては、前者は一五四八年、後者は一六世紀中頃とされているが、どちらも信憑性がないと言われている。Ernesto Corripio Ahumada y otros, *Album del 450 aniversario de las apariciones de Nuestra Señora de Guadalupe,* México, Buena Nueva A.C., 1981, p. 16.
Xavier Escalada, *Enciclopedia guadalupana, Apéndice Códice 1548,* México, Enciclopedia Guadalupana A.C., 1997, s/p.

（7）Ernesto de la Torre Villar y Ramiro Navarro de Anda, *Testimonios históricos guadalupanos,* México, Fondo de Cultura Económica, 1982, p. 149.

（8）イアン・ベック、林睦子訳『黒い聖母崇拝の博物誌』三公社、一九九四年（一九八五年）。

（9）Jacques Lafaye, *Quetzalcóatl y Guadalupe,* México, Fondo de Cultura Económica, 1977 (1974), p. 135.

（10）Fernando Benítez, *Los primeros mexicanos La vida criolla en el siglo XVI,* México, ERA, 1991 (1953) 参照。

（11）Georges Baudat, *La vida cotidiana en la América española en tiempos de Felipe II siglo XVI*, México, Fondo de Cultura Económica, 1983, p. 114.

（12）メキシコ紋章は、既に一六世紀後半にはメキシコ市章やメキシコ全体の紋章として使われていたようで、一七世紀になるとその慣用が広がり、一六四二年に新副王によりメキシコ紋章の使用禁止令が出されたほどである。

（13）二村久則・川田玲子「メキシコ紋章《鷲・サボテン・蛇》」『名古屋大学言語文化部・国際言語文化研究科言語文化論集』第二一巻第二号、二〇〇九―二三二頁参照。

（14）歴史人類学国立学校が出版している雑誌『クイクイルコ』に研究報告成果が随時掲載されている。

## 【図注】

図1　グアダルーペの聖母（http://www.proyectoguadalupe.com/images/iconos/tilma_2.jpg）。

図2　一六世紀初頭のテスココ湖付近図筆者作成。

図3　現在のグアダルーペの聖母大寺院内図筆者作成。

図4　メキシコ市守護聖母としてのグアダルーペの聖母の誓い（ホセ・デ・リベラ・イ・アルゴマニス作、一七七八年（http://www.proyectoguadalupe.com/images/iconos2/jose_de_ribera_2.jpg）。

図5　イダルゴ神父が掲げたとされる団旗（http://www.proyectoguadalupe.com/images/iconos2/estandarte_hidalgo_2.jpg）。

## 【推奨関連文献】

イアン・ベック、林睦子訳『黒い聖母崇拝の博物誌』三公社、一九九四年（一九八五年）
馬杉宗夫『黒い聖母と悪魔の謎』講談社現代新書一四一一、一九九八年
清川理一郎『キリストと黒いマリアの謎』彩流社、二〇〇〇年
シルビィ・バルネイ、近藤真理訳『マリアの出現』せりか書房、一九九六年
竹下節子『聖母マリア』講談社選書メチエ一三七、一九九八年
中丸明『聖母マリア伝承』文春新書六一、文藝春秋、一九九九年
ヤロスラフ・ペリカン、関口篤訳『聖母マリア』青土社、一九九八年

COLUMN

# 自らの歴史を語る空間——エスニック博物館

山本 恵里子

歴史は勝利者によって書かれると言う。アメリカのエスニック・マイノリティや女性は、白人男性の描いた歴史の中では、脇役か悪役、または不在だった。公民権運動の時代に起こった「人種的プライドを求める運動」(Race Pride Movement)は、マイノリティが自らの視点で歴史を語り、公的な記憶に残そうとするものだった。その成果の一端として、多くのエスニック博物館が設立された。いまや様々なグループのものが各地に存在し、多文化教育の一環として、学校からの校外学習にも使われている。日本の一般的な博物館に比べ、メッセージ性が高く、五感に訴え、教育的だといえる。ここではほんのいくつかを紹介しよう。

ユダヤ系博物館では、ワシントンDCの「ホロコースト博物館」が代表的であるが、ロサンゼルスの「寛容の博物館」(Museum of Tolerance)と呼ばれるサイモン・ヴィーゼンタール博物館は、その名前からしても、珍しいものである。展示場が二分され、歴史セクションでは、ホロコーストが生々しく再現される。入り口では実存したユダヤ人の子どものカードを受け取り、出口でその子の消息がプリントアウトされる。寛容に関するセクションでは、各所で質問が投げかけられる。ハイテク機器を使って、見学者が世論調査に参加するようなものもある。一見楽しいゲームのようで、実は各自の価値観とその奥に潜む偏見を問いただす。

アジア系に関しては、ロサンゼルスの「全米日系人博物館」がある。日系コミュニティの努力の結果、一九八五年に設立され、一九九二年に本館が、一九九九年には新館がオープンした。戦時中の強制収容体験をアメ

COLUMN

リカの史実として伝え、グループ共有の歴史と尊厳を回復しようということで、常設展は「共有の場（Common Ground）」と名付けられている。そこに保存・展示されている強制収容所のバラックの一部は、キャンプでの生活を髣髴とさせる。第二次世界大戦中の体験は重いテーマだが、他方、一世や二世の文化・伝統、戦前のコミュニティの様子を伝える展示には、ほのぼのとしたものが感じられる。

シアトルの「ウィン・ルーク・アジア系博物館（The Wing Luke Asian Museum）」は、小規模ではあるが、アジア太平洋系アメリカ人（ＡＰＡ）の歴史・伝統と文化を伝えるための博物館として貴重な存在であろう。中国からの移民のルークは、弁護士として公民権の分野で活動し、一九六二年にシアトル市会議員に選出されたが、若くして事故死した。ルークの夢であったアジア系博物館を、地元のアジア系コミュニティ有志たちが実現させた。各グループの異なる移民の背景と、持ち込んだ文化を捉えながら、アメリカにてアジア系として息づく様を伝える。

エスニック博物館は、メッセージ・使命感・目標を高らかに掲げ、グループのアイデンティティを表明することで、「多からなる一」というアメリカ建国当初からのモットーを思い起こさせる。訪れる者に、差別とは何か、もし自分が別の肌の色やエスニック背景を持って生まれてきたら、どんな時代にどんな体験をしてきたのだろうか、と考えさせる。足を運べなくても、インターネットのホームページ訪問をすると、歴史・使命・展示の説明、イベント情報、オンラインのギフトショップやブックストア、そして数は少ないがライブ・カメラを載せているものまであり、バーチャルな体験ができる。

ロサンゼルスにある全米日系人博物館（著者撮影）

【推奨関連文献】

明石紀雄「ホロコースト博物館――歴史の教訓を学ぶところ」、『現代アメリカ社会を知るための六〇章』明石書店、一九九八年

能登路雅子「歴史展示を巡る多文化ポリティクス」、油井大三郎・遠藤泰生編『多文化主義のアメリカ――揺らぐナショナル・アイデンティティ』東京大学出版会、一九九九年

Joseph Tilden Rhea, *Race Pride and the American Identity* (Harvard UP, 1997)

COLUMN

# つくられた感謝祭

久田由佳子

一一月の第四木曜日は「サンクスギヴィング・デー」(感謝祭)と呼ばれる祝日である。この日には、いつもは離れて暮らす家族が集まり、七面鳥のクランベリーソース添えをはじめとするディナーをともにする。その起源は、一六二一年秋にプリマス植民地でおこなわれた行事にさかのぼると考えられているが、この行事が直接プリマス植民地と結びつけられ、また全国的に定着したのはそれほど昔のことではない。E・ボブズボウムらが『創られた伝統』のなかで明らかにしたように、いわゆる「伝統」と呼ばれるものの多くは、時代の必要性に応じて創出されてきたのである。

一六二一年秋、プリマスに入植した一行は、先住民の助けを借りて初めての収穫をおこなった。この収穫を祝って三日間にわたる祝宴が開かれ、およそ九〇人の先住民が招かれたが、このとき先住民の一行は植民地の人々に鹿五頭を贈った。大西直樹著『ピルグリム・ファーザーズという神話』に書かれているように、この行事は、入植者の一人が英国の友人に宛てて書いたとされる手紙の中で言及されているのみであり、その手紙からは実際に七面鳥が食されたかどうかもわからない。しかもこの行事は、神に感謝する日というよりも、むしろ民衆文化に根ざした収穫祭に近いものであり、その後、毎年定期的におこなわれたわけではなかった。植民地時代から建国初期にかけては、植民地総督、独立後は州知事や合衆国大統領が、「サンクスギヴィング」(感謝の日)を宣言したが、その多くは戦争の勝利など特定の出来事を神に感謝するための日であり、これは一六二一年の行事とも今日の感謝祭とも異なる意味合いをもっていた。

一一月の最終木曜日が国民の祝日に定められたのは、南北戦争最中の一八六三年、リンカン大統領によってである。これは、女性向け雑誌『ゴディーズ・レディズ・ブック』の編集者で「メリーさんの羊」の作者としても知られるサラ・J・ヘイル（一七八八年―一八七九年）の活動によるところが大きい。

ところで、一八世紀末のニューイングランドでは、「サンクスギヴィング」が一一月から一二月の間に設定され、この日に親戚縁者が集い、食事をともにする習慣が定着していたことが、複数の日記から窺える。南北戦争以前に書かれた大衆小説の中で、感謝祭は、今日と同様、遠く離れて暮らす親子が久しぶりに顔を合わせる場としてしばしば描かれている。工業化が進むにつれて、帰省をともなう祝日としての感謝祭は、資本主義社会における競争からの避難所としての、心のよりどころとしての家庭を強調するシンボルともなった。また、七面鳥やパイといった感謝祭の料理の準備をとおして、女性たちは絆を深めていった。

南北戦争後、感謝祭を祝う習慣は次第に全国に普及していくことになる。プリマスに新天地を求めたピルグリムたちの物語は、独立革命期にはアメリカ独立の表象として、南北戦争前は南部のプランテーションから北部に新天地を求めた逃亡奴隷のアレゴリーとして、ニューイングランドで認識されたが、戦後は次第にアメリカの国家誕生の物語と結びつけられ、全国的なものとなっていく。世紀転換期から二〇世紀初頭、いわゆる「新移民」の流入と時期を同じくして、様々な愛国者団体が設立されたが、これらに入会するには独立革命で戦った人々やピルグリムなどの子孫であることが必要であり、エリート層にとって優越感を体現するものであった。

他方、ピルグリムの物語は、移民を「アメリカ化」する手段としても用いられた。学校の教科書では、民主

COLUMN

主義の原点としてメイフラワー契約が強調され、感謝祭が近づくと教師は子どもたちにピルグリムにまつわる劇を演じさせ、この日を神の恩恵である「アメリカの自由」や「家族と共同体」に感謝する日として教えた。ピルグリムが「アメリカ最初の移民であり、宗教的迫害によって故国を追われた難民」であり、すべてのアメリカ人は移民とその子孫であると教えることによって、教師たちは子どもたちに愛国心を植え付けようとしたのである。

近年、感謝祭は、多文化主義的な風潮の中で、「先住民が七面鳥を持ってきてくれた日」として、先住民との友好関係の表象として子どもに教える傾向があるようである。しかし、このような教え方は、単に鹿から七面鳥へと史実をゆがめるだけでなく、その後の先住民に対する迫害の歴史を隠蔽する危険性も孕んでいる。感謝祭の伝統は、今日も創りだされているのである。

【推奨関連文献】


大西直樹『ピルグリム・ファーザーズという神話』講談社選書メチエ、一九九八年
ホブズボウム・レンジャー編、前川啓治・梶原景昭訳『創られた伝統』紀伊国屋書店、一九九二年
〔原著　Eric Hobsbawm, et al., (eds.), *The Invention of Tradition* (Cambridge, UK, 1983)〕
Ann Uhry Abrams, *The Pilgrims and Pocahontas: Rival Myths of American Origin* (Boulder, 1999)
Elizabeth H. Pleck, *Celebrating the Family: Ethnicity, Consumer Culture, and Family Rituals* (Cambridge, Mass., 2000)

COLUMN

# 緑の祝祭　セント・パトリックス・デー（聖パトリックの日）

杉浦 恵美子

三月一七日は、「セント・パトリックス・デー（St. Patrick's Day）」で、アイルランドの守護聖人パトリックの命日である。現在アイルランドの首都ダブリンはもとより、世界各地で様々な形で祝われている。この日は、世界中に住むアイルランド系のみならず多くの人々にとって特別な日である。アメリカ合衆国では、連邦政府により制定された祝日ではないが、ニューヨーク、シカゴ、ボストン、サンフランシスコなどの大都市では盛大な行事が催され、その様子は全米に放映される。

アイルランド系が今も多く住むニューヨークでは、毎年盛大なフェスティバルやパレードが行なわれる一大イベントの日となっている。パレードにはバトンガールが登場し、バグパイプによる演奏やアイルランドの歌や踊りなどが繰り広げられる。警察官や消防士をはじめアイルランドの伝統を受け継ぐ職業や地域別の集団が、それぞれの紋章をかかげ緑色の服をまとい、マンハッタンの五番街（5th Avenue）を、四四番通り（44th Street）から八六番通り（86th Street）まで練り歩く。聖パトリック教会近くでは、歓声はひときわ高くなり一段と盛り上がる。パレードにはニューヨーク市民はもちろんのこと全米各地のみならず世界中から大勢の観客が集まる。

三月一七日が近づくと、街中の至る所で聖パトリックとアイルランドのシンボルカラーの緑色を目にすることができる。ロックフェラーセンター内の噴水や、エンパイヤステートビルの尖塔は緑色に照らされ、当日は

COLUMN

道路のセンターラインも緑に塗られる。アイルランド系以外の人々も緑色の服に身を包んだり、緑色の花や帽子、ピンなどを身につけたりすることが一般的に行なわれる。また、人々は緑色のビールやアイリッシュ・シチュー（子羊の肉、玉葱や馬鈴薯等の野菜にハーブを入れ煮込んだもの）などをはじめとするアイルランド料理を飲食して祝う。この他にも緑のベーグル、シェーク、クッキーのアイシング、ケチャップなどがこの時期になると見られ、大手ハンバーガーショップのチェーンでは、緑のミルクシェークが売られたりする。

合衆国の聖パトリックの日は、アイルランド系移民により持ち込まれたものである。初めて祝われたのはボストンで、一七三七年のことであった。当時そこに駐留していた軍隊に所属するアイルランド系の人々が、故郷アイルランドの守護聖人である聖パトリックを追悼したことが始まりと言われる。ニューヨークで初めてパレードが公式に行なわれたのは一七六六年で、その後一九世紀中葉からアイルランドでの飢饉などにより大量のアイルランド人が流入すると、盛大に催されるようになったが、その起源は古く四世紀のアイルランドに遡る。

聖パトリックは、五世紀にキリスト教を布教するためアイルランドに来た伝道者である。彼はメイウエン（Maewyn）という名で、四世紀末に西ブリテン（今のウェールズ）の海辺の町の裕福な家庭に生まれ育ったと言われるが、生没年や出生地については定かではない。彼の一生に関しても諸説あるが、一般的には次のようなことが言い伝えられている。

パトリックは十六歳の時アイルランドの海賊に拉致され、アイルランドで奴隷として売られた。そこで羊飼いとして森や草原で過酷な労働を強いられた。羊飼いとして孤独な日々を野山で送り自然に接するうちに、ケルトの土着宗教である自然崇拝的なドルイド教に触れた。このことをきっかけに、パトリックは次第に宗教心が芽生え信心深い青年となった。

　奴隷として六年程経過したある日、彼は夢の中で神の啓示を聞いた。神は「奴隷としての仕事はもう十分である。二百マイル先の海岸に船が待っている。ここから逃げ出すのだ」と命じた。それを聞いたパトリックは脱走し、数年の年月をかけて故郷に辿り着いた。家族は彼の帰りを大変喜び、もう二度とどこへも行かぬよう懇願した。そんなある日、再び不思議な夢を見た。多くの手紙を抱えた一人の男が現れ、「アイルランド人の声」と書かれた手紙をパトリックに差し出した。その時「こちらへ来て我々と一緒に歩んで欲しい」と懇願する声が聞こえた。当時アイルランドでは、キリスト教は既にもたらされていたもののドルイド教が信仰されていた。パトリックは奴隷として暮らしたアイルランドへ行き、キリスト教を布教することを使命と感じた。そこでガリア（現在のフランス）へ行き、修道院で修行した後、ローマ教皇からパトリシアス（パトリック）の名を授かると、司教としてアイルランドへと渡った。

ニューヨークの「聖パトリックの日」のパレード

　彼はアイルランドの人々をキリスト教に改宗させるために、クリスチャンにとって重要な三位一体を説いた。しかしながら、最初アイルランド人はなかなか理解できなかった。そこでパトリックは、シャムロック（Shamrock）を用いた。シャムロックとは、三つ葉のクローバーの一種シロツメ草で、彼はキリ

COLUMN

スト教の三位一体、すなわち父（神）、子（イエス）、聖霊をシャムロックの三つの葉に例えて説明したのである。彼は幾多の困難や迫害に遭いながらも布教を続け、教会や学校を創設した。パトリックの長年にわたる布教活動により、キリスト教はアイルランドで広まった。

シャムロックは、現在アイルランド共和国の国章となっている。別名「Emerald Island」（エメラルド・アイランド）と呼ばれるこの国は、牧草地や芝生が多く、温暖な気候で雨も多い事もあり年中緑に溢れている。アイルランド国旗にある緑色はカトリックを表すが、アイルランドと聖パトリックの日を象徴する色なのである。

【推奨関連文献】

トマス・カヒル、森夏樹訳『聖者と学僧の島』青土社、一九九七年、［原著 Thomas Cahill, *How the Irish Saved Civilization* (Doubleday, New York, 1995)］

COLUMN

# ローラ・インガルスと大草原の小さな家

田中きく代

アメリカ合衆国NBC放送が制作した「大草原の小さな家」シリーズは、一九七四年から一〇年間に渡って放映され、そこで語られたフロンティアにおける民主主義の強靭さは、アメリカのみならず世界中の人々に大きな感動を与えた。日本では、NHKの海外ドラマシリーズとして、アメリカでの放映直後から放送された。なぜ「大草原の小さな家」が、あれほどの好評を博したのかについては、一般に、信仰心にあふれたインガルス一家が、フロンティアでの厳しい大自然や貧困と戦いながら、家族のために団結して奮闘する物語に共感し、ノスタルジーとあいまって、そこにアメリカの民主主義の原点を見出し、そのフロンティアの存在に「アダムの息子」としての使命を見出したのだと説明される。私たちは、広義の意味でのメディアのコミュニケートを通してしか、社会的な帰属意識を感得できないのだとすると、視聴者は、ローラの話をテレビで見ながら、アメリカ人の共通の過去を創造し、それに照らして自らの家族やコミュニティの人間関係を確認してきたといえる。ローラの物語は、現代人の、「アメリカとは何か」、「アメリカ人とは誰か」という、個人の自己認識の枠組みを提供してきたのである。

原作である一連の『大草原の小さな家』は、ローラ・インガルス・ワイルダー（結婚前はローラ・エリザベス・インガルス）が自らの経験を書き集めたものであり、テレビ放送におけるウォルナット・グローブまでの話は実話であるとされる。ローラは南北戦争終結直後の一八六七年二月、ウィスコンシン州の「大きな森」に

COLUMN

ある丸太小屋で生まれた。ローラの祖父や祖母はニューイングランドあるいはカナダ出身であり、フランス系やスコットランド系の血を引いていたが、幌馬車で西方の大地を目指す開拓者だった。ローラの両親やその兄弟たちは、ニューヨークからウィスコンシンまでの西進の途上で生まれている。インガルス一家は、三代に続くアメリカの西漸運動をになった開拓者の一家であり、ローラが生まれてからは、ミシシッピー川を越えて、ミネソタ州、アイオワ州、ミズーリ州、カンザス州の「インデアン・テリトリー」へ移動した。その後、ローラ七歳の時に、再びミネソタ州に移動し、ドラマの初期の舞台であるウォルナット・グローブに新天地を求めた。その後もサウス・ダコタまで移動を繰り返している。

インガルス一家は開拓者家族の典型といえるが、その家族構成は、独立心にあふれた働き者で、公正な判断力を持つ強い男の「父さん」チャールズと、慈愛に満ちた献身的な「母さん」キャロラインと、長女メアリー、次女ローラ、三女キャリーである。また、実子以上にかわいがられた養子のアルバートもいる。西部の貧しい開拓村にも、ヴィクトリア朝的家族観が投影されているが、この内なる小宇宙である「家」が、外の世界と戦う単位である。開拓村の生活は厳しいものであったが、ドラマの中でのインガルス一家は、家族の団結を武器に、艱難辛苦の連続に、果敢に立ち向かうのである。

西部の厳しさというと、まず土地の獲得の難しさがある。リンカン大統領によるホームステッド法が制定されたのは一八六二年のことであるが、一九世紀の前半から一定期間居住したものに土地を安い値段で賦与する法律は頻繁に出されていた。このことは、西部に移動するものにとって、ホームステッドが実質的にも象徴的にも重要で、「父さん」が、出稼ぎをしたりしながらも、土地を入手しようとしたのは、独立した自営農民の自由への渇望からであったことを示している。しかし、苦労してホームステッドを得ても「市場革命」の浸透や鉄道の敷設といった資本主義化の波は、徐々に西部にも押し寄せ、農村生活を不安定にしていた。政府の方針転換や負債のために、家産を維持することは容易ではなかった。

第二に、大自然の猛威がある。イナゴなどの害虫に荒らされたり、日照りや雹で農作物が全滅したりと、大自然は、人間の努力をあざ笑うようであった。また、流行病は容赦なく家族を襲ったし、医療も十分ではなく、姉メアリーの場合のように、失明にいたることもあった。しかし、インガルス一家はあきらめることをしない。クリスチャンとして誠実に生きることで、あくまでも生き抜こうとする。「小さな家の物語は、遠い昔の物語ですが、大事なことはみな昔と同じ」「自分にできる事は精一杯やって、小さな喜びにも幸せを感じ、失敗しても挫けないで」「幸せは、富とか地位ではなく、愛情と、思いやりと、助け合いによって生まれるの」と、ローラは語りかけてくる。また、こうした「よき人」の家族の努力が、村を作り上げていくことも、いつもリフレインされる。西部の村は、過去との決別を余儀なくされた開拓者が、新しい土地に定着するたびに、新たに作り上げていくものである。チャールズやキャロラインは、正直で誠実な「よき人」として教会や学校の設立に助力するなど、いつもコミュニティ作りに貢献している。一八七九年にウォルナット・グローブで、最初の村民選挙が実施された時には、「父さん」は治安判事に選ばれている。十六歳の時に教師試験に合格していた「母さん」は、ウォルナット・グローブで教師をしたこともある。これは、当時の「教職の女性化」の一面を反映している。

ローラは一九三〇年代に六十歳を過ぎてから、作家となっていた娘ローザの奨めもあって、自らと家族の物語を書き始めた。大恐慌に始まって第二次世界大戦に向かうという、先の見えない時代であったが、アメリカは超大国への道を歩み始め、世界中に民主主義を広げる使命を果たそうとしていた。ジャーナリズムもまた、

COLUMN

その手助けをしたが、出版するたびに好評を博したローラの物語は、アメリカの人々にアメリカ人としての同質性を認識させ、アメリカの使命に参加させるのに役立った。しかし、世界に向けてアメリカ民主主義の良心を伝えたことを重視しながらも、アメリカを他に優越するものとして、その帝国主義的膨張を助ける道具となったことも無視できない。

四〇年代末になると、ハーパー社からガース・ウィリアムズの挿絵で新版が出版され、ローラの物語はさらに世代を超えて読み継がれるものとなった。第二次世界大戦後は、敗戦国のドイツや日本の子どもの民主化のためにと、ドイツ語や日本語での出版も決定された。また、一九五四年にはアメリカ図書館協会が、ローラ・インガルス・ワイルダー賞を創設し、ローラ本人が第一回の受賞者に選ばれた。さらに、テレビ放送によって、より多くの人々の記憶に残るものとなったが、最初の一九七四年というとベトナム戦争終結直後であり、アメリカがその自信を失いかけた時である。また離婚の増大、少子化などの社会問題により、家族が問い直される時でもあった。ドラマはよきアメリカを取り戻そうとする人々に自信を与え、一九八一年には、ウォルナット・グローブの古い鉄道駅に、ローラ・インガルス・ワイルダー記念館ができた。今でも訪れる人が絶えない。

しかし、現在の国際関係を思いやる時、かつてローラの本で見い出したアメリカ、そしてドラマで確認されたアメリカの記憶をたどりながら、訪れる人々は過去と何を対話するのだろうか。世界中の移民を受け入れ、多様な人々の自由を拡大してきたアメリカ民主主義の理想を実感することが、文化を通して覇権を際限なく拡大しようとするアメリカの野望を自ら阻止する力となりうるだろうか。

〈http://www.walnutgrove. org/; http://www.pepinwisconsin. com/〉

# おわりに――あとがきに代えて

一九九八年夏、スタンフォード大学のあるカリフォルニア州パロ・アルト（Palo Alto）に滞在していた四人のアメリカ研究者たちは、カリフォルニアの青い空と青い海を見ながら楽しくくつろいでいた。四人の話題はいつしかアメリカ研究の新しい方向性に向かっていったが、カリフォルニアという、アメリカとメキシコの境界（ボーダーライン）にいたことも影響したのか、アメリカ合衆国、メキシコ、カナダといった国境線に囲まれた「国」に囚われずに、この北アメリカ社会全体を見つめることの重要性をひしひしと感じていたことを記憶している。今までの合衆国中心の枠組みに囚われず、「専門領域」にも囚われず、アメリカ社会を「自由に」論じることはできないのだろうか。四人が、温度差はあっても、エスニシティやジェンダーに関心を持ち、新しい研究の枠組みや共同研究のあり方を模索していた女性研究者であったのは偶然だったのかもしれないが、そこから北米エスニシティ研究会の第一歩が踏み出されたのだった。研究会はまずは、女性研究者が自由に報告し意見を述べることができるような場所を作ることを第一の目的とし、当面は北アメリカを研究する女性研究者たちの集まりとして歩み始めることにした。

一九九八年一〇月、第一回研究会には、東海・関西地域を拠点とする十人あまりの女性研究者が集まった。歴史学、文学、文化人類学、社会学、教育学という専門分野の中でそれぞれ異なる角度から、広い意味での北アメリカを見つめてきた女性たちであった。実際に集まった研究者が関心を寄せてきた地域は多岐に富み、カナダ、合衆国、メキシコのみならず、中央アメリカや太平洋上のハワイ、グアムにも及んでいた。また、専門とする時代も異なり、アメリカ研究の多様性を浮き彫りにしたような状況であった。

研究会は二ヶ月に一回という、無理をせずに決して多くはない頻度で行ない、初期の二年間あまりは各メンバーがそれぞれ、それまでの、または現在進行形の研究報告を続けた。お互いの研究を理解するためだったのはもちろんのこと、共通の足場を模索していたともいえる。研究会の各報告では、参加者が自由に、素朴な質問をぶつけあう雰囲気が生まれ、時には摩擦や誤解、対立が起こるような場面もあったのだが、それを乗り越え、やがて互いに学びあうという姿勢が生まれてきた。おかげで各報告者は、自分の専門とは異なる立場から、エスニシティやジェンダーをはじめとするアメリカの諸相を捉えることで、多様な解釈の存在、異なる考え方や価値観に触れることとなった。こうした相互の学際的な刺激は、次第にメンバーの中に、研究会の成果をまとめる必要性を生み出していき、二〇〇一年に、今回の『北アメリカ社会を眺めて――女性軸とエスニシティ軸の交差点から』の出版プロジェクトが発足したのである。

本書の共通のテーマは、エスニシティと女性軸の交差点に立つことで、北アメリカ社会を全体として捉えたいというものであるが、こうした問題意識を実証研究に結びつけるための方法論上の問題点を、序章「北アメリカの「二つの国境」」で指摘した。すなわち、構造的なものと文化的なものを重ね合わせる必要性を論じ、ネットワーク論、帝国主義的視角、比較の方法、インター・エスニックの視角、政治史への回帰の五点にまとめて提示した。その後に続く第一部から第三部までの十章は、それぞれ序章で提示した理論的枠組みに立脚し、それぞれの問題点に応えようとしたものである。もっとも、今回の研究成果で、われわれの提示した総ての問題点に応ええたというつもりはもうとうない。しかし、以下に述べるように、各章で文化的次元を導入することで、移民史・エスニック関係史が抱える問題点の多くを具現化しえたことで、一応の責務は果たしえたと自負している。

第一部「多文化主義を模索する周辺のエスニシティ」では、アメリカ社会の「周辺」に位置する地域あるいは、そこに存在するエスニック集団を注視し、多文化主義の「周辺」での表出の有り様を捉えようとした。これは多文化主義としてアメリカ全体から「周辺」にかかる権力の表出を捉えるということのみならず、反対に「周辺」からの多文化主義への積極的な関与、エスニック・コミュニティがいかにアメリカ社会で占有する場所を持とうとしたのかについても注目しようとするものであった。

アメリカ社会における「周辺」とは、政治・経済・文化の中核から地理的に距離が離れた場所という意味ばかりでなく、WASPを中心とする主流社会から「疎外」された外集団の中でももっとも外集団の位置にある、人種・エスニシティや階級の意味での「マイノリティ」をも含むことは、いまさら言うまでもないが、第一章「ローカル・アイデンティティの生成と課題」では、こうした「周辺」のハワイにおけるローカル・アイデンティティの生成に注目した。ハワイはアジア太平洋系住民が数的多数派を占めてきたという特徴を持つが、この多エスニック社会ハワイで、エスニシティを超える、インター・エスニックな「ローカル・アイデンティティ」が創出された過程を追い、このアイデンティティを共有する者たちの目的とヴィジョンを分析した。ハワイという「周辺」の多エスニック社会が抱える問題の独自性と同時に普遍性を捉えたが、ハワイの「ローカル・アイデンティティ」の事例は、これまでの「エスニック・アイデンティティ」の枠組みを超えた多様なインター・エスニックなアイデンティティがアメリカ社会には存在しうる証左であり、アメリカ社会全体の今後のエスニック関係の可能性を示唆している。

第二章「ニュースレター「もしもし」によるカナダのエスニック・コミュニティの形成」では、隣国アメリカから、政治的、経済的、文化的な影響を様々に受けてきたカナダにおいて、第二次世界大戦後新たに「作られた」日系人コミュニティの歩みが、ニュースレター「もしもし」というメディアの役割とともに語られた。

第二次世界大戦後、消失しそうになっていた日系のエスニシティが、カナダの多文化主義の進展の中で、新たに「創出された」エスニシティとして再生し、あらためて「エスニック文化」を「取り戻し」「受け継いでいく」過程を提示することができた。また、「もしもし」においては、実は女性がニュースレター作りの実際の役割を果たした。百年祭のような祝祭においても、エスニックな食べ物を作ることを含めて、文化的行事において女性が重要な役割を果たしたことが示唆できた。

第三章「多文化社会における言語と教育」では、チカーノの多いカリフォルニア州におけるバイリンガル教育のあり方を追うことで、多文化社会における理想的教育の有り様を示唆すると同時に、教育を通して「周辺」に位置するマイノリティがアメリカ社会で社会的階悌を上り前進しようとした姿勢を具体的に提示した。教育は「成功への切符」と考えられ、マイノリティも教育を平等に受ける権利が与えられるべきだとされる。事実、これまでも移民集団で育つマイノリティの子どもたちは、教育によって主流文化の価値観に触れ、それを吸収し、自らの社会的地位を高めてきた。この意味で、従来はアメリカ社会で成功するためには英語だけで十分と考えられがちであったが、移民の母国語の伝達は、移民・エスニック集団にとっては彼らの民族的紐帯ともなる重要な文化要素である。英語を習得させるのみならず母国語も奪わないこと、そして母語による民族的文化を維持させることが、子どもの全人格的成長に不可欠だという考えが、アメリカにおいては多文化主義教育として、ようやく定着してきたといえる。

第四章「アメリカ合衆国におけるアファーマティブ・アクションをめぐって」では、毀誉褒貶にさらされてきたアファーマティブ・アクションを、あえて廃止するという手段をとったカリフォルニア州に注目し、今後の多文化主義を推進するために、この州が決断した新たな平等の方策を紹介した。アファーマティブ・アクションの必要性に関する論争はアメリカ社会全体で今後も繰り広げられていくであろうが、確実なことはカリフォルニアの事例がその前提となるだろうことである。カリフォルニアというアメリカ合衆国内でマイノリティ人口がもっとも多い地域で、過去において不利益を蒙った集団に対する「償い」を続けてきたアファーマティブ・アクションという方策が否定され、新しい形で、なるべく「平等」な資源配分を考慮したことは、アメリカ全体が「償いの歴史」から脱却するひとつの段階に来たことを示している。

コラムでは、まず、ラテンアメリカの一国として北アメリカの「周辺」に位置する「ニカラグア」のエスニック問題とバイリンガル教育を論じた。次に「中国人の帰化問題」において、アジア系移民の法的差別の根源ともいえる一八九〇年帰化法の成立過程を追い、in-between な存在となった「黄色い」人種の法的位置づけが確定する経緯を解き明かした。「テネメント」についてのコラムでは、ニューヨークの「劣悪」といわれた貧民居住区が、実は移民たちのエネルギーに満ち溢れた場所であったことを指摘した。日系女性「おりき」では、志摩からの移民先駆者である日系女性の活躍とその後の移民ネットワークとの関わりが明らかにされた。以上のようにコラムでも、より多様な「周辺」の問題の有り様を紹介したが、まだまだ十分ではない。アフリカ系アメリカ人の問題に取り組めていないことが、特に反省される点である。

第二部「女性軸に表れたエスニシティ」では、移民女性やエスニック・コミュニティの女性が背負ってきたエスニシティとホスト社会・アメリカ主流文化との関わりを問うたが、エスニシティと交錯させて、家父長的な「家」と女性のアイデンティティ、女性の「ジェンダー」と職業、女性の連帯による社会的ネットワークなどに注目した。

第五章「学校教師と女工――一九世紀ニューイングランドの場合」は、ニューイングランドにおける「教職の女性化」に焦点をおき、当初は紡績工場の女工や教師が同等の「女性」の仕事であったものが、やがては教職のみが女性の専門職として尊敬されるようになった過程を検証し、社会経済的なものから文化的なものまで、女性の社会や家との関わりの中に垣間見ることのできる、同時代のアメリカ社会の大きな変動を捉えようとした。また、同時に、彼女らがアングロ・サクソン系という主流のエスニシティに属する者ではあるものの、域内移動の問題など、移民女性と同じ移動や家の問題を抱えていたことなども明らかにできた。一九世紀における、ファミリ・ネットワークの中での女性の役割からなかなか逃れえなかった状況についても触れることができた。

第六章「「写真花嫁」イメージに隠された日本人女性移民」では、アメリカ社会で「愛のない結婚をした」女性というイメージのみで語られてきた多くの日本人女性移民について、彼女らの日本からアメリカへの移動のプロセス、「写真結婚」の仕組み、コミュニティでの活動などを詳細に追うことで、実際には多くの女性が自分の意思で渡米を決心したこと、アメリカの日本人コミュニティの形成に大きな貢献をしたことが検証された。一面的なイメージに彩られてきたことも歴史のリアリティではあるが、彼女たちの経験を「写真結婚」の特殊性に帰すべきではなく、アメリカ社会の差別構造と、ジェンダーの交錯する問題であると認識し、新たな移民女性像を提示することができた。

第七章「移民の娘の自立物語――アンジア・イェゼルスカの『大黒柱』」は、イェゼルスカの作品に表れたロシア系ユダヤ人移民家族におけるエスニシティとジェンダーの交錯を論じた。移民女性の手による小説を題材に、ユダヤ人の娘と父との間におこる対立から和解へのプロセスを追い、アメリカ社会での「同化」と成功を果たす娘が、家、父親、民族性、宗教など様々な拘束から自立し、やがてユダヤの価値観へと回帰する長い道のりを分析した。作家と小説の主人公をだぶらせながら、移民女性が抱いた複雑に交錯するアイデンティティの変容を分析することで、ユダヤ人とは限らない多くの移民女性と共通の心の襞を覗き見ることができた。

そして第八章「日系アメリカ女性史にみる多文化主義とコミュニティ活動」では、二〇世紀末、サンフランシスコに残る日系コミュニティの歴史的建造物の売却事件をきっかけに始まった、日系三世、四世という新しい世代の女性によるコミュニティの連帯の背景を考察した。移民一世時代の建造物の歴史的価値を、後世になって見出すことが、若い三世・四世の中に強固な日系というエスニシティの自覚および連帯感を生み出したという、エスニシティの再構築のプロセスを語る好例を提示しえた。

コラムでは、北アメリカ社会で、ジェンダーの枠組みに囚われずに活躍した女性たちを取り上げた。日本人社会主義者金子喜一と結婚し、『ソーシアリスト・ウーマン』を発行したジョセフィン・コンガー＝カネコ。労働組合の成長を助け、常に社会的弱者の側に立ったハリエット・ボウスロッグ。先住民政策の問題点に一般の目を向けさせるため『ラモーナ』を著わしたヘレン・ハント・ジャクソン。ニューディール期にブラック・キャビネットで活躍した黒人女性メアリー・M・ベシューンである。エスニック・マイノリティに属する女性はベシューンのみであるが、白人女性のエスニック・マイノリティへのまなざしに映し出されている、女性の努力による共生への軌跡を見ようとした。

第三部は、「記憶し記録されるエスニシティ」と題し、ナショナルな記憶と交差し、公的記憶として人々の心の中につむがれてきた、エスニシティに関する記憶に関心を向けている。こうした記憶が繰り返しつむがれる過程と、つむがれる「場」での記録の仕組みを検証することで、特に記憶が記録される政治的な意図を明確にしようとした。

第九章『アメリカ先住民と記憶の景観――リトルビッグホーン戦場とサンドクリーク虐殺地」で、アメリカ合衆国の公的記憶とアメリカ人の歴史認識との関わりを論じた。これまで先住民の視点は、先住民と合衆国が衝突した跡地などの国立史跡には反映されてこなかったが、先住民のアイデンティティの高まりにつれ、先住民の記憶を甦らせることで、リトルビッグホーンなど従来の史跡は徐々に歴史的意義が問い直され、公式の「景観」から消し去られていたサンドクリークなどの跡地の再発見も促されてきた。先住民の視点を公的歴史に反映させることで、歴史解釈に変化が生まれ、記憶の景観が変容してきていることを指摘したが、真の多文化主義を希求する上で、複数の歴史的記憶を許容する歴史観によってこそ、より豊かな歴史認識と自己・他者理解に至るのだという認識も提示しえた。

最後に第十章「メキシコのグアダルーペの聖母崇拝」では、スペインによって植民地化され、その後独立への歩を進めたメキシコにおいて、「グアダルーペの聖母」が、スペイン人の聖母からクリオーリョ（クリオージョ）の聖母に転じていったことの意味を問うた。また、最近では、このメキシコの聖母は、先住民の聖母としての側面も持つ。アイデンティティの象徴としての聖母に、諸階層の心のよりどころを見出すことができる。スペイン人、クリオーリョ、そして先住民にとって、聖母の持つ意味がどう記憶されてきたのか、近年の動向も交えて考察することができた。

コラムでは、まず、歴史の記憶を残し、それを現代人に語りかけている博物館の中でも、特にエスニック博物館をとりあげて、エスニック・マイノリティ側に立つ博物館の独自のディスプレイに注目した。また次に、ひとつの歴史的記憶として、伝統的な祝祭である感謝祭がいかに「つくられてきたのか」を論じた。さらに、昨今は、アイルランド系の多いニューヨークなどの大都市で、何もかも緑色に染められ、アイルランド系以外も楽しむようになっているセント・パトリックス・デーだが、お祭り騒ぎの中に埋没してしまっている感のある、聖パトリックの位置づけやシャムロックの意味の重要さを示しえた。最後に、「大草原の小さな家」についてのコラムでは、このテレビドラマは、「アメリカ人として理想の家族像」を提示し、インガルス一家の日々の戦いを通して民主主義への信念を訴えるものであったこと、そして視聴者がこのローラの物語を見ることで作り上げてきた「よきアメリカ人」という記憶は、かなりのエスニック・マイノリティにも拡大され、現在の多文化主義の基盤にもなっていることを指摘した。しかし、批判的に見るならば、同時に現在の混迷する国際状況の中でアメリカ一国支配といった、帝国主義的膨張を支持する公的記憶とも重なっているのではないかと論じた。

本書を再度読み返す時、われわれが目的としているアメリカ研究の枠組みを押し広げようとする試みの第一歩を踏み出したにすぎないのだという思いを強くしている。執筆者全員が、心意気は大きいものの、自らの「思いの丈」ほど、現実の論文が至らなかった部分が多々あり、課題を多く残したことを自省している。特に宗教の問題に真っ向から取り組めていないことへの反省は、私たちの今後の研究へのひとつの方向付けとなっている。序章でも述べたように、宗教的な領域は移民史・エスニック関係史を発展させる上で、取り組まなければならない課題が多い領域であるが、本書ではYWCAというキリスト教組織を取り上げたり、グアダルーペの聖母が各エスニック集団に持つ意味づけの違いを明確にしたりするなど、エスノカルチュラルな面で副次的に宗教に取り組むことができたのみである。宗教によるより包括的なアイデンティティの問題として、例えばグアダルーペ信仰を通して、メキシコ以外の地域にも広がる共通性を北アメリカ社会に見出すことができるであろう。また、カトリックを軸にして、その共通性と差異を地域的に探ることは、旧スペイン植民地が多い北アメリカを全体として捉える上で有益であるが、そこに女性軸を交差させることで、日常的に女性をさらに生かしえる余地が多く残されているという思いを強くしている。

本書を出版するに当たって、特に、アメリカ学会や日本移民学会などの研究関心を同じくする人々に多くの助言や協力を頂いたことにお礼を申し上げたい。また出版をひきうけてくださった関西学院大学出版会編集長の田村和彦さんをはじめ、編集局の皆さん、ことに田中直哉さんと浅香雅代さんには、大いにわがままをいってご迷惑をおかけしたことをこの場を借りてお詫びをするとともに、心からの感謝の気持ちを申し述べたい。また、写真の提供に関して、三重県志摩町教育委員会の柴原岩生さんはじめ事務局の皆さん、関西学院大学文学部西洋史学専修の三谷紗世さん、徳田有希子さん、福島春奈さんのお世話になった。また、画像処理に際しては、堀有吾さんに助けていただいた。ここに特記してお礼を申し上げたい。

なお、本書は、アメリカ研究に学問的に貢献したいという思いから生まれたものであるが、一方で、アメリカを研究し始めたばかりの大学生が、問題意識を深めることができるようにということをも念頭において筆を進めたことを、ここに付け加えておきたい。もし、本書が、こうした教育的な意味でも、幾分でも貢献できるならば、我々にとってそれに勝る喜びはない。

最後になるが、今後も、北米エスニシティ研究会では、様々な見地からエスニック社会アメリカに迫っていきたいと考えているが、常に周辺から中心および全体を見る姿勢を持ち、特にジェンダーを注視していくという姿勢に変わりはない。着実に共同研究を深め、定期的にその成果を報告していきたい。本書をお読みくださった方々から、忌憚のないご批評を賜ることができれば幸いである。そうしたご批判をさらなる課題として、次の共同研究で応えることができるように努力をしていくことをお約束して、本書を閉じることにする。

二〇〇四年三月三一日

高木（北山）眞理子

## な



## は

## た

## か



## さ

# 索　引

## あ

**各務 雅代**（かかみ・まさよ）コラム執筆
専門領域：アメリカ政治史、移民史
所　　属：名古屋大学法学部法学研究科博士課程後期課程在学中

**大橋 秀子**（おおはし・ひでこ）コラム執筆
専門領域：女性史、女性学
所　　属：愛知教育大学非常勤講師

**重富 恵子**（しげとみ・けいこ）コラム執筆
専門領域：ラテンアメリカ地域研究、地域社会開発
所　　属：東海女子大学文学部非常勤講師

**杉浦 恵美子**（すぎうら・えみこ）コラム執筆
専門領域：アメリカ合衆国史、移民史、アメリカ研究
所　　属：愛知産業大学造形学部

**太田 美幸**（おおた・みゆき）コラム執筆
専門領域：アメリカ合衆国史
所　　属：関西学院大学文学研究科博士課程後期課程在学中

# 執筆者紹介

**浦田 葉子**（うらた・ようこ）第２章執筆
専門領域：社会学、カナダ研究
所　　属：愛知学泉大学経営学部

**牛田 千鶴**（うしだ・ちづる）第３章執筆
専門領域：ラテンアメリカ地域研究（教育開発論）
所　　属：南山大学外国語学部スペイン・ラテンアメリカ学科

**竹内 裕子**（たけうち・ゆうこ）第４章執筆
専門領域：文化人類学、アメリカ研究
所　　属：京都文教中学校・高等学校教諭　愛知学院大学大学院研究員

**久田 由佳子**（ひさだ・ゆかこ）第５章、コラム執筆
専門領域：アメリカ史
所　　属：長野県短期大学多文化コミュニケーション学科

**柳澤 幾美**（やなぎさわ・いくみ）第６章、コラム執筆
専門領域：アメリカ合衆国史、アメリカ研究
所　　属：名古屋外国語大学他非常勤講師

**徳永 由紀子**（とくなが・ゆきこ）第７章、コラム執筆
専門領域：アメリカ文学、アメリカ文化
所　　属：大阪国際大学法政経学部

**山本 恵里子**（やまもと・えりこ）第８章、コラム執筆
専門領域：アメリカ研究、移民史
所　　属：全米日系人博物館　日系レガシー・プロジェクト主任

**内田 綾子**（うちだ・あやこ）第９章執筆
専門領域：アメリカ合衆国史、アメリカ研究
所　　属：名古屋大学国際開発研究科

**川田 玲子**（かわた・れいこ）第10章執筆
専門領域：歴史学、ラテンアメリカ研究
所　　属：メキシコ国立自治大学大学院哲学人文学部在学中

**武田 貴子**（たけだ・たかこ）コラム執筆
専門領域：アメリカ文学、アメリカ文化
所　　属：名古屋短期大学英語コミュニケーション学科

## 編著者略歴

**田中 きく代**（たなか・きくよ）はじめに、序章、コラム執筆
兵庫県生まれ
学　　位：博士（歴史学）
現　　職：関西学院大学文学部教授
最終学歴：関西学院大学文学研究科博士課程後期課程単位取得満期退学、ウィスコンシン大学歴史学部大学院修士課程修了
専　　攻：西洋史学（アメリカ合衆国史）、アメリカ研究、移民研究
主要著作：『南北戦争期の政治文化 ―― エスニシティが語る政党再編成と救貧』（明石書店、2000 年）、「移民政策にみる保護と抑止」関西学院大学アメリカ研究会編『さまざまなアメリカ』（啓文社、1998 年）、「ジャクソニアン期からアンテベラム期にみる女性の公的領域 ―― 参加的民主主義論からの射程 ―― 」『人文論究』第 53 巻 1 号（2003 年）他

**高木（北山）眞理子**（たかぎ（きたやま）・まりこ）第 1 章、コラム、おわりに執筆
東京都生まれ
学　　位：Ph.D in Sociology
現　　職：東海女子大学文学部総合文化学科教授
最終学歴：ハワイ大学大学院社会学部博士課程修了、東京外国語大学大学院地域研究研究科修士課程修了
専門領域：社会学、アメリカ研究、移民研究
主要著作：『日系アメリカ人の日本観 ―― 多文化社会ハワイから』（淡交社、1992 年）、「多文化的共生の理念と現実 ―― ハワイの場合」（『思想』、1995 年）、“Attempt at Sovereignty in Multi-Ethnic Hawaii: The Displacement of Hawaiians by Non-Hawaiians and the Push for Sovereignty,” (JACS SymposiumSeries 4, 1997)、“A Look at the Political Process of Hawaii’s Second revolution: From the Standpoint of Jack Kawano, a Nisei Labor Organizer,” 『東海女子大学紀要』20 号（2000 年）他

**北アメリカ社会を眺めて**
**—— 女性軸とエスニシティ軸の交差点から**

*Making of North America:*
*New Perspectives on Gender and Ethnicity*

2004年5月15日初版第一刷発行
2006年5月30日初版第三刷発行

編著者　田中 きく代・高木（北山）眞理子　編著
　　　　北米エスニシティ研究会
発行者　山本 栄一
発行所　関西学院大学出版会
所在地　〒662-0891 兵庫県西宮市上ケ原一番町 1-155
電　話　0798-53-5233

印　刷　協和印刷株式会社


Printed in Japan by Kwansei Gakuin University Press
ISBN:4-907654-58-8

http://www.kwansei.ac.jp/press